KB181764

민주주의의 시간

● 정치발전소 강의노트 03

민주주의의 시간 민주주의란 무엇이고 어떻게 하면 잘할 수 있을까

1판 1쇄 | 2017년 6월 5일
1판 2쇄 | 2019년 7월 21일

지은이 | 박상훈

펴낸이 | 정민용
편집장 | 안중철
편집 | 강소영, 윤상훈, 이진실, 최미정

펴낸 곳 | 후마니타스(주)
등록 | 2002년 2월 19일 제2002-000481호
주소 | 서울 마포구 신촌로14안길 17(노고산동) 2층
전화 | 편집_02.739.9929/9930 영업_02.722.9960 팩스_0505.333.9960

SNS | humanitasbook
블로그 | humabook.blog.me
이메일 | humanitasbooks@gmail.com

인쇄 | 천일_031.955.8083 제본 | 일진_031.908.1407

값 15,000원

ⓒ 박상훈, 2017
ISBN 978-89-6437-276-0 04300
       978-89-6437-231-9 (세트)

이 도서의 국립중앙도서관 출판예정도서목록(CIP)은 서지정보유통지원시스템 홈페이지 (http://seoji.nl.go.kr)와
국가자료공동목록시스템(http://www.nl.go.kr/kolisnet)에서 이용하실 수 있습니다.(CIP제어번호: CIP2017012936)

정치
발전소
강의
노트 03

민주주의의 시간

민주주의란 무엇이고,
어떻게 하면 잘할 수 있을까

/ 박상훈 지음

후마니타스

4장 책임 정부론: 민주주의는 어떤 정부를 필요로 하는가

5장 민주주의에 대한 이해와 오해

6장 현대 민주주의의 양 날개: 정당정치와 노사 관계

7장 민주주의가 필요로 하는 정치적 실천 이성

민주주의라는 '시민의 집'

집으로서의 민주주의

민주주의는 '시민의 집'이다. 통치의 특권을 독점한 군왕이나 소수 귀족이 지배하는 체제를 시민의 집이라고 하지는 않는다. 정치체 제의 운명을 최종적으로 결정할 권한을 가진 자유 시민이 없다면, 그들이 가꿔 갈 민주주의의 집은 상상조차 할 수 없다.

　그런데 어느 사회든 시민은 다양한 이해와 열정을 가진 계층과 집단들로 나뉘어 있다. 공익이라고 불리는, 최선의 사회 이익이 무 엇인가를 둘러싸고 피할 수 없는 이견과 갈등도 있다. 이런 다양한 생각과 이익, 열정을 조직하려는 다양한 결사체들이 자유롭게 활 동할 수 있어야 민주주의이다. 그런 결사체들로 차고 넘쳐흐르는

민주주의라는 '시민의 집'

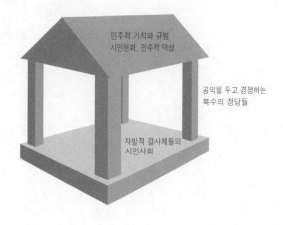

민주적 가치와 규범
시민문화, 민주적 덕성

공익을 두고 경쟁하는
복수의 정당들

자발적 결사체들의
시민사회

시민사회가 민주주의의 기반이 되어야 자유로우면서도 통합된 공동체를 만들 수 있다.

나아가 어떤 내용의 공익이 '현실적으로 최선'인가를 두고 경합하는 정당정치가 좋아야 한다. 수많은 결사체들이 제기하는 요구와 갈등을 몇 가지 공적 대안으로 통합해 경쟁하는 좋은 정당의 역할은 중요하다. 그런 정당들이 민주주의라는 시민의 집을 떠받치는 기둥의 역할을 하지 못하면 현실은 좋아지기 어렵다.

자율적 결사체라는 '집의 기반'과 정당정치라는 '집의 기둥'이 튼튼해야 그 집에 기거하는 시민들의 공동체가 안정될 수 있고, 그 위에서 민주적 덕성과 시민 문화가 성장할 수 있다. 이런 구조를 가진 시민의 집을 만들 수 있어야 민주주의는 그 가치나 이상에 가깝게 실천될 수 있다. 이런 이야기를 해보려고 긴 글을 시작하게 되었다.

정부로서의 민주주의

그리스어로 일반 시민을 뜻하는 demos와 통치 내지 권력을 뜻하는 kratos의 합성어에서 유래한 '민주주의'democracy라는 말은 정치체제의 한 유형을 가리킨다. 주의나 이념이기보다 정부 형태를 가리키는 용어로 출발했다는 것이다. 그렇기에 자유주의liberalism나 사회주의socialism처럼 'ism'을 붙여 democratism이나 dem-ocraticism과 같이 쓰지 않는다. 따라서 군주정, 귀족정, 공화정이라고 하듯이 민주정이라고 표현해야 더 좋을 때가 많다(이하에서는 기존의 용례에 따라 민주주의라는 표현을 주로 쓰겠지만, 정부 혹은 정치체제의 유형을 가리키는 맥락에서는 민주정이라는 용어를 병기하겠다).

17세기 중반에 시작된 현대 민주주의의 긴 여정 동안 사람들은 그들의 열망을 '민중 정부'popular government라는 용어에 담아 표현했다. 1863년 에이브러햄 링컨Abraham Lincoln의 게티즈버그 연설 내용 가운데 "민중의, 민중에 의한, 민중을 위한"of the people, by the people, for the people이라는 잘 알려진 구절 역시 정부 또는 통치를 뜻하는 'government'를 규정하는 말이었다. 한마디로 말해, 좋은 정부를 통해 사회를 좀 더 공정하고 자유로우며 평화롭고 평등하게 만들자는 의미라 하겠다. 어떻게 해야 정부를 잘 만들 수 있고, 이를 통해 경제·사회·문화적으로 풍요로운 시민의 집을 가꿀 수 있을까?

민주주의가 자유주의나 사회주의와 같은 이념의 문제였다면,

이 질문에 대한 답을 찾는 데 있어서 지식인이나 철학자들의 역할이 압도적이었을 것이다. 하지만 정치체제 내지 정부의 문제가 민주주의의 더 본질적인 측면이라면, 이들보다는 정치체제와 정부에 영향을 미치는 수많은 시민, 그리고 그런 시민의 대표인 정치가들의 역할이 더 클 수밖에 없고, 그것이 민주주의의 가장 큰 매력이기도 하다. 평등한 시민과 정치가가 함께 가꿔 가는 공동체적 전망, 그것을 지향하는 민주주의의 본질과 매력을 부각해 보고 싶은 것이 이 책을 쓰게 된 또 다른 이유이기도 하다.

민주주의에 대한 이해와 오해

처음에는 현대 민주주의에 대한 정치학 입문서 혹은 개론서를 쓸 계획이었다. 하지만 곧 순수 이론의 문제로서 민주주의를 말하는 것은 재미도 없고 긴장도 없다는 걸 깨달았다. 따라서 이론적인 주제로서 민주주의를 말하되, 그것을 지금 우리의 현실 혹은 '실제로 작동하는 오늘의 민주주의' 속으로 가져오려 했다. 민주주의에 관한 이론을 한국적 현실과 지난 경험 속에서 재조명할 수 있어야, 민주주의에 대한 낭만적 이미지에 만족하지 않고 실제 우리가 살 민주주의라는 시민의 집을 지어 볼 열정을 가질 수 있지 않을까 싶었다.

어떻게 설계할 것인가? 보통의 집을 쌓아 올리듯이 민주주의의 규범과 원리, 제도와 작동 방식을 하나씩 설명해도 좋을 것이다.

하지만 그렇게 해도 '민주주의란 무엇인가'라는 문제가 분명해지지 않을 것 같았다. 인간의 정치체제 가운데 민주주의만큼 편견과 오해의 대상이 되는 것도 없기에, 그런 오해나 편견에 적극적으로 대응할 필요가 있다는 생각도 했다. 나쁜 설계의 사례도 살펴봐야 좋은 집을 지을 수 있는 것과 같은 이치라 하겠다.

그래서 민주주의를 설명하는 것과 더불어, 다양한 사례를 소재로 '민주주의에 부합하는 생각과 그렇지 않은 생각'을 구분해 보고자 했는데, 그런 의미에서 이 책은 민주주의에 대한 '이해'와 '오해'를 하나의 짝으로 다룬 민주주의 설명서라고 할 수 있겠다.

중단 없이 노력하는 민주주의자

민주주의에 대한 대표적 '비판자'인 플라톤Platon의 『국가』Politeia를 읽으면서 '정치철학을 참으로 재미있는 드라마로 만들었구나.' 하고 감탄했던 적이 있다. 정치철학을 이렇게 한 편의 드라마처럼 그려 낼 수도 있는데, 민주주의를 흥미롭게 설명하는 일은 왜 이리 어려울까? 원고를 고치고 또 고치면서 계속 이런 생각이 들었다. 잘 실천하기도 어렵고 잘 설명하기도 어려운 공동체적 과제를 하나 꼽으라면, 단연 민주주의일 것이다.

그래도 어찌하겠는가? 여러 이론을 참조하고 지난 경험으로부터 지혜를 얻으면서 끊임없이 도전하는 길밖에는 없지 않을까? 시시포스Sisyphus의 노력을 헛된 수고 혹은 불임의 시도라고 냉소하고 돌아서기보다는, 모두가 달려들어 그의 엉덩이를 받치고 밀어 올리는 것이 주어진 운명과 싸우는 가장 인간적이고 적극적인 방법일 것이다. 민주주의자라면 그래야 한다고 본다.

책의 내용과 구성

책의 전체적인 주제 구성을 간략히 소개하면 다음과 같다. 먼저 1장에서는 '민주주의에서 변화의 문제'를 이해하는 방법에 대해 살펴본다. 참여의 폭을 최대화하려는 민주주의는 본성상 끊임없이 변화의 에너지를 만들어 내는 동시에, '더 민주화'되어야 한다는 요구에 늘 대면한다. 그렇기에 '군주정의 군주화', '귀족정의 귀족화'는 말이 안 되지만, '민주주의의 민주화'는 민주주의 체제가 갖는 변화의 본질을 집약한 표현이 아닐 수 없다. 변화는 시간의 축 위에서 이루어지는 인간 활동의 집합적 결과이다. 따라서 '시간성'temporality에 대한 이해 없이 좋은 변화론을 생각하기 어렵다. 그런 의미에서 1장의 주제는 '민주주의를 통해 이룰 수 있는 변화의 시간성'을 이해하는 문제에 대한 것이라 할 수 있다.

2장에서는 민주주의라는 말의 기원에서부터 오늘날의 현실에 이르기까지, 긴 시간의 변화와 그 궤적을 살펴볼 것이다. 다시 말해 민주주의라고 불렸던 정치체제를 둘러싼 복잡한 갈등을 긴 역사적 지평 위에서 개괄해 볼 것이다. '2천5백 년 동안 면면히 흘러온 민주주의의 자랑스러운 역사'를 기대했던 독자라면 당황하겠지만, 역사 속에서 민주주의의 실제 모습은 민주주의 이론만큼이나 파란만장했으며 지금도 그리고 앞으로도 그럴 것임을 이야기할 것이다. 기대를 현실화해야 망상에 사로잡히지 않을 수 있다. 또한 그래야 언제든 무너질 수 있는 환상 속에서 쉽게 냉소하고 좌절하지 않으며, 제대로 된 길을 꾸준히 찾아 가는 데 필요한 열정을 유지할 수 있다.

3장에서는 민주주의를 옹호할 만한 이유에서 시작해, 우리가 익히고 배워야 할 민주주의의 작동 원리와 실천 규범을 살펴본다. 평범한 보통 사람들에게 평등한 시민권을 부여하는 민주주의 체제의 운명을 결정하는 것은 무엇인가? 그 핵심은 차이나 이견을 이해하고 다루는 데 있다. 이에 대한 논의를 통해 "차이와 이견을 다루는 실력만큼 민주주의는 성장, 발전한다."라는 가장 기초적인 '민주적 테제'를 생각할 기회가 되었으면 한다.

4장에서는, 민주주의는 우리 인간이 필요해서 만든 '정치적 작품'이자, 시민이 필요로 하는 일을 책임 있게 대신하는 '정부의 문제'라는 점을 살펴본다. 시민이 공동체의 모든 문제를 직접 다룰 수 있다면 민주주의라는 정치제도는 필요 없을지 모른다. 그럴 수 없기 때문에 정부도 필요하고 이를 감당할 정당도 필요한 것이다. 우리는 왜 정부를 필요로 하게 되었는지, 그런 정부가 목적을 상실할 경우 시민은 정부에 어떻게 책임을 물을 수 있는지와 관련해 민주주의 이론의 발전사를 따라가 볼 것이다. 그 과정에서 '수직적 책임성', '수평적 책임성', '책임 정부론' 등의 중심 개념도 살펴볼 것이다.

5장에서는 민주주의에 대한 잘못된 이해 방식들에 대해 살펴본다. 이를 위해, 민주주의라는 이름으로 이루어지고 있는 비민주적 실천의 사례를 이야기하게 될 것이다. 특히 '민주주의의 세 가지 중심 원리라 할 수 있는 참여participation, 대표representation, 책임 accountability의 영역에서 나타난 오해들을 다룰 것이다. 민주주의를 말하면서 시민 참여만 강조하는 사람들이 많은데, 참여의 원리를 제대로 이해할 필요가 있으며, 대표성과 책임성에 대해서도 균형 있게 인식해야 한다는 점을 강조할 것이다.

6장에서는 좀 더 질 높은 민주주의를 만들기 위해 필요한 사회적 기반에 대해 살펴볼 것이다. 왜 결사체가 중요한지, 그 가운데에서도 좋은 노사 관계가 민주주의 발전에 얼마나 중요한지를 이야기할 것이다. 오늘날 민주주의는 자본주의라는 생산 체제 위에서 작동하고 있다. 가장 중요한 생산자 집단인 노-사가 각자의 이익과 열정을 추구하면서도 사회 전체적인 차원에서 협력적 기반을 발전시켜야 민주주의도 발전할 수 있다. 노사 관계를 혁명이나 계급 투쟁적 관점으로만 보거나 반대로 뭔가 불순한 체제 전복적 행위로 몰아붙이는 것이 아니라, '공존과 경쟁' 내지 '갈등과 협력'을 중시하는 민주주의의 관점에서 다룰 수 있을 때 좀 더 튼튼한 경제, 살 만한 공동체를 기대할 수 있다. 이런 생각이야말로 우리 사회에서 가장 부족한 관점이자, 그렇기에 어떻게든 우리 모두가 북돋아서 키워 가야 할 과제이지 않을까 싶다.

7장은 '진보-보수'와 같은 이념적 차이와 상관없이 누구든 갖춰야 할 민주적 덕성 내지 정치적 이성에 대해 이야기할 것이다.

민주주의를 체계나 구조, 제도와 같은 거시적 맥락에서 살펴보는 것도 필요하지만, 그에 못지않게 행태나 문화와 같은 미시적 맥락에서 이해하는 일이 중요한 이유를 강조할 것이다. 군주정이나 귀족정에서 강조하는 통치자의 덕목 못지않게, 민주정/민주주의 역시 좋은 시민적 기품이나 격조, 품성에 의존하는 바가 적지 않은 체제임을 이해할 기회가 되었으면 좋겠다.

8장에서는 '어떤 민주주의를 발전시켜야 하는가'에 대한 필자의 생각을 '다른 민주주의론'과의 논쟁적 관점에서 이야기한다. 비판의 대상으로 삼는 것은, 정부나 정당 대신 시민이 직접 민주주의를 운영해야 한다는 '직접 민주주의론', 헌법을 바꿔 민주주의를 발전시켜야 한다는 '헌정적 민주주의론', 대의제와 같은 협소한 제도 정치 대신 운동으로 민주주의를 발전시켜야 한다는 '운동 정치론', 민주주의는 정치가 중심이 아니라 사회가 중심이고 그런 방향으로 바뀌어야 한다는 '시민 정치론' 등이다. 이런 관점들은 '민주주의에 대한 거대한 착각'이며, 역설적이게도 '정부의 역할을 줄이는 대신 민간의 역할을 늘리고, 정치 대신 법치의 기능을 확대하고, 직업 정치가 대신 분야별 전문가의 참여를 늘려야 한다는 신자유주의적 정치관'을 도덕적으로 정당화시켜 주는 권력 효과를 갖는다. 이 점을 돌아보는 계기가 되었으면 한다.

9장은 정당과 민주주의의 관계를 다룬다. 정치를 좋게 만들기 위한 노력을 정치 개혁이라고 한다면, 그것의 요체는 제대로 된 정당을 만드는 데 있음을 강조할 것이다. 정당과 정치인들을 개혁의 대상으로 삼는 일이 많은데, 엄밀히 말해 이들은 정당성의 원리에 맞게 합법적으로 선출된 시민의 대표들이다. 이들이 개혁의 주체가 되어야 하고 이들이 맡은 일을 잘할 수 있게 해야 민주주의도 발전할 수 있다. 물론 정치인들에게도 달라져야 할 점이 많다. 지나친 여론 동원 정치에 의존하는 것은 정치인 개인을 위해서는 좋을지 모르나 사회 분열과 적대를 조장하는 부작용이 크다. 제도 만능주의가 좋은 변화를 만들기보다 오히려 정치발전에 역행했던 점도 생각해 봐야 할 것이다. 그보다는 자신의 정당 조직을 좀 더 유기적으로 발전시켜야 하며, 사회의 다양한 이해와 열정을 공공 정책으로 연결하는 일에서 유능함을 발휘할 수 있어야 한다는 점을 강조해 말할 것이다.

결론인 10장에서는 민주주의를 좀 더 공부하고자 하는 독자들을 위해, 중요한 이론적 함의를 갖는 책 다섯 권을 소개한다. 민주주의란 도달 가능한 완성체가 있는 것이 아니다. 그렇기에 운명적으로 끊임없는 갈등과 긴장을 안고 싸울 수밖에 없다. 실제 현실에서 민주주의는 늘 여러 민주주의'들' 사이의 논쟁으로 존재하고 또 그 속에서 각자의 민주주의관이 갖는 장점과 단점을 드러내는데, 이 다섯 권의 책을 통해 필자의 민주주의론이 차지하는 위치를 좀 더 효과적으로 객관화해 보려 한다. 그것으로 민주주의와 관련된 쟁점들을 모두 해결할 수는 없겠지만, 최소한 논의의 수준은 높일 수 있지 않을까 한다.

오래 걸리지만
오래가는
변화를 위하여

민주화 이후 벌써 30년째로 접어들고 있다.

그간 많은 사람들이 개혁과 혁신을 외쳤고,

실제로도 수많은 정책과 조치가 취해졌음에도 불구하고,

왜 현실은 그리 달라지지 않는 걸까?

민주주의가 허용하는 변화는 원래 그런 것일까?

아니면 변화에 대한 기존의 접근에 문제가 있었던 것은 아닐까?

민주주의와 시간

민주주의는 시간을 필요로 한다. 처음부터 민주주의를 안정적으로 잘 실천한 나라는 없다. '민주주의라는 정치체제가 어떻게 작동하고 운영되는지'를 이해하고 적응할 수 있는 정치 학습의 시간도 필요하며, 생각이 다른 사람과 평화적으로 논쟁할 수 있는 정치 문화가 성숙해질 시간도 필요하다.

정치가에게만 해당되는 이야기가 아니다. 민주주의에서라면 주권자인 일반 시민도 학습과 적응의 시간이 필요하다. 한마디로 말해, 민주주의도 정치도 배워야 한다. 그것도 잘 배워야 한다. 그런 변화와 적응의 공간이라 할 '시간 지평'에 대한 이해 없이 왜 잘 안 되느냐며 조급해 한다고 해서 달라질 것은 없다. '시간이 걸리는 준비와 노력'이 뒷받침되어야 실제로 변화가 가능하며, 지속될 수 있다.

'정치'라고 하면 권력 지향적인 사람들의 그렇고 그런 이야기처럼 다뤄지곤 한다. '민주주의'는 시위 때 외치는, 혹은 상대 정파를 '반민주적'이라고 비난할 때 쓰는 말 정도로 여겨지기도 한다. 민주주의와 정치를 자신의 일상과 깊이 관련된 문제로 보지 않는다는 것인데, 이처럼 '보통 시민의 삶과 괴리되어 있는 정치와 민주주의'야말로 지금 우리 현실을 잘 드러내는 특징인지도 모른다.

정치나 민주주의로부터 멀어져 있는 일상의 삶 속에서 사람들은 성급하고 성마르고 사나워지기 쉽다. 변화와 개선에 필요한 시간을 어떻게 지혜롭게 가꿔 갈 것인지에 대한 고려는 적고, 당장

변하지 않는 현실에 대한 냉소적 흥분의 시간이 길 때도 많다. 정치와 민주주의가 우리의 일상적 시간 속에서 좀 더 침착하게 다뤄졌으면 한다. 그리고 자연스럽고 친근하게 이해되었으면 좋겠다. 정치가, 우리가 살아 내는 하루하루의 시간들을 좀 더 낫게 만드는 일상적인 수단이자, 밝고 쾌활하고 귀여운 무기로 감각되고 느껴져야 비로소 민주주의라고 할 수 있기 때문이다.

다이내믹 코리아?

한국 밖에서 한국 사회를 바라보는 정형화된 인식 가운데 하나는 '대단히 변화 지향적이고 역동적'이라는 것이다. 물론 이런 인식이 실제 사실에 부합하는 측면도 분명 있다. 그러나 이런 해석은 일정한 오해를 동반한다. "다이내믹 코리아!"Dynamic Korea!로 상징되는 빠르고 잦은 변화가 '낡은 구조의 해체와 새로운 체제로의 대체'로 이해될 수 있을까? 외견상 빠르고 잦은 변화와 구체제의 여러 구조적 특징들이 오히려 더 강해지고 완고해지는 것은 동전의 양면이 아닐까?

베를린 자유대학에서 가르쳤고, 『판문점 체제의 기원』이라는 책에서, 한국전쟁이 남긴 영향을 깊이 있게 조명한 김학재 박사에게서 흥미로운 일화를 들었다. 그는 베를린 자유대학 '한국학연구센터'에 소속되어 있었는데, 그 센터에서 한국학 전공자들과 함께 한국을 방문하는 계획을 준비했다. 방문 프로그램 가운데 하나는

'한옥에서 숙박하는 것'이었는데, 한옥을 예약하는 일을 둘러싸고 작은 논란이 있었다. 독일인 교수들은 당연히 예약은 물론 예약 확정을 1년 전에 모두 마쳐야 한다고 생각했다.

대학원생들의 자율적인 세미나 계획도 대개 1년 전에 정해지며, 실제로도 거의 그대로 지켜지는 독일 사회에서라면 응당 그럴 수 있을 것이다. 그러나 한국 사회를 잘 아는 김 박사로서는, 한국에서의 1년은 '어떤 일이라도 가능한 시간'이기에 숙소로 한옥을 예약했다 하더라도 예약에 대한 확정 여부는 방문하기 한두 달 전에야 가능하다는 사실을 열심히 설명해야 했다. 독일인 교수들은 잘 이해하지 못했다고 한다. 이 이야기를 들으면서 '시간의 길이'와 '장소의 지속성'에 대한 감각은 분명 사회마다 크게 다르다는 생각을 했다.

한국의 빠른 사회 변화가 한국인의 심성 구조에 미친 영향을 외국인 학자에게 설명할 때마다, 필자가 자주 드는 통계가 하나 있다. 그것은 한국 주택의 평균 수명이 20여 년 정도밖에 안 된다는 사실이다. 많은 한국인들이 미국의 짧은 역사와 비교해 '반만 년의 역사를 자랑하는 한국'을 내세우곤 하는데, 그런 미국의 주택은 평균 수명이 1백 년이 넘는다. 미국 주택의 평균 연령이 꾸준히 늘어났다면 한국의 경우는 계속 줄어든 것인데, 그만큼 한국에서는 늘 새로운 건물이 끊임없이 만들어지고 기존의 건물은 끊임없이 허물어진다는 뜻이겠다.

문제는 여기에서 그치지 않는다. 한국인들은 이사를 자주 다녀야 한다. 한국인의 5분의 1이 살고 있는 서울의 경우, 같은 집에

거주하는 평균 기간은 5년에 불과하고, 집을 소유할 능력이 안 되는 사람들은 그보다 훨씬 짧다. 한곳에 5년도 머물 수 없는 사회, 늘 새로 이사 갈 집을 찾아야 하는데 마을 공동체를 통해 심리적 안정을 얻을 수 있을까?

공적 문제에 대해 유사한 견해를 공유하는 시민들의 정치조직 내지 '정치의 집'으로서 정당 역시 별다르지 않다. 1987년 군부독재로부터 벗어난 이래 지난 30년 동안 중앙선거관리위원회에 등록한 정당은 120개가 넘는다. 대부분 기존 정당이 이름만 바꾸거나, 당을 허물고 이합집산한 결과이다. 정상적인 당 운영보다 '비상대책위원회'가 끊임없이 반복되었던 것도 같은 원인에서 만들어진 현상이라 할 수 있다.

지금의 정당 내지 정당 이름이 앞으로 지속될 것이라고 생각하는 사람은 없다. 2017년 5월의 대통령 선거는 의석을 가진 5개 정당이 경쟁을 주도했는데, 이들 가운데 2012년 대선 때와 이름이 같은 정당은 하나도 없었다. 당명으로만 보면 한국 정당들의 평균 지속 기간은 대통령 임기 5년보다 짧다. 지금 정당을 기준으로 보면 평균 2년이 안 된다.

이탈리아의 정치학자로서 정당 이론의 대가라고 할 수 있는 조반니 사르토리Giovanni Sartori는 당명을 자주 바꾸는 것이야말로 (안정된 정당정치와 정반대의 의미를 갖는) '원자화된 정당 체계'atomized party system의 특징이라고 말한다. 따라서 우리의 경우 당명이 자주 바뀌는 것도 변화로 봐야 한다면, 아마도 그것은 '발전적 변화'가 아닌 '퇴행적 변화'라고 불러야 마땅할 것이다. 나날이 조금

씩 나아지리라는 일상적 기대는 줄어드는 대신 비상 상황이 끊임 없이 반복되는 정치를 좋다고 말할 수는 없다.

겉으로는 자주 바뀌는 것처럼 보이지만, 권위주의 시대에 만들 어진 낡은 정당정치의 구조가 그 속에서 끊임없이 재생산되어 왔 다는 사실을 한국인이라면 누구나 알고 있다. 당연히 이런 현실에 대한 비판과 불만은 상당한데, 이것이 지금 한국 정치의 가장 큰 특징이 아닐 수 없다. 늘 뭔가 변하는데 모두가 불만인 사회, 그 속 에서 사납고 공격적인 사람들이 늘고, 그들로부터 상처받은 사람 도 늘어나 점점 공적 공간으로부터 퇴거하고 싶어지는 사회가 된 것이다. '민주화 30년'의 결산 치고는 참으로 비극적이다.

잦은 변화 속의 무변화

필자가 대학원에서 정치학을 배운 나의 선생님이 즐겨 인용하는 소설이 있다. 람페두사Giuseppe Tomasi di Lampedusa의 소설 『표범』 *Il Gattopardo*인데, 여기에는 "변하지 않으려면 변해야 한다"(영어로 는 "If we want things to stay as they are, things will have to change") 라는 유녕한 대사가 나온다. 19세기 중엽, 남부 시칠리아는 북부 피에몬테가 주도권을 쥔 이탈리아 통일을 어쩔 수 없이 받아들여 야 했는데, 이 대사는 시칠리아의 그런 선택이 갖는 '비극적 장엄 함'을 상징한다.

그런데 오늘의 한국 사회에서는 정반대 의미로 이 구절을 이야기할 수 있을 것 같다. 즉, 꼭 필요한 변화나 큰 변화를 하지 않기 위해 작고 빠른 변화를 반복하지 않으면 안 되는 듯한 '비극적 가벼움'을 나타내기 위해서 말이다. 어제도 오늘도 내일도 한국 사회는 끊임없이 바뀔 것이다. 하지만 그 변화가 우리 삶의 윤리적 기반과 문화적 다정함을 북돋는, 좀 더 나은 사회 공동체로의 변화를 의미할 것 같지는 않다.

자신이 나고 자란 고향을 방문할 때마다 "내 고향 같지 않다." 고 말하는 한국인이 많다. 나의 선생님은 한국의 대표적인 전통 도시 가운데 하나인 강릉 출신으로, 1970년대에서 1980년대 초까지 미국 시카고에서 유학 생활을 하고 돌아와 30년간 서울의 한 대학에서 학생들을 가르쳤다. 그런 선생님은 시카고에 다녀올 때마다 강릉보다 더 고향처럼 느껴진다는 말을 하곤 한다. 그곳은 어쩌다 한참 만에 방문해도 별로 달라진 것이 없는데, 자신의 고향은 갈 때마다 바뀌다 보니 옛 모습과 옛 기억을 감각할 수 있는 요소가 거의 남아 있지 않기 때문이란다.

한국 정치도 이와 비슷하다. 늘 변하므로, 조금만 다른 문제에 관심을 갖다가 돌아와 보면 무엇인가는 바뀌어 있다. 그런데 그렇게 자주, 크게 외관이 바뀌었음에도 불구하고 체계와 구조는 달라진 바가 없다. 빠르고 잦은 변화가 일으킨 먼지가 가라앉고 나면 기존 체제의 구조와 생리는 변함없이 건재하게 우리 앞에 서있다. '끊임없이 변하지만 결국 변하지 않는 것,' 이것이야말로 다이내믹 코리아의 다른 모습이다.

변화는 '시간성의 차원에서 그 특징이 포착되는 현상'을 가리킨다. 인간은 특정의 공간과 시간의 교직 위에서 살면서 감각하고 기억하며 상호 작용하는 존재이다. 따라서 특정의 색과 냄새, 떨림과 리듬을 가진 장소성과 시간성의 안정된 기초 없이 내면의 안정을 유지할 수 없다. 마을 공동체라는 정주 공간을 갖는 것, 그 안에서 마실을 나가고 그곳에서 늘 마주치는 사람과 같은 장소를 공유하는 것, 이런 일이 불가능한 사회라면 그때의 시간성은 '공허하고 빈 시간'으로만 남을 뿐이다.

그런 공허한 시간성의 지평 위에서 변화는 무제한적 질주로 나타난다. 안정된 시간과 공간 위에 굳게 자리 잡고 있는 그 어떤 문화적 제어 장치도 존재하지 않기 때문이다. 당연히 그런 변화는 기억과 감각, 리듬을 담지 못한다. 기억과 감각, 리듬을 담지 못하면 역사라는 집합적 시간성 역시 빈껍데기처럼 빈약할 수밖에 없다.

앞서 '긴 역사에 대한 한국인들의 자부심'을 언급한 적이 있다. 여기에서 '길다는 것'은 '형태를 갖지 않는 무정형적 시간의 길이'를 뜻하는 크로노스Chronos라 할 수 있을 것이다. 숫자로 표현할 수 있는 시간의 흐름passage of time 내지 연표chronology로서의 역사는 분명 길다. 하지만 사람들의 마음에 '새겨지는 것'이자 동시에 '변화의 기회chance'라는 의미를 갖는, 또 다른 시간 개념인 카이로스Kairos의 관점에서는 그렇게 말할 수 없다. 한국의 '민주화 이후 민주주의'가 담고 있는 시간성의 특징은 무엇일까? 민주주의라는 가치가 함축하는 시간성, 즉 좀 더 다원화되고 분권화된 변화의 모멘트 내지 변화의 기회를 우리는 향유하고 있는가?

1948년 정부 수립과 함께 주한 미국 대사관 부영사로 한국에와 오랫동안 한국 사회를 경험하고 관찰해 온 그레고리 헨더슨 Gregory Henderson이라는 사람이 있다. 그는 1968년에 출판한 자신의 책에서 '소용돌이 정치'politics of vortex라는 개념을 통해 한국 사회의 가장 큰 특징을 중앙집권적 구조라고 규정한 바 있다.

안타깝게도 그 이후 산업화와 민주화를 경험한 오늘의 한국 사회 역시 그 구조는 약해지지 않았다. 우리 사회의 인적·물적 자원 모두를 중앙으로 집중화시키는 소용돌이 현상과 짝을 이루는 국가 중심적이고 관료제적인 사회의 특징 또한 지속되고 있다. 재벌 중심적 경제구조나 학력 위주의 엘리트 충원 구조는 민주화 이후 더욱 심화되었다. 보수 편향적 정치 구조도 달라진 바 없으며, 다만 그 좁은 내부에서 거의 적대적이다시피 한 갈등만 반복되고 있을 뿐이다.

중앙집권화나 자본주의 산업화는 형태를 갖지 않는 공허하고 빈 시간성의 특징을 강화하는 효과를 갖는다. 상품화·표준화·관료화·선진화·세계화는 이를 추동하는 힘을 나타내는 상징들이다. 한국의 민주화는 구체제의 낡은 구조와 협소한 이념적 한계, 국가와 재벌 중심의 생산 체제 위에서 이루어졌으며 또 그런 토대나 구조를 변화시킬 기회를 살리지 못했는데, 그 위에 신자유주의적 개혁과 금융 세계화가 추가됨에 따라 가뜩이나 공허한 시간성의 문제를 더욱 심화시켰다.

변화는 빠르게 일어나고 있지만 그 변화가 만들어 내는 새로움은 그야말로 '빠르다'는 것 그 자체밖에 없다. (권위주의 시대의 유산이라 할) '무조건', '그냥', '빨리 빨리'와 함께, '군사주의 문화'를

신자유주의neo-liberalism

정부의 적극적 경제 개입을 내세운 케인스주의가 쇠퇴하면서 등장한 경제 독트린. 해고 요건을 완화하는 노동 유연성, 민영화, 규제 완화, 탈복지 등을 강조한다. 시장에 대한 정치의 개입을 비판하고, 정부 기능을 최소화하는 대신 민간 자율을 최대화하려고 하며, 정당의 역할을 최소화하려 한다는 점에서, 가장 강력한 '반정치주의'를 표방한다. 자유방임의 원리를 사회 모든 분야로 확장해야 한다고 주장한다는 점에서 '최소 정부적 자유 지상주의'에 가깝다고 할 수 있다.

상징하는 '하라면 하는 거지, 뭔 말이 많아!'와 같은 표현이야말로, 오늘의 한국 사회를 집약적으로 특징화하는 핵심어가 아닌가 싶다. 군부는 병영으로 돌아갔지만 그들이 남긴 조직 문화와 가치 정향은 기업과 방송·언론 등 사회 곳곳에서 여전히 건재하다. 그것들은 늘 더 빨리 일하게 하고, 내용과 상관없이 어떻게든 성과를 내라고 다그치는 힘으로 작용한다. 물론 그렇게 해서 우리 삶이 달라지는 것은 없다. 다시 강조하건대, 다이내믹 코리아는 한국 사회의 무변화 내지 보수성의 다른 얼굴이다.

숙고된 결정, 합의된 변화

민주주의에서 변화는 '극복/붕괴론'이나 '대체/교체론'이 아니라 '이행론' 내지 '형성론'을 그 핵심으로 한다. 새로운 상황으로의 이

행과 이를 뒷받침하는 제도적 환경이 작동될 수 있는 조건을 형성하고 성숙시키는 과정을 이해하는 것이 중요하다. 그렇지 않고 구체제의 극복과 붕괴를 선언하거나 대체와 교체를 주장하는 것만으로는 변화가 이루어지지 않는다. 당장의 즉각적인 변화를 요구하기 위해 구호를 만들고 외치는 것으로 할 일을 다했다는 식이 되면, 변화는 없다. 소란이 잦아든 뒤 결국 더 위세를 떨치게 되는 것은 낡은 관행과 구조일 때가 많다. 말이나 구호보다 진짜로 바뀌는 것이 중요하다면, 변화에 필요한 조건을 준비하고 성숙시켜 가는 '시간성의 문제'를 생각해야 한다.

민주주의도 정당정치도 제대로 잘하기 위해서는 배울 것은 배워야 하고, 이를 위해 소요되는 시간을 받아들여야 하며, 또 그 시간을 효과적으로 잘 써야 한다. 소수에 의해 일사천리로 공적 결정이 내려진 과거 권위주의 시대와는 달리, 누구나 자유롭고 평등한 의견을 가질 권리 위에서 더 나은 공적 결정을 도출해 가는 일이 단번에 이루어질 수는 없기 때문이다.

변화는 결정 단계와 집행 단계를 통해 이루어진다. 결정의 비용과 집행의 비용을 최적화하는 것이 중요하다는 뜻이다. 이를 '변화 $=f$(결정 비용 + 집행 비용)'이라고 표현할 수 있을 것이다. 결정을 빨리 했다고 변화가 보장되는 것은 아니라는 점, 민주적 결정 과정에서 충분한 비용을 지불하지 않으면 실제 집행 단계에서 해결할 수 없는 갈등을 만나게 되고, 그 때문에 감당할 수 없는 비용을 치르게 된다는 뜻이다. 이해 당사자들이 참여하고 충분한 논의를 거쳐 이루어진 '숙고된 결정'과, 그 때문에 오래 지속되는 '합의된 변화'를 민주주의는 필요로 한다.

민주주의라는 새로운 가치와 규범을 학습하고 적응하는 시간성의 세계, 어떻게 하면 이 세계를 좀 더 알차고 내실 있게 채워 갈 수 있을까? 조금 오래 걸리겠지만 그러나 오래갈 수 있는 진짜 변화를 우리는 일궈 갈 수 있을까? '민주주의에서 정치란 무엇이고 또 어떤 인간 활동인가'를 이해하고 다룰 수 있는 '사고의 뼈대와 생각의 근육'을 튼튼하게 단련하는 일에서, 어떻게 하면 우리는 지치지 않을 수 있을까? 종이판에 압정을 꽂듯이 하나씩 하나씩 꾹꾹 눌러가며 천천히 살펴보기로 하자.

민주주의의
과거, 현재
그리고 미래

좀 더 긴 역사적 관점에서

민주주의를 조망해 보자.

민주주의는 어디에서 와서 어디로 가고 있는가?

지금의 민주주의는 어떤 도전에 직면해 있고

그런 도전에도 불구하고 앞으로도 잘 작동하게 될까?

민주주의에 미래는 과연 있는가?

설명하기도 어렵고 다루기도 복잡한 민주주의,

도대체 어떻게 이해해야 할까?

불사조 민주주의

민주주의는 기원전 6세기경 고대 그리스의 도시국가들에서 등장했다. 여기까지는 누구나 아는 사실이다. 그런데 민주주의라는 말이 민주주의에 반대했던 과두정oligarchy 지지자들에 의해 일종의 조롱조로 만들어졌다는 사실은 잘 알려져 있지 않다. '데모스de-mos가 통치kratos를? 일반 시민이 정치체제를 운영할 수 있다고? 아니, 어떻게? 공적 사안에 대해 판단할 능력이 없는데? 말도 안되지.' 이렇게, 과두정 지지자들은 그 이상한 체제의 등장을 '데모크라티아'dēmokratía라고 부르며 야유했다. 요컨대 그들이 볼 때 민주주의는 '어리석은 대중이 통치하는 불합리한 체제' 그 이상이 아니었다. 실제로는 어땠을까? 그들이 예상했던 것처럼 민주주의는 그렇게 형편없는 체제였을까?

그때 민주주의 체제를 실시했던 대표적인 사례는 당시 가장 큰 폴리스(도시국가)였던 아테네이다. 지금까지 남아 있는 문헌이나 기록도 거의 대부분 아테네 민주주의에 관한 것들이다. 민주주의 시대의 아테네는 정치학은 물론 철학·문학·예술·건축·천체물리학 등 수많은 분야에서 엄청난 성취를 이루었다. 외계인이 도와주었냐는 설이 있을 정도로 대단한 변화였는데, 인간이 자유롭고 평등할 때 발휘하는 지적 능력은 놀랍기 그지없다. 그것이 민주주의자에 의한 것이든, 민주주의에 비판적인 지식인들에 의한 것이든, 그 시대는 가장 자유롭고 경이로운 인간 정신의 발양기였다. 자유시민의 전통을 갖지 못한 동양에 비해 서양의 정치철학이 갖는 힘 내지 지적 원천이 있다면, 그것은 2천5백 년 전에 실천된 그리스 도시국가들의 민주주의 경험에서 발원한다고, 필자는 생각한다.

아테네 민주주의는 2백 년 정도 지속된 뒤 몰락했다. 이와 더불어 민주주의라는 정치체제만 사라진 것이 아니라, 민주주의라는 단어 자체가 인간의 역사에서 오랫동안 잊혔다. 그리고 1천 년도 훨씬 더 지난 뒤 이 말이 다시 살아나리라고는 당시를 살았던 사람들 누구도 생각하지 못했을 것이다. 민주주의가 다시 주목을 받게 된 것은 아리스토텔레스Aristoteles의 저작들이 아랍어에서 라틴어로 옮겨진 이후인 13세기에 이르러서였다. 민주주의가 라틴 문화권인 프랑스를 거쳐 영어, 'democracy'로 번역되어 표현되기 시작한 것은 그보다 한참 뒤인 16세기에 들어서였다. 그러나 민주주의라는 표현이 라틴어와 프랑스어, 영어로 소개되고 그와 함께 고대 그리스 도시국가들의 민주주의 경험이 알려진 뒤에도 거의 대부분의 정치철학자들과 지식인들은 이 말을 부정적인 의미로 사용했다. 민주주의를 '중우정'ochlocracy 내지 '빈자들의 폭민 정치' mobocracy, 나아가 '다수의 전제'tyranny of the majority로 여기는 사람도 많았다. 아니 그 전에, 오래전 그리스의 작은 도시국가들에서나 볼 수 있었던 이 정치형태를, 대규모의 근대 영토 국가 내지 국민국가에 적용할 수 있다고 생각한 사람은 사실 아무도 없었다.

몽테스키외Charles De Montesquieu나 장 자크 루소Jean Jacques Rousseau, 제임스 매디슨James Madison은 흥미로운 사례를 제공한다. 지금이야 그들을 '현대 민주주의의 제도적 디자인을 이끈 정치철학자'로 여기지만, 당시 그들은 고대 아테네와 같은 민주주의를 계승할 수는 없다고 생각했다. 그들이 목표로 내걸었던 것은 공화국/공화정republic이었지 민주정/민주주의는 분명 아니었다. 몽테스키외는 민주주의를 지극히 작은 도시국가에서만 가능하다고 여겼기에 별로 고려하지 않았다. 루소는 고대 아테네의 직접 민주주의의 경우 통치자가 피치자보다 많다는 이유에서 '자연 법칙에 반하는' 체제로 여겼다. 두 사람 모두 중시했던 것은 로마 공화정이었지 민주정은 아니었다. '미국 헌법의 아버지'라 불리는 제임스 매디슨은 민주주의를 '선동에 취약한 작은 도시국가의 정치체제'라고 비판했고, 연방헌법을 통해 자신들이 만들고자 한 것은 '대표의 체계를 통해 파당들의 선동 정치가 만들어 내는 폐해를 최소화할 수 있는 큰 규모의 공화국'임을 분명히 했다. 이 시기까지 서양의 정치 전통에서 강력한 영향력을 발휘한 것은 로마와 라틴어였지 아테네나 그리스어가 아니었다.

그런데 18세기 말 프랑스혁명을 거치고 난 뒤 유럽 여러 나라에서 일반 시민들의 참정권 요구가 커짐에 따라 이상하게도 공화국과 민주주의라는 말이 함께 쓰이기 시작했다. 제임스 매디슨과 함께 토머스 제퍼슨Thomas Jefferson이 민주공화당Democratic Republican Party이라 불리는 미국 최초의 정당을 만든 것도 이 시기였나. 그리고 어느 순간 민주주의라는 말이 점점 더 자주 사용되기 시작했다.

공화정을 주장하던 사람들이 한때 스스로 부정했던 민주주의를 왜, 어떻게 수용하게 되었는지는 여전히 수수께끼로 남아 있다. 다만 공화정은 '왕정이 아닌 체제' 혹은 '교양과 재산을 가진 시민의 대표가 통치하는 체제'를 상상하게 하는 용어인 반면, 민주정/민주주의는 참여에서 배제되었던 하층의 가난한 보통 사람들의 권리를 강조한다는 점에서 차이는 있었다. 따라서 재산이 없는 노동자들과 여성들의 참정권 운동은, 중산층 내지 지식인 편향적인 공화정/공화국을 넘어 민주주의의 가치를 강조하게 되었는데, 이 사실이 중요하다. 역사적으로도 민주주의라는 용어가 확고한 시민권을 갖게 된 데는, 투표할 권리를 갖지 못했던 노동자와 여성이 중심이 되어 전개한 보통선거권 획득 운동이 결정적인 역할을 했기 때문이다. 이와 함께, 진보적인 세력들이 대중정당이라는 조직 형태를 발명해 기존 체제에 도전했던 것이 민주주의로의 최종적 전환을 이끌었다. 오늘날 우리가 실천하고 있는 민주주의는 이렇게 시작되었다. 남성에게 종속되어 있고, 지주나 공장주에게 고용되어 있기에 자율적으로 판단할 수 없다는 이유로 참여를 부정당했던 여성과 하층 노동자 계층도 시민권을 가져야 한다는 것, 그들의 의지와 열정을 조직한 정당도 정부를 운영할 평등한 기회를 가져야 한다는 것이 거부할 수 없는 정치 규범으로 자리 잡음으로써, 거의 2천 년 동안 실종되고 부정되었던 민주주의가 불사조처럼 다시 실천될 수 있었던 것이다. 이보다 더 멋진 변화가 인간의 역사에 또 있을까?

고대 민주주의와 현대 민주주의

세습과 혈통, 출신 계급이 아니라 일반 시민들에게도 평등한 정치

보통선거와 여성의 참정권

보통선거universal suffrage란 제한선거limited suffrage에 대비되는 용어이다. 제한선거란 유권자의 신분·재산·성별·종교·직업 등에 따라 특정한 자격 조건에 합당한 사람에게만 제한적으로 선거권을 부여하는 제도를 가리킨다. 이와는 달리 보통선거란 일정한 연령에 달하면 모든 시민에게 평등한 선거권을 부여하는 것을 말한다. 보통선거가 정착된 것은 그리 오래된 일이 아니다. 그 전까지 대개는 재산을 가진 남성 중산층들에게만 선거권이 제한되어 있었다. 이에 저항해 영국에서는 1830년대부터 1850년대까지 노동자들의 참정권운동이라 할 수 있는 차티스트운동이 있었고, 뒤이어 1860년대부터는 여성의 참정권 운동이 터져 나왔다. 대표적으로 에멀린 팽크허스트Emmeline Pankhurst가 이끄는 여성사회정치연합WSPU이 있었는데, 앞선 차티스트운동이 평화적인 청원의 형태를 띠었던 데 반해 이들은 방화와 유리창 깨기 등 훨씬 더 과감한 형태의 운동을 전개했다. 가장 유명한 사건은 1913년 6월 4일, 에밀리 와일딩 데이비슨Emily Wilding Davison이 경마 대회에 참여한 조지 5세의 말 앞으로 달려들어 "여성에게 참정권을!"이라고 외치다가 말과 충돌해 사망한 일이었다. 미국에서는 여성들이 백악관 앞에서 쇠사슬로 몸을 묶고 시위를 벌이기도 했다. 이렇듯 여성의 참정권 운동은 민주주의로의 전환을 이끈 가장 중요한 엔진 가운데 하나였다. 여성에게 가장 먼저 참정권을 부여한 나라는 뉴질랜드로 1893년이었고, 그 뒤 1906년의 핀란드, 1920년의 미국, 1928년의 영국으로 이어졌다. 프랑스와 이탈리아는 각각 1944년과 1945년에서야 여성들이 투표할 수 있었고, 스위스는 1971년에야 여성들에게 선거권을 부여했다.

민주공화당Democratic Republican Party

1791년에서 1793년 사이에 토머스 제퍼슨, 제임스 매디슨, 제임스 먼로, 앤드루 잭슨 Andrew Jackson 등이 주도해 만든 정당으로 미국 민주당의 전신이라 할 수 있다. 알렉산더 해밀턴Alexander Hamilton 등 중앙집권화를 주장했던 연방파에 대항하려는 목적으로 출발했으나, 해밀턴의 사망 이후 연방파의 영향력이 약화되자 1828년 해산한 뒤, 앤드루 잭슨이 주도해 만든 민주당으로 흡수되었다.

대중정당 mass party

대중적으로 친화성 있고 인기 있는popular 정당이라는 뜻으로 오해될 때가 많은데, 그와는 거리가 멀다. 대중정당은 귀족과 부르주아 등 소수 엘리트들이 정치를 주도하던 시절의 엘리트 간부 정당에 도전했던 새로운 정당 유형으로, 프랑스의 사회학자 모리스 뒤베르제Maurice Duverger에 의해 처음 개념화되었다. 기존에는 못 배우고 못 가졌다는 이유로 배척되었던 대중(사회 하층의 일반 민중)이 투표권을 갖게 된 다음, 기성 엘리트 정당들 사이에서 선택하는 대신 스스로 정치조직을 만들어 크게 성공한 여러 사례에 그 기원을 둔다. 인간의 정치사에서 가장 아름다운 변화의 하나라 할 만한다. 애초 뒤베르제는 주로 사회주의 정당들의 사례를 통해 대규모 대중 동원과 강한 당내 규율, 이념적 정체성, 당비에 의한 재정 충당 등의 측면을 강조했는데, 그 뒤 피터 마이어Peter Mair 등 대표적인 정당 이론가들은 다른 측면을 더 중시했다. 첫째, 기존 엘리트 정당들은 모두 국익과 전체 이익을 앞세웠는데, 대중정당은 자신들만의 정체성과 사회 한 부분의 이익에 기초를 둔 정치 동원에 성공했다는 점이다. 정당들이 서로 다른 집단의 이익과 열정을 조직하는 것이 사회 전체를 더 튼튼하게 통합할 수 있음을 보여 준 것이다. 둘째, 기존 엘리트 정당들이 주로 소수 간부들만의 비공식적인 결정을 통해 공직 후보와 정당 정책을 결정했다면, 대중정당은 공식적 결정 구조를 확립해 정당성의 기반을 제도화했다는 점이다. "by the people"이라는 이상이 실현된 것 역시 대중정당에서 처음이었다는 것이다. 셋째, 대중정당의 조직화 규모가 커지고 선거에서 놀라운 성과를 거두자 기존 엘리트 정당들 역시 변화하지 않을 수 없었는데, 그렇게 해서 대중정당의 조직 형태가 보편화되면서 새로운 정당의 유형, 즉 포괄 정당catch-all party이 등장했다는 점이다. 즉, 정당들마다 고유한 정체성에 기초를 두고 공익 내지 전체 이익을 추구하면서 상대편 정당의 지지자들에게도 호소력을 발휘하려는 방향으로 발전했다는 것이다. 이처럼 대중정당의 등장과 확산은 현대 민주주의 발전과 매우 깊은 연관이 있다.

참여가 개방되었다는 점에서 고대 아테네 민주주의와 현대 민주주의는 크게 다르지 않을지 모른다. 그런 '정치적 평등'political equality의 원리야말로 예나 지금이나 민주주의의 핵심 가운데 핵심이다. 그러나 그 밖의 측면에서 보면, 고대 민주주의는 현대 민주주의와 너무나 다른 체제 운영의 원리를 가졌다.

첫째, 오늘날 민주주의는 모두 자본주의라고 불리는 경제체제 위에 서있다. 사회주의 체제에서 민주주의는 작동하지 못했고 대체로 권위주의나 전체주의 체제로 퇴락했다. 그런데 인간이 만든 경제체제 가운데 자본주의만큼 확장적인 본성을 갖는 생산 체제 및 소비문화는 없다. 자본주의는 민주주의가 작동하는 일국 단위를 끊임없이 넘어가고자 한다. (이에 대응하고자 위르겐 하버마스Jürgen Habermas를 포함해 유럽의 진보적 지식인들은 민주주의의 공간을 일국적인 것에서 유럽연합 같은 초국적 범위로 확대해야 한다고 주장한다. 이것이 실현된다면 민주주의의 역사와 이론은 새롭게 도약하게 될 것이다. 그런 점에서 유럽연합의 민주화 노력은 현대 민주주의의 미래와 관련해 매우 중요한 전환점이 되지 않을까 한다.) 게다가 자본주의는 재산과 소득 면에서 매우 큰 경제적 불평등을 동반하므로, 평등한 시민권에 기초를 둔 민주주의의 원리를 끊임없이 위협하는 효과를 갖는다.

고대 민주주의는 그렇지 않았다. 기원전 5세기 아테네 민주주의를 이끌었던 페리클레스Perikles의 그 유명한 장례 연설에서 볼 수 있듯이, 시민들 사이에서 부富를 과시하는 것은 경멸받을 일이었고, 그보다는 '질박한 삶' 속에서 정신적인 성취를 중시했던 자족적 체제였다. 따라서 시민들 사이의 경제적 불평등 내지 계층 간 갈등이 민주주의를 위협하는 효과는 현저히 낮았다. (노예라고 불렸던) 주요 생산자 집단들이 시민의 범위에서 배제되어 있었던 것 또한 시민들 사이의 계급 갈등을 덜 나타나게 만드는 효과를 가졌다.

나아가 경제의 역할 역시 전체 공동체의 물질적 필요를 충족시키는 '하위 체제'에 불과했다. 생산과 분배를 포함해 체제 전체의 운영은 전적으로 정치적 결정에 의해 이루어졌다. 재산권과 자율적 시장경제의 원리가 거의 침해될 수 없는 자연권에 가까운 권위를 갖는 오늘날과 비교해 보면, 그것이 얼마나 놀라운 일이었는지를 알 수 있다. 고대 민주주의가 노예제에 기초를 둔 생산 체제 '덕분에' 가능했다면, 현대 민주주의는 자본주의라는 생산 체제에도 '불구하고' 하게 되었다는 사실은 결코 작은 차이가 아니다.

　둘째, 정치 공동체의 규모에 있어서도 큰 차이가 있다. 고대 민주주의의 경우 경제체제만 자족적이고 비확장적인 것이 아니라 정치체제도 마찬가지였다. 그리스의 도시국가들은 전시에 활발하게 동맹을 맺었지만 전쟁이 끝나면 모두 자신의 도시국가로 돌아갔다. 도시국가 간 동맹을 바탕으로 그리스라는 더 큰 정치 공동체를 만들 수 있었을 텐데, 그러나 그들은 그렇게 하지 않았다. 그런 의미에서 아테네 민주주의는 존재했지만 그리스 민주주의는 존재한 적이 없었다고 하겠다.

　전쟁이 없는 해가 거의 없었음에도 불구하고 도시국가로의 회귀 경향이 제어되지 못한 것은 분명 흥미로운 일이다. 그러다 보니 인구가 몇 만이 안 되는 도시국가들도 많았고, 가장 큰 도시국가였던 아테네도 인구가 많을 때 30만 명 정도였을 뿐이다. 당시 아테네 사람들은 그것도 많다고 생각했고 시민의 숫자가 5천 명 정도인 것을 최상으로 여겼다. 그런 그들의 눈으로 보면, 인구 5천만 명의 한국 사회가 하나의 정치 단위를 구성하고 있다는 사실, 나아

고대 아테네 인구와 시민 규모의 추정치

	기원전 480년경	기원전 432년경	기원전 400년경	기원전 360년경
시민	2만5천~3만 명	3만5천~4만5천 명	2만2천~2만5천 명	2만8천~3만 명
총인구	12만~15만 명	21만5천~30만 명	11만5천~17만5천 명	17만~22만5천 명

가 그런 정치 단위가 민주주의를 자임하고 있다는 사실은 불가사의한 일일 것이다. 그만큼 국민국가nation state를 단위로 하는 현대 민주주의는 고대 민주주의와는 달라도 너무 달랐다. 고대 도시 국가의 민주주의를 이끌었던 제도나 원리들이 오늘날 (작은 지방자치의 단위에서라면 일부 적용될 수 있을지 몰라도) 국민국가 단위에서는 실현될 수 없었던 것은 그 때문이다.

셋째, 참여의 범위 문제도 중요하다. 고대 민주주의에서 정치에 참여할 수 있는 자유가 모든 사회 구성원에게 개방된 것은 아니었다. 아테네의 경우 전체 사회 구성원 가운데 약 13퍼센트에서 20퍼센트 정도의 자유민에게만 정치 참여가 허용되었다. 요즘 식으로 표현하자면 재산을 가진 남성 중산층 가부장만이 시민권을 가졌다고 할 수 있다.

이들이 정치에 참여할 여가를 가질 수 있으려면 생산의 역할을 맡은 노예(노동자)와 재생산의 역할을 맡은 여성의 희생이 필요했다. 현대 민주주의에서 재산·인종·출신·성별에 상관없이 사실상 사회 구성원 모두에게 시민권이 주어지는 것과는 크게 대비되는 일이 아닐 수 없다. 참여의 수준은 고대 민주주의에서 더 높았을지 몰라도, 참여의 범위는 현대 민주주의에서 훨씬 더 포괄적이었다는 것, 작은 규모의 민주주의에서 참여의 자유를 누릴 수 없었던 사람이 많았던 반면, 대규모 국민국가에서는 그 반대였다는 것은 흥미로운 역설이 아닐 수 없다.

넷째, 공직자 선발 방식에서도 차이가 크다. 현대 민주주의를 이끈 중심 기관차는 선거와 정당이었다. 구체적으로 말하면 ① 누구에게나 참정권이 개방되어야 한다는 보통선거권 쟁취 투쟁이 있었고, ② 못 배우고 가난한 하층의 시민들도 스스로를 대표할 수 있는 정치조직, 즉 대중정당이 그 중심에 있었다. 선거와 정당이 중심이 된 민주주의는 고대 민주주의에서는 상상도 할 수 없는 일이었다. 당시에는 정당이라는 개념조차 존재하지 않았을 뿐 아니라, 정견을 공유하는 사람들이 그들만의 정치 결사체를 만드는 것은 공동체를 분열시키는 일로 위험시되었다.

선거로 공직자를 선발하는 사례는 예외적이었을 뿐만 아니라, 선거를 민주정이 아니라 귀족정의 원리로 이해하는 사람도 많았다. 그보다는 공직에 선발될 수학적 확률을 동등하게 하고자 추첨의 방법이 적용되었고, 시민이 번갈아 공직에 참여할 기회를 더 자주 가질 수 있도록 임기를 짧게 하고 연임을 불가능하게 한 것이 일반적이었다. 예외가 있다면 최고 통치자로서 장군과, 전문 기술을 필요로 하는 재정 회계 담당자의 경우였다. 그들만 선거로 뽑혔다. 역사적으로 보면, 정당party이라는 용어가 정치적 의미를 갖게 된 것은 17세기 말에 이르러서였을 뿐, 그 이전까지 정치 결사체는 모두 부정적인 의미의 파당faction으로 이해되었다. 이처럼 제도적으로 보아도 고대 민주주의와 현대 민주주의는 달라도 너무 달랐다.

다섯째, 대표의 기능과 체계도 달랐다. 고대 민주주의는 개인과 전체가 거의 완전하게 합일될 수 있는 소규모 자족적인 공동체를 지향했다. 개개인과 전체 사이에서 누군가 특별한 권력을 갖는 존재가 출현하는 것을 지극히 두려워했다. 한마디로 말해 '엘리트주의나 전문가주의에 대한 뿌리 깊은 적대에 기초를 둔 정치체제'였다고 할 수 있다. 데메deme라고 불리는 140개의 지역구에서 선출된 5백 명의 시민 평의회boule가 있었고, 그들이 50명씩 번갈아 호선되어 민회ekklesia에서 결정할 의제를 다루었기에 대표의 기능이 없었다고 할 수는 없을지 모른다. 하지만 현대적 의미의 대표, 다시 말해 의회나 정당과 같은, 일정한 자율성을 가진 대표의 체계 내지 조직체를 가졌다고 보기는 어렵다.

반면 현대 민주주의는 시민이 번갈아 그리고 직접 통치를 맡는 것이 아님은 물론, 여러 시민 집단들의 의지와 열정을 나눠서 조직하고 대표하는 정치 엘리트 집단 즉, 정치를 직업으로 삼는 시민 집단을 선발해 그들에게 일정 임기 동안 상당 정도의 자율성을 부과한다는 점에서 큰 차이가 있다. 그런 의미에서 현대 민주주의는 (시민이 번갈아 통치의 역할을 맡는 고대 직접 민주주의와 달리) '시민의 동의에 의한 대표의 체제' 혹은 '시민과 대표가 협력하는 체제'를 특징으로 한다. 정치 엘리트나 직업적 정치 집단의 역할을 부정했던 고대 민주주의와는 이 점에서도 크게 다르다.

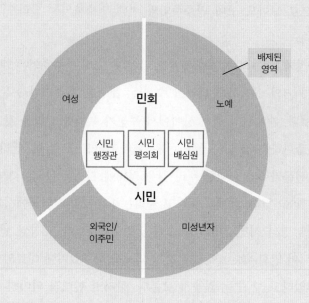

이 밖에도 현대 민주주의는 고대 민주주의와 다른 점이 많다. 무엇보다도 고대 민주주의는 국가 관료제를 갖지 않았다. 직업적 법관도 없었고, 재정과 군사 업무를 담당하는 독립적인 관료행정 체계가 존재하지 않았다는 말이다. 행정 실무를 담당할 인력이 필요했겠지만, 그 기능은 시민이 아니라 지식을 갖춘 노예가 맡았다. 법치나 법의 지배의 원리는 강력했지만, 그렇다고 침해될 수 없는 개인의 자연권 내지 기본권에 기초를 둔 입헌주의가 있었던 것도 아니다. 공적 규제로부터 자율적인 시장경제도 없었고, 개인의 권리에 기초를 둔 자율적인 시민사회도 없었다. 그보다는 개인에 앞

입헌주의constitutionalism

국가의 기본 구조를, 침해할 수 없는 시민의 권리 위에 세우는 것을 말한다. 입법과 정책 결정을 포함해 넓은 의미의 정부 행위 역시 그런 기본권에 의해 제한되어야 함을 뜻하기도 한다. 이런 원리를 확립하는 데 있어서 근대 자유주의자들의 기여는 컸다. 문제는 입헌주의의 초점이 '개정이 쉽지 않은 특정 문서로서의 헌법'에 의존하면서 발생한다. 다수의 동의를 얻어 민주적으로 결정한 법이나 정책이 헌법과 충돌한다는 주장에 직면할 때가 대표적인 사례이다. 헌법 역시 제정 당시 다수의 동의에 의해 만들어졌지만, 그것의 구속력이 얼마나 지속될 수 있는가는 논란이 될 수밖에 없다. 입헌적 제약과 민주적 결정 사이의 갈등은 사법부의 독립성이 큰 나라일수록 해결하기 어려운 문제를 발생시키기도 한다.

서 전체를 강조하는 유기체적 사회관이 지배적이었고, 그 위에 민주주의의 원리를 정초했던 것이 고대 민주주의였다. 독립적인 사법부 권력이든, 독립적인 행정부 권력이든 그런 권력이 입법의 역할을 맡은 시민 의회를 견제한다는 것은 상상할 수 없었다. 그렇기에 당연히 행정부나 사법부가 입법부를 제어하는 삼권분립의 원리 역시 현대 민주주의에서만 작동할 수 있었다.

이상에서 살펴보았듯이, 고대 민주주의와 현대 민주주의는 달라도 너무 다른 제도와 체계, 운영 원리를 갖는 것이었다. 현대 민주주의의 관점으로 고대 민주주의를 이해할 수도 없고, 오늘날과 같은 조건에서 고대 민주주의를 복원해 적용할 수도 없다. 우리가 실천하고 실현해 가야 할 민주주의는 고대 민주주의가 아니라 현대 민주주의이며, 그 제도적 원리에 상응하는 것이어야 하고, 또 그에 맞게 민주주의의 가치와 이상을 추구해 가야 할 것이다.

역사적 현상으로서의 민주주의

현대 민주주의의 역사는 끊임없이 유동하는 갈등과 긴장들로 가득 차 있다. 당연히 전진도 있고 퇴보도 있으며, 과연 바람직한 변화인지 알 수 없는 일들도 많다. 그런 점에서 민주주의의 역사는 또 다른 민주화의 요구 혹은 새로운 변화를 위한 운동의 형태를 띠며 전개되었다고도 할 수 있다. 그 복잡했던 서구 민주주의의 역사를 개관해 보자.

우선 영국과 미국을 보자. 이들 나라에서 민주주의 운동은 19세기 초중반에 본격화되었다. 적어도 이때쯤 되어야 민주주의에 부정적이었던 철학자나 지식인들 가운데 일부가 민주주의의 불가피성을 인정하기 시작했다. 1830년대 미국을 방문해 실제의 민주주의를 경험한 알렉시 드 토크빌Alexis de Tocqueville이 대표적이다. 그는 민주주의가 사회적 평준화를 낳고 다수의 전제로 이어질 가능성을 두려워하면서도 민주주의로의 길은 피할 수 없다는 결론을 내렸다. 영국 역시 1830년대에 들어서 본격화된 참정권 확대 운동을 거치며 민주주의를 수용했다고 할 수 있다.

유럽 대륙은 어땠을까? 이들의 경우 정치의 현실로서 민주주의가 받아들여지는 과정은 그야말로 폭력적인 갈등의 긴 연속이었다. 1848년 2월 프랑스에서 시작해 유럽 대륙을 휩쓴 혁명은 민주주의의 역사에서 매우 중대한 기로였다. 이는 자유주의 혁명이면서 동시에 민주주의 혁명이었다는 점에서 앞선 혁명들과 달랐다. 이를 기점으로 유럽 대륙은 혁명과 반혁명 진영으로 분열되었을 뿐만 아니라, 해당 국가 내에서도 혁명과 반혁명이 교차하게 된다. 군주정과 제정帝政, 공화정이 서로 짧은 주기로 순환되면서 엄청난 폭력과 크고 작은 전쟁을 경험했던 시기이기도 했다. 유럽 전체를 기준으로 볼 때 민주화가 하나의 거역할 수 없는 흐름으로 자리 잡게 된 것은 제1차 세계대전이 끝난 뒤였다. 남녀 보통선거권이 인정되기 시작한 것도 이 시기로, 대개는 1918년에서 1920년 사이에 이루어졌다.

20세기 이전까지 혁명의 중심지는 프랑스였다. 하지만 프랑스에서 민주주의에 대한 태도는 늘 부정적이었다. 혁명파들은 스스로 공화파로 불리기를 원한 반면, 민주주의자 내지 민주파로 불리는 것을 꺼렸다. 아마 지금도 민주주의라는 표현을 가장 기피하는 선진 민주주의 국가를 하나 꼽으라면, 단연 프랑스일 것이다. 프랑스에서는 정당의 이름에도 좀처럼 '민주'라는 용어를 쓰지 않는다. 아무튼 1870년 파리코뮌의 비극을 거쳐 이듬해 세워진 프랑스 공화정 역시 혼란을 거듭했다. 적어도 5공화국이 세워진 1958년 이전까지 프랑스 공화정은 안정되지 못했다. 따라서 민주주의를 둘러싼 논란은 프랑스보다 독일의 사례가 더 주목되었다.

1919년 시작된 독일의 바이마르공화국은 가장 진보적인 민주주의 실험 국가로 여겨졌다. 그러나 많은 사람들의 기대와는 달리 바이마르공화국에서 민주주의는 잘 작동하지 않았다. 군국주의자들은 민주주의에 대한 불만을 공공연히 표출했을 뿐만 아니라 무력으로 도전하기까지 했다. 혁명파들은 민주주의가 개량에 대한 환상을 만들고 대중을 혁명으로부터 멀어지게 한다면서, 사실상

바이마르공화국의 분열과 붕괴를 방관했다. 그 결과 민주주의에 대한 지지는 4분의 1 수준으로 떨어졌고, 다른 한편 나치즘은 빠르게 확산되었다.

파시즘으로 통칭되는 이런 반민주적 도전은 비단 독일과 이탈리아에 국한된 현상이 아니었다. 영국과 프랑스를 포함해 유럽 전역에서 민주주의에 반하는 전체주의적 열망이 강하게 나타났기 때문이다. 그런 의미에서 민주주의가 사회적 합의에 가까운 지지를 받게 되기까지는 좀 더 시간이 필요했다. 엄밀히 말해 민주주의 체제가 (본격적으로 등장한 것은 제1차 세계대전 이후지만) 안정적으로 제도화된 것은 제2차 세계대전 이후라고 해야 할 것이다. 파시즘과 나치즘 그리고 뒤이은 세계대전의 비극적 경험을 거치고 나서야, '지나친 자본주의적 불평등도 안 되고 좌파의 급진 혁명도 안 된다.'라는 방향으로 논의가 모아지기 시작했고, 그러면서 민주주의는 다수 지식인과 시민들에게 받아들여졌다. 민주주의가 격렬한 사회 갈등을 통합하는 정치과정으로 기능하기 시작한 것도 바로 이때부터였다. 민주주의가 영국과 미국, 나아가 유럽 중심부 국가들을 넘어 세계적으로 확산되기 시작한 것도 이때였다.

제2차 세계대전 이후 독립한 신생국가들 가운데 민주주의를 도입한 나라들이 많았다. 하지만 남부 유럽과 아시아, 북아프리카, 남미 등에 산재해 있던 이들 나라 대부분에서 민주주의는 지속되지 못했다. 군부독재 등 다양한 형태의 권위주의 체제가 민주주의를 대체했다. 이들 가운데 남부 유럽에서 민주주의가 회복된 것은 1970년대 중반 이후이며, 남미의 경우는 1980년대 중반이었고,

우리 역시 1980년대 후반에 이르러 민주주의로의 전환이 가능했다. 그러나 이때까지도 여전히 민주주의를 하는 국가들의 숫자나 인구 규모는 전 세계적으로 다수가 아니었다. 1990년대 동유럽이 민주화 대열에 들어서고 나서야 민주주의 국가와 비민주주의 국가의 수가 비슷해졌다. 민주주의가 세계 어디까지 얼마나 확대될지는 여전히 진행 중인 문제가 아닐 수 없다.

민주주의에 미래는 있는가

현대 민주주의의 역사는 짧다. 1940년을 기준으로 보면, 남녀 보통선거권이 실현된 민주주의 국가는 10개 정도밖에 없었다. 2000년을 기준으로 민주주의를 중단 없이 30년 이상 실천한 나라는 30여 개에 불과했다. 따라서 구소련과 동유럽 공산주의의 붕괴를 곧 '민주주의의 세계적 승리'로 규정했던 일부 지식인들의 호언은 사태의 일면만을 본 것이었다. 많은 나라들에서 민주주의는 여전히 수많은 긴장과 도전 속에서 작동하고 있다. 명실상부한 민주주의 시대 혹은 민주주의가 흔들림 없이 확고하게 자리 잡았다고 말하는 것은 아직도 현실과는 거리가 멀다.

이론적으로도 오늘날의 민주주의는 해결해야 할 수많은 과제를 안고 있다. 내적으로는, (자본주의 시장경제와 국가 관료제 등) 민주주의와는 다른 원리로 작동하는 체제와 제도, 기구, 거대 조직들의 도전이 있다. 외적으로는, 경제의 세계화와 지역 통합의 진전이 일국 단위의 민주주의를 불안정하게 만들고 있다. 과거사 청산 문제처럼 민주주의 이전의 역사를 어떻게 다룰 것인지의 문제 또한 난제가 아닐 수 없다. 최근에는 테러를 통제하는 문제에서 현대 민주주의의 무기력함이 이슈가 되고 있다. 인터넷과 같은 커뮤니케이션 환경의 변화가 정제되지 않은 의견 갈등을 증폭시킴으로써 정치를 양극화시키는 문제도 논란 중이다. 전 세계적 차원의 불평등은 어제오늘의 문제가 아닌데, 사람들을 더 비관적이게 만드는 것은 선진 민주주의 국가들 사이에서도 개선의 전망이 잘 보이지 않는다는 데 있다. 어떤 기준으로 보든 현대 민주주의는 스스로를 정당화하는 데 있어서 언제나 어려움과 도전에 직면해 왔고 또 앞으로도 그럴 것이 분명해 보인다.

그렇다면 민주주의에 미래는 있는가? 미래에도 민주주의는 지속될 수 있을까? 알 수 없는 일이다. 다만 다행스러운 것은, 제1차 세계대전 이후 유럽을 휩쓸었던 공산주의나 전체주의처럼, 민주주의와 경쟁할 수 있는 대안적 정치체제에 대한 기대나 지지는 낮다는 사실 정도일 것이다. 확실히 민주주의가 아닌 강력한 대안이 아직 없기는 하다. 그러다 보니 민주주의에 대한 불만은 있어도 민주주의의 시대를 끝장내자는 주장은 많지 않다.

물론 대의 민주주의의 한계나, 새로운 사회운동, 쌍방향 기술을 통한 새로운 민주주의의 도래니 하면서 '낡은 민주주의론의 종식'을 말하는 사람들이 없는 것은 아니다. 그런 주장 속에서 오늘날 우리가 실천하고 있는 민주주의의 구조와 특징, 정당성의 원리를 제대로 이해하려는 노력이 자주 경시된다는 점은 안타까운 일이다. 더 좋은 민주주의를 상상하기 위해서라도 그간 인류가 발전시켜 온 민주주의를 잘 이해할 필요가 있다. 지금까지의 논의를 바탕으로 민주주의의 역사를 재정리해 보자.

민주주의는 그 말이 등장한 이후 단 한 번도 논란의 대상이 되지 않은 적이 없었다. 2천5백 년 전에 등장한 민주주의라는 말 자체부터, 민주주의를 반대했던 과두정주의자들이 이를 비난하기 위해 사용한 용어였다는 이야기를 앞에서 했다. 근대 이후 민주주의라는 말이 다시 등장했지만 민주주의를 지지한 사람이 거의 없었다는 이야기도 했다. 적어도 19세기 이전까지는 그랬다. 그 뒤 미국의 제임스 매디슨, 프랑스의 알렉시 드 토크빌 등 민주주의를 현실로 인정하는 논의가 등장했지만 어디까지나 마지못해 인정했을 뿐이다.

19세기 내내 민주주의를 둘러싼 혼란은 혁명과 반혁명의 형태로 반복되었고, 20세기에 들어와서도 민주주의가 받아들여지기까지는 두 번의 세계대전을 거쳐야 했다. 현실로서의 민주주의뿐만 아니라 이론적으로도 민주주의는 늘 뜨거운 논쟁의 대상이었다. 기대를 모을 때도 있었지만 실망의 대상인 적도 많았다. 그러나 논란이 있고 한계가 있다고 해서, 버리고 대체하고 새로운 것을 찾으려고만 할 수는 없다. 민주주의의 역사는 그런 한계와 문제점을 이해하고 개선하려는 고통스러운 노력과 함께 지속되었기 때문이다.

민주주의와 정치를 이론으로 이해하는 일은 쉽지도 않지만 효과적이지 않을 때도 많다. 민주주의든 아니면 그보다 더 넓은 의미를 갖는 정치에 대한 것이든, 애초부터 그것은 이론으로 먼저 기획

된 것이 아니라 인간 현실의 필요 때문에 도입되었고, 그 뒤 구체적으로 실천되면서 문제가 제기되고, 그것을 해결하는 과정에서 이론적으로 발전해 왔다고 볼 수 있기 때문이다.

우리의 경험을 되돌아봐도 같은 생각을 갖게 된다. 1987년 6월 민주화 운동이 절정에 달했을 때, 운동에 참여했던 대부분의 시민들은 이른바 군부독재가 물러나고 민주화만 되면 모든 문제가 해결되리라 믿었다. 다른 사람들은 어땠는지 몰라도 솔직히 필자는, 그렇게 해서 민주주의를 하게 되었을 때 어떤 일이 일어날지 전혀 예상하지 못했다. 야당이 분열하고 그에 따라 운동권이 분열한 것도 이해하기 힘든 일이었지만, 민주화 이후 최초 선거에서 우리가 주장했던 직선제를 통해 군부 권위주의 세력이 재집권에 성공했을 때의 그 당혹감은 아직도 잊을 수가 없다. 물론 지금도 민주주의가 무엇인지 충분히 알고 있다고 생각하지는 않는다.

모두를 만족시킬 완전한 대답이나 해결책은 존재하지 않는다. 그럼에도 불구하고 그간 우리가 경험하면서 알게 되고, 또 다른 나라의 앞선 경험을 참조하면서 더 넓게 이해하게 된 것들이 있다면, 꾸준히 논의할 필요가 있다. 서로 이해하는 방법이 다르다면, 유익한 토론을 통해 각자가 나눠 갖고 있는 판단을 공유할 수 있을 것이다. 그렇게 해도 관련 쟁점을 모두 해결할 수는 없겠지만 최소한 이해의 범위는 넓힐 수 있다고 본다. 내용 없는 공허한 논쟁으로 소중한 에너지와 열정을 허비하지는 않을 수 있다. 민주주의는 개방적인 공론장에서 유익하고 가치 있는 논의의 반복을 필요로 하는 정치체제이다.

'내각제'라는 용어에 대하여

우리의 경우 대통령중심제와 대비되는 정부 형태를 가리킬 때 의회중심제 대신 내각제, 내각책임제, 의원내각제라는 개념을 쓰곤 하는데, 이는 잘못된 표현이다. 애초 내각 cabinet이란 군주에 의해 임명된 '집단지도 체제적 성격의 최고 행정 기구'이자, 의회에서 자신의 입장을 대변하도록 파견한 소수의 대리인을 의미했다. 이들이 캐비닛 같은 작은 방에 모여 대책을 준비했다고 해서 만들어진 말이기도 하다. 그 뒤 군주정에서 공화정/민주정으로 넘어온 다음에는 정부 정책을 주관하는 내각이 대통령에게 책임지는지, 의회에 책임지는지에 따라 대통령중심제presidential system, 의회중심제parliamentary system로 구분해 유형화되었다. 또한 그 중간 유형으로 프랑스나 핀란드의 사례로 대표되는 준대통령제semi-presidentialism나 분권형 대통령제 혹은 이원집정부제parliamentary presidential system라는 개념 역시 그런 기준에서 이해될 수 있는 표현이다. 요컨대 내각이 없는 정부는 없기에 내각제라는 개념은 적절하지 않으며, 우리의 경우는 의원이 내각에 참여할 수 있으므로 의원내각제는 이미 하고 있다고 할 수도 있다. 그런데도 내각제나 의원내각제, 내각책임제 등의 표현이 일상화된 것은 제1공화국 시기 야당이었던 한민당의 용어 사용법에서 비롯되었는데, 아마도 천왕제하에서 의회제를 하게 된 일본식 표현의 영향을 받은 것이 아닌가 싶다. 이제부터라도 내각제 등의 용어보다, 의회중심제라는 좀 더 정확한 표현이 사용되었으면 한다.

민주주의는 그 기본 가치와 이념은 동일할지 몰라도, 그 실현 형태는 나라마다 다르다. 같은 대통령제를 하고 있다 하더라도 미국 민주주의 다르고 프랑스 민주주의 다르다. 마찬가지로 같은 의회중심제라 할지라도 영국 민주주의 다르고 독일 민주주의 다르다. 어떤 기준에서는 영국과 미국의 민주주의를 같은 유형으로 묶을 수 있지만, 기준이 달라지면 유형도 달라진다. 대통령중심제냐 의회중심제냐와 같은 기준이 아니더라도, 다수제 민주주의냐 합의제 민주주의냐, 연방제냐 단방제냐 등 여러 기준이 있을 수 있기 때문이다. 같은 유형 안에서도 나라별 차이는 작지 않으며, 같은 나라 안에서도 민주주의는 늘 논쟁 중이다. 미국 공화당이 생각하는 민주주의 다르고 민주당이 생각하는 민주주의 다르다고 할 만큼, 민주주의는 그 이해 방식에서부터 파당적이다. 따라서 누군가 모든 사람이 동의하는 민주주의론을 말할 수 있다고 주장한다면, 그것은 빈 내용일 가능성이 높다. 민주주의를 이해하는 방법을 둘러싼 공적 논쟁의 수준을 높여야 민주주의의 내용도 심화될 수 있다.

끝나지 않은 오디세이아

혹자는 이렇게 반론할지 모르겠다. "지금 민주주의는 위기 아닌가? 미국의 트럼프 현상이나 영국의 브렉시트 사례를 보라. 현대 민주주의는 이제 막다른 골목에 다다랐다. 이제는 '민주주의 이후'를 말해야 하는 것 아닌가? 아니면 최소한 정당과 선거 중심의 대의 민주주의는 끝났고 뭔가 새로운 민주주의를 말해야 하지 않을까?"

이런 관점에서라면, 지금의 민주주의를 이해하는 문제는 더 이상 매력적인 주제가 아닐지 모른다. 혹은 철 지난 낡은 주제로 보일 수도 있다. 하지만 문제를 그렇게 볼 수는 없다. 무엇보다도 민주주의는 늘 해결하기 어려운 수많은 논란과 갈등 속에서 존재해왔고, 그래서 민주주의가 필요하다는 점을 이해하지 않으면 안 되기 때문이다. 지금의 민주주의를 어떻게 하면 좀 더 잘할 수 있을까를 생각해야 한다. 손쉽게 '위기론'을 앞세우거나 '민주주의 종말론'을 불러들이는 것은 좋지 않다.

'새로운 민주주의'가 모든 문제를 일거에 해결해 줄 것이라는 식의 헛된 희망을 말하는 것도 잘못이다. 이는 사태를 제대로 이해하려는 노력을 경시하게 한다는 점에서 게으른 일이며, 사람들의 관심을 현실이 아닌 현실 밖으로 이끈다는 점에서 무책임한 태도일 때가 많다. 그보다는 민주주의의 실제 현실을 깊이 관찰하고 들여다보며, 개선의 방향과 좌표를 좀 더 성실하게 찾으려는 노력이 훨씬 더 중요하다.

민주주의는 '이상적이고 완벽한 정치체제'가 아니다. 어떤 정치철학자도 민주주의를 '최선의 정체politeia, polity, 政體'로 정의한 적은 없다. 민주주의는 그 사회가 직면한 여러 문제를 개선해 가려는 불완전한 인간의 부단한 노력 언저리에 위치해 있는 제도이자 규범일 뿐, 어떤 완성된 목적지를 갖고 있는 체제가 아니다. 그러므로 인간 사회가 안고 있는 여러 갈등과 긴장이 다른 어떤 체제보다 많이 표출될 수밖에 없다. 다시 강조하지만, 그런 고통과 혼란 속에서 민주주의의 존재와 역할이 빛난다는 점을 생각해야 한다. 그렇지 않고 그 어떤 문제도 없는 순수한 '민주 세상'을 꿈꾸는 것은 공허한 일일 때가 많다. '민주주의 위기론'이 지금의 민주주의를 좀 더 잘하기 위한 노력의 과정에서 제기된 담론이라면 모를까, 민주주의의 시대는 이제 끝났다는 식의 냉소적 결론이라면 받아들이기 어렵다. 앞 절에서 말했던, 민주주의가 겪고 있는 많은 어려움에도 불구하고 그렇다.

민주주의는 여러 차원을 갖는다. '정치체제의 한 유형'으로서 민주주의를 실천하고 있는 나라들을 생각해 보자. 이 기준으로 보면 민주주의 국가는 세계의 다수가 되었다. 1980년을 기준으로 볼 때 민주주의 국가는 30개 정도에 불과했고 아시아에서는 일본이 유일했지만 지금은 아시아의 여러 나라를 포함해 120개 정도나 된다. 언론·출판·집회·결사의 권리를 완벽하지는 않지만 어느 정도 자유롭게 누리는 동시에 경제적으로 잘 사는 나라들을 꼽으면 한결 같이 민주주의 국가들이다. 인류의 역사 대부분이 '1인 지배 혹은 소수가 지배하는 과두정'으로 통치되었다는 사실을 되돌아보면, '평등한 시민권'에 기초를 둔 민주주의 정치체제가 이토록 짧은 시간 안에 세계사의 주된 흐름으로 자리 잡았다는 것은 놀라운 일이 아닐 수 없다. 적어도 민주주의를 채택한 나라의 숫자로만 보면, 민주주의는 역사상 최고의 전성기를 맞고 있는 셈이다.

정당도 마찬가지다. '정당의 위기'를 말하는 수많은 논의에도 불구하고 오늘날 시민 권력의 조직자 내지 대행자로서 정당을 능가하는 사례는 없다. '신사회운동'이나 '직접민주주의', '시민 정치', '급진 민주주의', '시민적 공화주의' 등, 정당 중심이 아닌 다른 민주주의의 길을 강조하는 수많은 도전에도 불구하고 정당은 살아남았다. 어느 때든 대다수 사람들의 관심을 모으는 정치적 논란 역시 늘 정당을 둘러싸고 전개되었다. 실망과 비난을 받을 때도 많았지만, 새로운 대안을 만들고 변화를 이끈 것도 정당이었다. 1830년대 이후 영국 자유당과 보수당이 그랬다. 1860년대 미국 공화당과 1870년대 독일 사민당이 그 역할을 이어갔다. 1900년대 영국 노동당과 1930년대 미국 민주당 그리고 스웨덴 사민당이 민주주의의 새로운 전환점을 만들었고, 제2차 세계대전 후 독일 기민당과 사민당 역시 그 연장에서 제 역할을 했다. 그 뒤 지금에 이르기까지 많은 정당들이 그랬고 또 지금도 수많은 안팎의 도전 속에서 길을 만들고 있는 것도 정당이다. 그렇기에 유럽 정치를 전공하는 정치학자 알레산드로 피조르노Alessandro Pizzorno가 지적하듯이, "'정당 위기론'은 사실 정당이 싫다는 것을 달리 말하는 것일 뿐"이며, 정당의 위상은 제도적으로 더 강해져 왔는지 모른다.

물론 민주주의는 정치체제론에 그치지 않고, '좀 더 나은 공동체를 향한 가치나 이상'의 측면을 갖는다. 이 점에서도 문제를 들여다볼 수 있어야 할 것이다. 좀 더 자유롭고 평등하고 건강하고 평화로운 공동체를 만들고 싶다는 기대는 민주주의와 늘 병행되는 열정이 아닐 수 없다. 그렇기에 민주화되는 나라들의 숫자가 계속해서 늘고 있음에도 불구하고, 다른 한편 경제적 불평등과 사회적 차별의 심화와 같은 여러 이유들로 민주주의가 광범위한 불만의 대상이 되고 있는 것이다. 물론 그것은 민주주의를 부정하는 불만이기보다 민주주의가 좀 더 개선되고 발전되었으면 하는 요구와 바람을 표출하는 측면이 더 큰 것이기도 하다.

이상의 긴 논의를 정리해 보자. 한편으로 민주주의는 세계사의 지배적인 경향이 되었다. 다른 한편 민주주의 내부적으로는 '이게 진정 민주주의냐?'라는 항의의 목소리가 크다. 불평등과 양극화를 심화시켜 온 신자유주의 세계화는 물론, 테러와의 전쟁이나 난민 문제 역시 현대 민주주의를 위협하는 최대의 도전으로 떠오른 지 오래다. 이런 현실에도 불구하고, 어떻게 하면 민주주의를 그 가치나 이상에 가깝게 실천할 수 있을까? 지금 우리가 집중해야 할 과제는 여기에 있다. 민주주의의 오디세이아는 앞으로도 계속될 수밖에 없고, 또 끝날 수도 없는 숙명이다. 그것이 바로 민주주의이다. '이상적 최선'이나 '완전한 대안'이 존재하지 않는다 할지라도 끊임없이 노력하는 것, 그것이 우리 앞에 놓여 있는 유일한 과업이자 소명이다. 이상과 같은 생각으로 이제 장을 바꿔 (현대 정치학자들에 의해 확립된) 민주주의의 기본 원리와 규범에 대한 이야기로 넘어가 보기로 하자.

민주주의의
원리와 규범

우리는 왜 민주주의를 옹호하는가?
오늘날 민주주의가 기초를 두고 있는 이상과 규범은 무엇이고,
그 가치를 실현하는 기본 원리는 무엇인가?
그런 원리가 현실에서 만족스럽게 작동하고 있지 않다면,
어디에서부터 변화의 노력을 시작해야 하는가?

민주주의의 비판자와 옹호자

인간이 만든 정치체제 가운데 민주주의만이 유일하게 '목적을 전제하지 않은 체제'로 불린다. 민주주의에서만, 공동체가 지향해야 할 목적을 '일반 시민의 참여에 기초를 둔 공적 논의'를 거쳐 결정하기 때문이다. 이런 의미에서 보면 민주주의란 모든 시민이 의견을 가질 권리를 향유하는 체제라고 할 수 있는데, 이를 가장 날카롭게 비판했던 사람은 플라톤이었다.

플라톤은 시민 대중의 불안정한 의견에 의존한다는 이유에서 민주주의를 나쁜 체제로 보았다. 자신의 스승인 소크라테스Socrates의 죽음을 빗대어 아테네 민주주의는 '철학자를 살해하는 죄'를 저질렀다고 비판했다. 따라서 불안정한 의견이 아니라 확고한 진리 위에 체제를 세워야 한다고 생각한 그가 주창한 것은, 참된 진리를 파악할 수 있는 '철학자 왕' 내지 교육받은 소수 엘리트에 의한 지배였다.

민주주의자라면 플라톤에 동의하지 않을 것이다. 하지만 그가 제기한 문제, 즉 '시민의 불완전하고 유동하는 의견에 기초를 둔 공적 결정의 체계가 과연 잘 작동할 수 있는가.'라는 질문에 대해서는 적절한 답이 있어야 할 것이다. 이는 간단한 문제가 아니다. 그렇기에 20세기 최고의 민주주의 이론가라고 불리는 정치학자 로버트 달은 평생을 '플라톤의 민주주의 비판론'과 씨름해야 했다. 민주주의를 이론적으로 옹호하려는 노력이 그 전에는 없었을까?

흥미롭게도, 고대 아테네 민주주의자 가운데 민주주의를 옹호하는 기록을 남긴 사람은 없었다. 지금 우리가 볼 수 있는 기록은 민주주의를 비판하는 사람들의 것이다. 소크라테스, 플라톤, 아리스토텔레스, 투키디데스Thucydides, 크세노폰Xenophon 등 모두 민주주의에 대해 비판적이었다. 홉스Thomas Hobbes, 로크John Locke, 루소, 토크빌 등 근대 철학자들 가운데에서도 민주주의를 좋아하거나, 그것이 잘 작동할 수 있다고 생각한 사람은 없었다. 영어로 'democratic theory'(민주주의 이론)이라는 표현이 처음 등장한 것은 1950년대에 들어서였다. 그 뒤 민주주의를 비판하기 위한 철학과 이론, 주장이 넘쳐 났을 때에도 민주주의를 왜, 어떻게 옹호할 수 있는지를 말하는 사람은 찾아보기 어려웠다. 엄밀한 의미에서 민주주의에 대한 최초의 이론적 옹호자는 1950년대 중반 이후 멈추지 않고 민주주의 이론서를 저술해 온 로버트 달이었다고 해도 무방하다.

무엇보다도 그는 민주주의의 본질이, 소수 엘리트 지식인들만 알 수 있는 그 어떤 참된 지식이나 실질적 가치에 있는 것이 아님을 강조했다. 민주주의냐 아니냐를 구분 짓는 것은 공적 논의와 결정의 과정에 평등한 영향을 미칠 수 있는 '절차적 조건'이 어떠한가에 달려 있다는 것이 그의 일관된 주장이었다. 민주주의의 이상적 조건 역시 '내용'이나 '실질'이 아니라 '절차'에 있다는 점을 그보다 날카롭게 지적한 사람도 흔치 않다. 따라서 '절차적 민주주의'를 저급한 것으로 비판하면서 그보다 높은 수준의 '실질적 민주주의론'을 앞세우고자 한다면 반드시 로버트 달과의 논쟁에서 이길 수 있어야 할 것이다.

나아가 그는 의견의 자유가 어떤 조건에서 공익적 결정과 양립할 수 있는지를 탐구하려 했는데, 그 핵심을 '사회적 힘의 균형'에서 찾았다. 그가 주목했던 사회적 힘이란 집단groups, 즉 조직화된 시민 집단 내지 자율적 결사체free associations를 가리킨다. 한마디로 말해, 시민은 개인으로서가 아니라 집단으로 행동할 수 있어야 하며, 이들 시민 집단 사이의 힘의 균형 위에서 민주정치가 작동해야 한다는 것이다. 이런 이론적 기초 위에서 자본주의가 만들어 내는 경제적 불평등 효과를 제어하고 노사를 포함한 주요 생산자 집단들의 참여와 힘의 균형을 다루는 '경제 민주주의론'을 개척했다. 요컨대 현대 민주주의를 '집단과 조직, 결사체의 형태로 이루어지는 참여와 정치적 의견의 형성 과정'으로 이해한 것이다.

이런 기준에서 오늘의 한국 민주주의를 들여다보면, 국가와 개인 사이가 텅 빈 공간처럼 다가온다. 결사와 집단으로서의 시민 참여는 거의 없다. 개별화된 시민 모두를, 혹은 국민을 대변한다는 국가만 덩그러니 있다. 정당들은 그런 국가를 향해 일방적으로 질주하는 소수 엘리트들의 놀이터로 퇴락했다. 국가와 개인 사이의 그 빈 공간을 누가 지배하는가? 주류 언론과 행정 관료제이다. 2014년 세월호 참사 때와 2015년 중동호흡기증후군MERS(메르스) 사태에서도, 국가와 개인 사이의 공허한 공간을 주도했던 권력은 이들이었다. 이들에 의해 사회적 의견이 주도되는 과정에서 시민 개개인이 어쩔 줄 몰라 하는 상황이 늘 반복되었다. 언론과 중앙정부의 행정이 유능하고 책임감이 있어서가 아니다. 오히려 무능하고 무책임함에도 위기 때마다 이들의 존재가 더욱더 크게 부각될 수밖에 없는 것은, 시민 개개인의 입장에서 볼 때 달리 의존할 수 있는 '대안적 판단의 원천'이 없기 때문이다. 혹은 대안적 정보와 의견을 공유할 다양한 중간 집단에 결속되어 있는 시민의 규모가 형편없이 작기 때문이다. 이런 상황에서 시민은 행정 권력과 언론 권력에, 욕하면서도 매달릴 수밖에 없다.

사실이 더 많이 알려지고 투명하게 공개된다고 해서 해결될 일이 아니다. 옳고 정확한 사실은 어디엔가 객관적으로 존재하는 그런 것이 아니다. 사실보다 중요한 것은, 사실이 해석되고 판단되는 사회적 과정이 어떠한가에 있다. 시민 개개인 모두에게 정책 결정을 개방한다고 될 일이 아니다. 미국 캘리포니아에서 변호사를 하고 있는 지인으로부터 흥미로운 이야기를 들은 적이 있다. 그가 살고 있는 지역에 우체국이 있었다. 사람들이 전자 우편을 많이 사용함에 따라 종이 편지를 주고받는 일이 점점 줄어들자 우체국 건물을 매각할 것인지, 일부 우체국 기능은 그대로 두고 남는 공간을 임대할 것인지를 두고 논란이 발생했다. 이곳 캘리포니아에서는 재정 문제를 결정할 때 주민 투표를 해야 하므로, 어느 쪽 법안에 찬성하는지를 묻는 설명서가 집집마다 배달되었다. 지인은 변호사임에도 불구하고 법안에 따라 예상 수익을 분석해 놓은 그 복잡한 내용을 읽고 이해하는 데 꼬박 이틀이 걸렸단다. 일반 시민들은 어떻겠는가? 내용을 이해하기도 어려운데 최선의 결정이 무엇인지는 어떻게 판단할 수 있을까.

민주주의도 일종의 '정보처리 체계'라고 할 수 있다. 따라서 정보가 선별되고 교환되는 과정에서 다양한 집단과 조직, 결사체들

로버트 달 Robert Alan Dahl, 1915~2014

미국을 대표할 뿐 아니라 20세기를 대표하는 민주주의 정치학자. 미국정치학회장을 지냈고, 예일 대학에서 거의 평생 동안 가르치고 연구했다. 미국학술원과 미국철학회, 미국예술과학아카데미 회원을 지냈으며, '정치학 분야의 노벨상'이라 불리는 '요한 쉬테 정치학상'Johan Skytte Prize in Political Science의 최초 수상자였다. 주요 저서인 『민주주의 이론 서설』A Preface to Democratic Theory(1956), 『누가 통치하는가?』Who Governs?(1961), 『경제민주주의에 관하여』A Preface to Economic Democracy(1985), 『민주주의와 그 비판자들』Democracy and it's critics(1989), 『미국 헌법과 민주주의』How Democratic Is the American Constitution(2002), 『정치적 평등에 관하여』On Political Equality(2006) 등에서 보듯이 그는 평생에 걸쳐 민주주의를 연구했다. 로버트 달을 제외하고 현대 민주주의를 말하는 것은 사실상 불가능한 일이라고 할 만하다. 그의 민주주의 이론은 좌우로부터 늘 도전에 직면했고, 이를 통해 풍성한 논쟁을 만들어 냈다. 무엇보다도 그는 실제 현실의 민주주의에 가장 가까운 이론을 만들기 위해 노력했는데, 폴리아키Polyarchy 이론이 대표적이다. 그것은 '다양한 소수파들이 결사를 통해 경합한 결과로서의 다수 지배' 혹은 '여러 소수파들의 연합으로 이루어진 다수의 지배'를 뜻하는 것으로, 현대 민주주의의 특징을 집약하는 개념이다. 이 과정에서 그 스스로 목표로 삼은 것은, '현대 국민국가와 같은 큰 규모의 민주주의에서 과거 그리스 도시국가에서와 같은 질 높은 참여와 대표가 어떻게 가능할까?'를 탐구하는 데 있었다.

이 역할을 해야 하고, 시민 개개인 역시 이 과정에 결속되어 있어야 한다. 그래야 시민은 자신이 속한 집단의 의견을 통해, 좀 더 저렴한 비용으로 양질의 정보를 얻고 좀 더 신뢰할 수 있는 공적 판단을 가질 수 있으며, 또한 그래야 언론과 행정의 기능에 수동적인 소비자로 전락하지 않을 수 있다. 중대한 사안일수록 더욱 그렇다.

사회적 힘의 균형을 말하기 전에, 국가와 개인 사이가 텅 비어 있는 것 같은 지금의 상황이 달라지지 않는 한, 민주주의의 발전은 어렵다. 이런 민주주의에서 시민이 향유할 수 있는 것은 욕할 자유 뿐이다. 그러면 시민은 더 사나워지고 사회는 더 분열될 수밖에 없다. 민주주의를 위해 우리가 존재하는 것이 아니라, 우리가 필요해서 민주주의를 하게 되었다면, 그런 민주주의를 잘 다룰 조건을 우선적으로 확대, 심화시켜 가야 할 것이다. 민주주의를 위해 죽고 살 일이 아니라, 좀 더 좋은 사회 속에서 개개인의 삶을 좀 더 보람 있게 영위해 가기 위해 민주적 가치와 제도를 어떻게 더 잘 활용할지를 생각하는 것이 중요하다는 말이다. 이는 우리보다 먼저 민주주의를 실천하고 있는 나라들의 역사를 둘러보면 쉽게 알 수 있다. 민주주의를 이해하는 사회적 실력만큼 민주주의도 발전한다.

누구를 위한 민주주의인가

독일이 낳은 최고의 정치사회학자 막스 베버Max Weber가 말했듯이, 정치의 고향은 민주정이고, 정치 없는 민주정은 상상도 할 수 없다. 민주정이 지향하는 최고의 이상은 공적인 문제를 판단하는 데 있어서 특정 시민 집단의 우월성이 인정되지 않는 것에 있다. 참된 진리를 알고 있다는 철학자라고 해서, '노블레스 오블리주'를 갖춘 귀족 엘리트라고 해서, 남다른 스펙을 갖춘 전문가 집단이라고 해서 평범한 보통 시민에 비해 시민권의 가치가 두 배, 세 배일 수는 없다. 좋은 대학을 졸업했다고 해서 투표용지를 여러 장 줄 수도 없으며, 시험을 거쳐 시민권의 등수를 매길 수도 없다. 누가 뭐라 하든 자신과 관련된 문제에 있어 자유 시민 스스로가 최고의 심판관이며, 공적 결정 역시 그렇게 이해되어야 한다는 것에서 자치self-rule/self-government의 이상이 만들어졌다.

인간의 역사에서 가장 위험한 선택은 '보통의 시민들이 가진 불완전한 의견에 기초를 둔 민주주의 체제'에서 이뤄진 것이 아니다. 그보다는 (나치즘이나 파시즘, 공산주의 체제에서 보았듯이) 시대정신이나 민족 공동체의 이상, 나아가 역사 발전의 최종 목적지를 알고 있다고 믿는 '완전한 사람들이 주도한, 민주적으로 불완전한 체제'에서 가장 파괴적인 결정이 이뤄졌다. 따라서 민주주의 체제가 설령 시끄럽고 때로 기대만큼 좋은 결과를 가져오지 않는다고 하더라도 관용해야 할 이유가 있다. 요컨대 보통의 시민 혹은 그들이 갖고 있는 인식에 토대를 두고 정치체제를 운영하는 것이 '이상적 최선'은 아닐지언정 인간 현실의 불가피한 제약 속에서 가능한 '현실적 최선'일 것이다.

흔히들 민주주의를 평범한 보통 사람들이 갖는 '한계'와 동시에 '위대함'에 기초를 두는 정치체제라고 말한다. '평범한ordinary 사람들이 이뤄 내는 비범한extraordinary 성취'야말로 민주주의가 가진 최고의 매력이라고 할 수 있다. 때로 사사로운 편견의 영향을 받기도 하고 자신과 가족의 안위에 연연한다 하더라도, 가난한 보통 사람들 모두 평등한 시민권을 갖는 민주주의 체제가 그렇지 않은 체제보다 윤리적으로나 실제 결과에 있어서 우월하다는 뜻이기도 하다. 소수 엘리트들이 선의와 전문성을 앞세워 내린 폐쇄적 결정이 대규모의 희생과 피해를 낳은 여러 사례들은 이를 잘 보여 준다. 따라서 교육 수준 내지 재산의 유무와 상관없이 사회 구성원 대다수가 평등한 시민권을 발휘하는 대중민주주의mass democracy의 위대함을 그 어떤 체제도 쉽게 대신할 수 없다는 것이, 필자의 확고한 생각이다.

시민들을 가르쳐서 민주주의를 좋게 하려는 열정이 과도하면 의도와는 달리 부작용이 클 때가 많다. 시민은 하나의 동질적인 존재가 아니라 여러 집단으로 다양하게 나뉘어 움직인다. 민주주의를 '다수 지배'라고 할 때 그때의 다수majority란 수많은 소수들minorities로 이루어져 있다. 결코 갈등도 차이도 이견도 없는 균질한 시민으로 이루어진 다수란 존재하지 않는다. 따라서 현실의 민주주의란 수많은 소수들로 구성된 다수majority of minorities의 지배라는 점을 놓쳐서는 안 된다.

그런 각각의 시민 집단들이 처한 현실과 그들이 힘들어하는 이유도 서로 다르다. 보통의 시민들은 그런 구체적인 상황에서 각기 다른 이익과 요구를 갖고 살아가므로, 사실 최고의 시민교육은 그런 그들을 나눠서 조직하는 데 있다. 혹은 그들의 이익과 열정이 서로 다른 방식으로 실현될 수 있도록 다원주의적 조직 기반을 확대하고 다지는 것이 중요하다. 즉 시민교육의 핵심은, 가르치고 배우는 것이 아니라 참여하고 조직하는 일이다.

시민들이 자율적으로 조직하고 교육할 수 있는 여건을 만드는 것까지가 공적 역할이고, 그다음은 조직된 시민 집단 스스로 해야 한다. 정부가 모든 일을 해주는 것? 이는 좋은 정치 비전이 될 수 없다. 각자의 삶은 스스로 책임져야 한다. 다만 그런 개인 삶이 가능하도록 공정한 사회적 기반을 만들고 관리해 주는 것을 정부나 정치의 역할에 기대하는 것이다. 한마디로 말해, 서로 다른 개인, 서로 다른 시민 집단이 각자의 개성을 희생하지 않고 자주적으로 살 수 있는 사회를 만드는 것이 중요하다. 그런데 서로가 다르게 조직되고 대표될 수밖에 없는 복수의 시민 집단 속에서 말하고 실천하는 것이 아니라, 추상화된 시민을 하나의 전체로 호명하면서 그들 앞에 서서 그들 모두를 대변하는 듯이 공허한 주장을 앞세우는 것을 시민교육이라고 한다면, 거기에는 근본적인 한계가 있을 수밖에 없다.

사실 평범한 보통 사람들보다 교육받은 중산층들이 더 편협하고 이데올로기에 취약하다. 편견과 고정관념, 허위의식에도 잘 빠진다. 실제 삶의 경험된 현실보다 관념과 의식을 통해 사유하는 데 익숙하기 때문이다. 윤리적인 문제를 누가 더 잘 판단할까? 오래전 미국독립선언문을 작성한 토머스 제퍼슨이 말했듯이, '교수보다 농부'가 더 윤리적이고 더 도덕적이다. 공허하고 작위적인 기준에 영향을 덜 받기 때문이다. 그런 편협함이 덜한 평범한 보통 사람들의 '있는 그대로의 일상', 그리고 그 속에서 그들이 발휘하는 삶의 지혜 내지 현명함에서 배울 것이 적지 않다. 그들의 평범한 관점이 그 어떤 철학자나 '개념 시민'의 편향된 판단보다 나을 때도 많다. 판단의 옳음을 독점할 수 있는 사람이나 집단이 있다고 믿을 수는 없다. 좋은 정치를 지향한다면 평범한 보통 사람들의 세계 속에서 어떻게 말하고 실천할 수 있을지를 더 많이 생각해야 한다.

어느 인간 사회에서나 평범한 보통 사람들의 다수는 가난한 사람들이고, 근본적으로 민주주의는 그들을 위한 정치체제이다. 따라서 기성 체제 안에서 좀 더 나은 위치를 차지하고 있는 중산층 이상의 시민들에게 민주주의는 위험하게 여겨질 때가 많다. 그들은 일반 대중의 역할보다는 전문가나 교육받은 중산층 엘리트들의 역할을 중시하는 경향이 있다. 이는 '민주주의에 대한 보수적 관점'을 대표하는 가장 큰 특징이기도 하다. 어떻게든 '민주주의의 민중적 측면'을 최소화하려는 것, 그 대신 시장경제나 법치, 전문가의 역할을 강조하는 것이 그런 '보수적 민주주의자'의 전형적인 태도일 때가 많다. 물론 전문가 등 중산층 엘리트들의 역할을 부정할 수는 없다. 다만 그들 역시 평범한 보통 사람들의 자유롭고 평등한 참여를 진작하는 방향으로 기여할 때 민주적 가치를 갖는다는 점을 강조하고 싶다.

민주주의의 작동 원리

이제부터는 보통의 시민들 혹은 그들의 이익과 열정에 기초를 둔 현대 민주주의의 작동 원리를 압축적으로 정리해 보겠다. 각각의 원리에 대한 풍부한 설명은 이 책 전체를 통해 다양한 방법으로 이루어질 것이다.

민주정치와 시민성 : 민주주의에 대한 흔한 오해 가운데 하나는, 민

주주의가 잘되고 안 되는 것의 책임을 시민에게서 찾는 것이다. '정치의 수준은 그 나라 시민의 수준이 결정한다.'라며 '시민들의 수준이 이런데 뭘 더 바라는가.'라는 힐난이 대표적이다. 정치학은 '좋은 정치가 좋은 시민을 만든다.'라는 자각에서 시작된 학문이다. 정치의 역할은 시민이 좀 더 나은 삶을 살 수 있는 가능성을 확대하는 데 있다. 좋은 정치란 시민적 판단의 질과 수준을 높이는 데 기여하는 것을 가리킨다. 1백 년 전만 해도 스웨덴은 유럽에서 가장 못 살고, 학력 수준도 낮은 나라였다. 문화라고 하면 거의 음주밖에 없는 정도였다. 주식인 감자 농사가 흉작이면, 그 해에는 상당수의 사람들이 위험한 뱃길을 따라 미국으로 일자리를 찾아 떠나야 했다. 그런 나라를 지금처럼 바꾼 것은 정치의 힘이었고 정당의 역할이었다. 정치의 힘을 통해 경제와 사회 및 노사 관계를 좋게 만든 긴 노력과 점진적 성과에 비례해서 지금과 같은 시민성을 갖게 되었지, 처음부터 스웨덴의 시민성이 훌륭해서 오늘날의 스웨덴이 된 것이 아니다.

대표와 엘리트 : 많은 사람들이 민주주의를 말할 때 고대 아테네 민주주의의 이념과 원리를 생각한다. 하지만 (앞에서도 강조했듯이) 현대 민주주의는 고대 민주주의와는 아주 다른 정치체제이다. 2천 5백 년 전의 아테네 시민이 타임머신을 타고 와 지금의 민주주의를 본다면, '어떻게 이것을 민주주의라고 말할 수 있는가?', '어떻게 시민을 대신해 정치와 행정, 법원을 운영하는 직업적 공직자들이 있을 수 있는가?', '정치로부터 자율적인 시민사회는 무엇이고

또 여론 형성자의 역할을 대신하는 언론 엘리트와 사회운동 엘리트들의 권위는 대체 누가 부여했는가?'라며 이런 민주주의는 이해할 수 없다고 말할 것이다. 반대로 오늘의 관점에서 보면, 여성과 노동자를 배제한 채 전체 인구의 극히 일부분인 남성 중산층에게만 시민권을 주었던 아테네 민주주의를 결코 민주주의라고 할 수 없을 것이다. 현대 민주주의는 민중의 지배가 아니라, 토머스 제퍼슨이 말했듯이 '민중의 동의에 의한 (대표들의) 지배'라고 할 수 있고, 『절반의 인민주권』의 저자인 샤츠슈나이더E.E. Schattshneider가 말했듯이 '엘리트(선발된 대표)와 대중이 협력하는 체제'이다. 한마디로 말해 대표의 질과 시민 참여의 내용 사이에 상호 의존성이 높은 체제라 하겠다. 따라서 일반 시민의 참여만이 아니라 좋은 정치 엘리트, 좋은 행정 엘리트, 좋은 법률 엘리트, 나아가 좋은 언론 엘리트, 기업 엘리트, 노조 지도자, 교사, 시민운동 활동가 등의 역할이 중요한 것이 현대 민주주의이다.

제도와 체계 : 현대 민주정은 여러 제도화된 기능과 역할의 체계 위에서 작동한다. 고대 민주정은 일종의 자족적 체제였다. 행정과 정치는 구분되지 않았다. 행정관도 추첨으로 선출되었고 연임은 할 수 없었으며 임기도 1년으로 짧았다. 당연히 직업 관료제도 없었고, 독립된 제도적 실체로서 국가나 정부 조직도 없었다. 독립된 법원도 없었고, 정당도 없었으며, 시민사회도 없었다. 모든 것은 시민들 개개인이 돌아가면서 통치자·행정관·법관의 역할을 맡았다는 점에서, 오늘날과 같은 다원주의 체제와는 거리가 먼, 일종의 일원주의 체제

였다. 그렇기에 고대 민주주의에서는 시민이 참여하는 것만으로 체제가 작동했다고 할 수 있다. 아마도 그런 경우라면 시민의 각성과 깨어 있음 그리고 참여를 강조하는 것으로 많은 정치 문제가 해결될 수 있을지 모른다. 하지만 고대 민주주의는 매우 작은 규모의 도시국가, 매우 동질적인 시민 구성 위에서 작동했던 매우 특별한 체제였다.

현대 민주주의는 이와는 다르다. 현대 민주정에서도 정치가들이 갖는 개성이나 자질, 리더십이 중요하다면 그때의 그것은 대규모의 복잡한 체계를 이해하고 움직이는 실력과 결합되어야 한다. 앞에서도 말했듯이, 민주주의는 평범한 보통 사람들이 비범한 일을 성취할 수 있는 정치체제를 그 이상으로 삼는데, 그것이 가능하려면 보통 사람들의 의지와 이해관계, 열정을 정치적으로 조직하고 대표하고 투입해 공공 정책 결정 과정에 실질적인 영향을 미칠 수 있어야 한다. 이를 위해서는 복잡한 제도와 절차의 체계에 익숙하지 않으면 안 된다. 정부라고 불리는 '수많은 제도와 체계의 복합체'를 유능하게 이끌 실력을 갖추는 것, 혹은 그런 실력을 갖춘 정치 세력을 형성하지 못하면 현대 민주주의를 그 가치에 맞게 실천할 수 없다.

국가와 관료제 : 행정이 전문직이자 독립된 직업이 된 것은 근대국가state의 등장과 깊은 관련을 갖는다. 시기적으로는 16세기 이후라 할 수 있다. 이때의 국가란 '통치자와 피통치자로부터 분리되어 존재하는, 제도화된 실체'를 가리킨다. 국가는 일정한 입헌적 기초를 가지며, 시민은 물론 대통령과 같은 통치자조차 그 앞에서 충성

을 바치는 '최고의 주권 권력이자 특별한 윤리성을 가진 비인격적 실체'라 할 수 있다. 베버에 따르면, 이런 근대국가의 등장은 이원적 운동을 만들어 냈는데, 하나가 '합리화'이고 다른 하나는 '민주화'였다. 합리화가 행정의 직업화를 가져왔다면 민주화는 정치의 직업화를 가져왔다. 과거에는 글을 읽고 쓸 수 있는 귀족/양반이나 성직자가 왕이나 제후를 행정적으로 돕기는 했어도, 오늘날과 같은 전문 직업 행정 관료는 존재하지 않았다. 근대국가의 발전은 곧 행정 관료제의 전문화와 합리화를 동반했는데, 그러면서 재정과 사법, 군사 분야의 행정을 독립된 업무이자 직업으로 갖는 국가 관료제가 거대한 규모로 조직되었다. 이들은 일정한 공적 선발 제도에 의해 뽑히고, 일정한 견습 단계를 거치며, 파당적 요구에 따라 해임되지 않는 정년 직을 갖게 되었다. 인간이 만든 조직 가운데 현대 관료제만큼 위계적이고 체계화되고 합리화된 거대 기구는 없다.

정치의 직업화와 정당 : 정치의 직업화는 정당의 등장과 병행되는 현상이었다. 이는 민주화라는 이름으로 확대되었고, 그러면서 정부의 모든 지위에 대한 문민 통치civilian control의 원칙을 만들어 냈다. 행정 관료는 선출직 정치인에 의해 통제되었으며, 정무직이라고 하는 정치 관료도 등장했다. 독립적인 직업 관료와는 달리 이들은 파당적 필요나 요구에 따라 언제든 해임, 전보될 수 있는 존재들이었다. 물론 관료화 내지 독립적 행정직은 비단 정부에만 한정되지 않았다. 정당 또한 조직이 커지는 것에 비례해 합리화의 압

합리화와 국가 관료제 그리고 민주주의

합리화rationalization란 한마디로 '인간이 자신의 삶의 환경을 더 넓게 통제하기 위해 비인격적 수단과 지식을 더 많이 사용하려는 경향'을 가리킨다. 조직 속에서 합리화는 일반적으로, 공식화된 법규나 절차에 의존하고, 분업과 전문화를 비약적으로 발전시키며, 권한에 따른 보상과 책임의 위계적 관리를 고도화하는 것으로 나타난다. 베버는 자본주의 산업화와 근대로의 전환은 누구도 이런 경향을 피할 수 없게 만들었다고 보았다. 국가 관료제는 이를 구현하는 전형적인 모습이었는데, 막스 베버는 관료제의 발전 과정을 '행정 수단과 행정 관리의 분리'로 특징지었다. 그것은 군주를 통해 귀족들이 가졌던 행정 수단을 박탈한 것에서 시작해 최종적으로는 군주가 독점했던 행정 수단을 박탈하고 그 대신 국가 자신을 최정점에 올려놓는 것으로 마무리되는 긴 과정을 가리킨다. 이를 분석함으로써 베버는 한 사회의 합법적 물리력을 독점하는 데 성공한 국가야말로 직업 관료제의 합리적 이상이라는 점을 보여 주려 했다. 문제는 합리화된 제도와 규칙, 조직에 의한 지배가 결국 인간의 자유와 자율성을 위축시키고 수단이 목적으로 전치되는 현상을 가져온다는 점이다. 따라서 베버는 카리스마적 권위/지배로 특징지어지는 정치 리더십에 의해 이런 관료적 합리화의 과도한 경향이 간헐적으로 끊어지기를 바랐고, 의회나 정당을 통해 국가 관료제를 지휘할 수 있는 민주적 역량이 성장해야 한다고 생각했다. 요컨대 베버는 '유능하고 책임감 있는 카리스마적 정치 리더십에 의한 정부 운영'을 민주주의의 중심 문제로 보았다고 할 수 있다.

박에 직면했고 관료화되었다. 이는 단지 정당 조직이 커졌기 때문만은 아니다. 더 중요한 것은 정당이 정부가 되면서, 정당 역시 하나의 통치 조직이 되어야 했기 때문이다. 그 결과 민주화는 ① 최초 보통선거권 획득 운동에서 시작해, ② 가난한 시민들도 정당을 만들어 자신들의 이익과 열정을 대표할 정치가 집단을 형성하는 대중정당 단계를 거쳐, ③ 자체적으로 정책 전문가와 유능한 정당 관료를 육성해 집권하는 정당 정부party government를 향해 발전했다. 결국 직업으로서의 행정 관료제가 사회를 위해 유능하고 책임 있는 역할을 하도록 만드는 데 있어서도 좋은 정당이 좋은 정치, 좋은 통치의 역할을 발휘하는 것은 결정적이다. 좋은 정당정치가 없다면 사회로부터 멀어지려는 국가 관료를 민주적으로 지휘하고 통제할 방법이 없기 때문이다.

민주주의의 기초 규범

정당들은 경쟁적으로 공익에 헌신해야 한다 : 현대의 다원화된 사회에서 공익/공공선이라는 것이 분명하게 실재하는 것은 아니다. 오히려 공익이나 공공선을 앞세워 실제로는 자신들의 사익이나 집단 이익의 추구를 위장할 수도 있다. 그것이 실제의 정치 현실을 반영하고 있는 면도 크다. 그러나 그것이 정당정치의 전부는 아니다. (자신들만의 배타적 권력을 추구하는) 파당이나 계파, 도당과는 달리, 정당들은 누가 더 공익을 잘 대변할 수 있는가를 둘러싸고 경쟁하는 정치 세력이며, 그런 역할을 잘할 수 있어야 시민의 지지를 받을 수 있고 집권도 할 수 있기 때문이다. (자신의 구성원만을 위해 활동해도 되고, 특정한 한 가지 의제만 다뤄도 되는 이익집단이나 사회운동과는 달리) 정당은 사회·경제·문화·교육·국방 등 사회 전체의 공적 기능 모두에 대한 정책적 대안을 갖지 않으면 성장할 수 없는 유일한 인간 조직이다. 정당 간 차이가 있다면, 진보정당은 사회 약자의 이익을 중심으로 공공선을 추구하고 진보적 관점에서 공익을 말하며, 보수 정당은 사회 중상층의 이익을 중시하거나 전통과 체제 안정을 우선시하는 관점에서 공익을 말한다는 데 있을 뿐이다. 그렇기에 현대 다원 사회에서조차 공익이나 공공선, 나아가 공동체의 전체 이익이 무엇인지가 계속해서 정의돼야 하고, 이를 둘러싸고 복수의 정당들이 경쟁해야 서로를 견제할 수 있다. 그래야 민주주의는 의미를 갖는다. 공익에 헌신하고자 하는 열정과 소명 의식이 없는 정당들의 정치로는 민주주의가 그 가치에 맞게 실천될 수 없다.

갈등과 싸움, 없애기보다 절약해야 한다 : 인간의 정치에서 싸움과 갈등을 없앨 수는 없다. 정치란 인간이 가진 적대와 싸움의 본능을 평화적으로 처리하는 기능을 한다. 정치의 이런 기능 없이 내전이나 무정부 상태를 피할 수 있는 사회는 없다. 인간사에서 공적 선택을 둘러싼 갈등은 제거될 수 없다. 모두가 동일한 의견을 갖도록 하거나 모두를 이타적인 존재로 바꿀 수도 없다. 그러므로 자신과 견해가 다른 상대 파당을 최대한 비난하고 욕보이는 것을 정치라고 할 수는 없다. 그것은 의견이 다른 동료 시민에게 자기 의견을 설득하려는 노력이 빈곤하다는 사실을 의미할 뿐이다. 그렇기에 '반대편의 입장을 규정할 때 거부감을 최소화하는 언어를 선택하는 것'이 정치적 싸움의 일차적 규범이 돼야 한다. 갈등을 절약하고 아껴 써야 한다. 자신과 반대되는 의견을 가진 상대 파당과 내가 속한 파당이 이해하고 있는 것 사이에 의미 있는 수렴 지점이 있는지를 찾으려는 노력이 먼저 있어야 하고, 아무리 합리적인 논의를 해도 차이가 있고, 그것이 오해나 편견 때문이 아니라는 결론에 도달하면, 그때는 이견을 가진 집단들과 조정 내지 타협을 추구해야 한다. 그것이 민주주의이고 그래서 민주주의이다.

통치 능력과 지식을 집적해야 한다 : 국회 경험이 많은 사람들이 한결같이 말하는 것은, 국가 예산과 행정 절차를 이해하는 일, 예산과 정책의 연계성을 다루는 일에 익숙해지는 데는 상당한 시간이 걸린다는 점이다. 혹자는 부처 관료들의 숨은 의도를 파악할 정도가 되려면 재선 국회의원 정도의 경험이 필요하다고 말하기도 한다. 사람이 좋다고 해서 좋은 정치가의 역할이 보장되는 것은 아니다. 정치가로서의 실력은 거저 주어지지 않는다. 통치와 관련된 지식을 축적하고 교육하고 체계화할 수 있어야 하는데, 이런 일은 조직의 뒷받침 없이 이루어지기 어렵다. 개인으로는 감당할 수 없는 것이 정치다. 조직organization은 살아 있는 '유기체적 기관'organ이라는 뜻에서 유래한 말이다. 그 말처럼 유기적인 기능과 구조를 가진 조직이 움직여야 좋은 효과를 낳는다. 그렇지 못한 기관에서는 비정상 세포가 자랄 수밖에 없다. 혹은 암의 성장과 전이처럼 공동체 전체를 망가뜨리는 결과가 나타나게 된다. 현대 민주주의에서 정당 조직이 살아 있느냐 그렇지 않느냐는 결정적인 문제이다. 개인의 발전과 전체의 발전이 병행될 수 있는 정당 조직을 만드는 일은 민주주의의 가치를 실현하는 데 있어 핵심 중의 핵심이 되는 과제이다. 정당 조직이 유기적으로 작동하지 않으면 의원 개개인의 영화榮華만 있을 뿐, 평범한 보통 사람들의 이해와 열정을 보호하기 어렵다는 사실, 이것이야말로 현대 민주주의의 규범적 토대가 될 기본 테제이다.

정당 조직은 강하고 정당 체계는 다원적이어야 한다 : 정당정치를 좋게 만드는 문제와 관련해 민주주의 이론이 요청하는 평가적 기준은, '정당 체계system는 다원화되고, 정당 조직organization은 유기적이어야 한다.'는 것이다. 정당 체계란 '복수의 정당들 사이에서 이루어지는 경쟁과 연합의 패턴'을 가리키는 말이다. 양당제냐 다당제냐 하는 단순한 구분에서부터 일당 우위제, 온건 다당제, 양극화된 다당제, 제한 다당제, 극단 다당제 등 더 세부적인 분류에 이르기까지, '몇 개의 정당들이 어느 정도의 계층적·이념적 대표의 범위를 갖고 상호 작용하는가.'를 말하는 것이라고도 할 수 있다. 민주화 혹은 민주정치의 발전이란, 기존에는 협애한 범위에서만 허용되었던 대표의 체계를 사회의 다양한 요구에 상응하는 방향으로 확대하는 것을 의미한다. 개방이나 다원화는 이 차원의 중심 가치라 할 수 있는데, 그런 이유에서 표와 의석 사이의 비례대표성이 높아져야 하고, 기존 정당 체계에서 소외된 사회적 요구들이 정당으로 조직될 수 있는 평등한 기회가 주어져야 한다. 그래야 독과점적 정치 구조를 변화시킬 수 있다. 지금도 여전히 한국의 정당 체계는 이념적으로나 계층적으로 더 개방되고 다원화되어야 하는 과제를 안고 있다.

이처럼 복수의 정당들로 구성된 정당 체계가 사회 '전체'의 모습을 닮아야 한다면, 반대로 개별 정당 조직은 자신들이 대표하는 사회 '부분'의 모습을 닮아야 한다. 정당 조직의 차원이란 정당 내부에서 권력이 배분되고 작동하는 방식, 즉 조직 내 권위의 구조가 어떻게 형성되고 제도화되어야 하는지의 문제를 말한다. 리더십의 자율성은 얼마나 크고 작은지, 규칙 제정 능력은 어떻게 분산되어 있는지, 재원 형성과 인적 충원의 채널은 누가 통제하는지, 집합적 유인과 선별적 유인 사이의 갈등은 어떻게 조정되는지 등은 정당 조직에 대한 비교 연구에서 늘 초점이 되는 주제들이다. 예컨대 선출직 공직 후보가 조직에서 길러지는지 아니면 정당 밖에서 영입된 외부자로 채워지는지, 정당 운영을 당비로 하는지 아니면 국고 지원에 의존하는 바가 큰지, 당원의 역할과 참여의 범위는 어떤지 등은 결정적으로 중요하다. 하나의 조직으로서 정당이 좋아진다는 것은, 이런 여러 문제들이 절차적으로나 제도적으로뿐만 아니라 조직 문화와 관행의 측면에서 안정화된다는 것을 말한다. 민주주의에서 정당이 갖는 미덕은 각기 다양한 수많은 사회적 요구를 몇 개의 단순한 대안으로 집약함으로써 공적 논의와 결정을 최적화하는 데 있는데, 정당 조직이 약해지면 그런 집약 기능을 수행할 수 없다. 결국 사회적 약자를 보호하겠다며 내건 스스로의 가치와 정체성 역시 빈말이 되기 쉽다.

한국 민주주의, 어디에서부터 시작할 것인가

우리 역사에서 민주주의는 해방 후 미군정하에서 시작되었다고 해도 과언이 아니다. 적어도 제도나 헌법을 기준으로 말하면 그렇다. 물론 그것도 우리 내부의 다양한 세력들 속에서 민주적 가치와 규범을 포함해 우리에게 맞는 정치체제가 자각적으로 선택되고 형성, 발전된 결과는 아니었다. 그보다는 외부로부터 민주주의와 관련된 법의 형식들이 그에 상응하는 사회적 내용 없이 그저 삽입되었다는 의미에서, 그 특징을 '수입된 민주주의'imported democracy라고 규정할 수 있다. 혹은 분단된 남쪽을 반공 국가로 만들기 위해 민주주의 제도를 때 이르게 이식한 결과였다고도 할 수 있다.

우리의 경우 남녀 보통선거는 1948년 정부 수립과 함께 일거에 이루어졌다. 시기만으로 보면 서구 민주주의 국가들에 비해 결코 늦은 것은 아니다. 영국에서 여성에게 보통선거권이 주어진 것은 우리보다 20년 빨랐을 뿐이고, 스위스의 경우는 우리보다 23년이나 늦었다. 미국에서 흑인에게 사실상의 투표권이 부여된 것은 1960년대 중반 민권법이 통과된 이후였다. 물론 중요한 것은 이들 나라와는 달리 보통선거권을 획득하기 위한 투쟁과 희생 없이 구속력을 가진 법 제도로서 하루아침에 위로부터 부과되었다는 사실일 것이다.

우리 스스로 민주주의의 사회적 기반을 형성해 가는 긴 노력 없이 미국식 민주주의 제도나 (일본을 통해) 독일식 헌법이 수입되었다는 점에서, 제1공화국에서의 민주주의가 이내 반공 권위주의 체제로 퇴락한 것은 어쩌면 자연스러운 일인지 모른다. 그 뒤에도 한국은 30년에 가까운 긴 권위주의 군사정권을 감수해야 했는데, 그런 의미에서 한국 민주주의의 정신적 기원은 (미군정하에서 민주주의 제도를 도입하고 적용했던 때가 아니라) 그런 비민주적 체제와의 오랜 투쟁 속에서 형성된 것이라 볼 수 있다. 이로 인해 만들어진 중요한 특징이 있는데, 그것은 민주주의를, 정치체제를 운영하는 '제도적 실천'의 문제로서가 아니라 정치체제에 대항하는 '민주화 운동'으로 이해하는 경향이 매우 강했다는 점이다.

운동의 성과는 컸다. 권위주의 체제를 이끈 정권들 모두 민주화 운동의 도전 속에서 무너졌다고 해도 과언이 아니다. 문제는 '운동 이후'였다. 정권의 붕괴 이후에 대한 비전, 즉 대안 체제를 운영하는 단계의 문제와 관련해서는 이론적으로나 실제적으로 큰 진전을 보여 주지 못했기 때문이다. 4·19혁명 이후의 제2공화국이 대표적이지만, 그 뒤에도 상황은 달라지지 않았다. 오히려 운동의 '비타협성' 내지 '반체제'적 성격은 더 강해졌다고 할 수 있다. 1980년대 초중반에 광범하게 사용되었던 '보수 야당' 내지 '제도 야당'이라는 용어만큼 그 특징을 잘 보여 주는 사례도 없다. 두 용어 모두 야당이 정권과 협상을 하거나 타협적인 자세를 보이는 것 자체를 부정했던 민주화 운동 세력들이 만든 말이다.

민주화 이후 우리가 경험해야 했던 수많은 혼란과 딜레마 역시 이와 무관하지 않다. 1987년 한국의 민주화가 10년 만에 야당으로의 수평적 정권 교체를 이뤘다는 것은 경이로운 일이다. 나치의 지배와 제2차 세계대전을 거친 뒤 다시 민주화된 전후 독일에서 야당이 첫 집권한 것은 1969년으로, 20년이 넘게 걸렸다. 프랑스에서는 1981년이 되어서야 사회당이 첫 집권했다. 이런저런 사실과 비교해 보더라도 한국에서 야당의 집권은 빨랐다. 문제는 야당이 집권은 할 수 있었지만, 정부를 움직이는 데 있어서는 어쩔 수 없는 한계를 보였다는 점이다. 이때 제기된 핵심적인 문제를 둘로 나눠 볼 수 있다.

첫째는 처음 집권한 야당, 즉 민주당 정부가 국제통화기금IMF으로부터 구제 금융을 받은 대가로 신자유주의적 정책을 추진해야 했다는 점이다. 이로 인해 민주화 운동 세력과 민주당 정부는 갈등했고, 정당 체계의 이념적 지평 내지 계층적 기반 역시 혼란스러워졌다. 급기야 2007년 대통령 선거에서는 전형적인 보수정당인 한나라당 후보(이명박)가 민주당 후보(정동영)보다 더 진보적으로 평가되는 여론조사가 나타나기도 했다. 둘째는 집권에 성공한 야당이 정부를 운영하는 데 필요한, 그들만의 통치 엘리트가 절대적으로 부족했다는 점이다. 그 결과 야당으로 정권이 교체되었음에도 불구하고 구체제 인물들이 중용되었고, 권위주의 체제에서 성장한 행정 관료제에 대한 의존은 줄지 않았다.

민주화 이후 야당의 첫 집권 시기가 1997년이 아니었거나, 그 시기에라도 야당의 통치 엘리트들이 준비가 되어 있었더라면 어땠을까? 부질없는 가정이겠지만, 어떤 관점에서 보든 민주당으로 대표되는 야당이 보수정당과 구분되는 대안적 이념과 정체성을 갖는 문제, 그리고 그에 상응하는 통치 엘리트를 육성하는 문제야말로 민주화 이후 최대 과제가 아닐 수 없다. 민주주의를 운동과 동일시해, 정부를 움직이는 제도적 실천 능력을 갖추는 일을 경시하는 분위기도 달라져야 할 것이다. 1987년에 있었던 권위주의로부터의 탈출, 1997년에 있었던 야당으로의 수평적 정권 교체 다음에 올 민주적 발전의 모멘트는 바로 이런 내용을 가져야 할 것이다.

이상의 논의를 정당의 관점에서 생각해 보자. 지금까지 정당은 정치 엘리트 개인들의 집합소 내지 그들을 둘러싼 선거 관리 기구처럼 기능했다. 국가 관료제를 공익적인 방향으로 이끌 수 있는 '정당 정부' 내지 '예비 내각'의 기능은 발전하지 못했고, 정부는 누가 대통령이 되는지와 상관없이 청와대를 중심으로 한 '선출된 군주정'에 가까운 형태로 운영되었다.

국가 관료제는 민주화에도 불구하고 축소되기보다는 커지고 확장되었는데, 그 결과 유럽의 복지국가처럼 공공 부문이 큰 나라들 못지않게 인구 및 예산 대비 공무원 수가 많은 관료 편향적 국가가 되었다. 사회·문화·언론·대학에 대한 대기업의 영향력이 확대된 것도 주목할 만하다. 한때 '한국 민주주의의 보루'로 여겨졌던 대학이 경제 권력과 행정 권력으로부터 자율적이 되기는커녕 더 깊이 종속된 것은 그야말로 드라마틱한 일이다.

민주주의를 그 가치와 이상에 가깝게 실현하는 것을 정치 개혁이라고 한다면, 최고의 정치 개혁은 사회의 다양한 이익과 요구를 더 넓게 대변하고, 정부를 책임 있게 이끌 수 있는 유능한 팀으로서 정당을 발전시키는 일일 것이다. 인간의 사회적 활동은 시스템이나 법치로 다룰 수 없는 너무나 넓은 영역이 있고 그것을 다루는 것이 정치라 할 수 있다. 민주주의에서라면 정당이 중심이 되는 정치가 그 역할을 감당해야 한다. 정당들은 사회적으로 더 책임 있고 조직적으로 더 유능하고 정책적으로 더 체계적이 되어야 하고, 그래야 정부라는 거대한 공공재를 잘 이끌 수 있다.

정당이 좋아지지 않으면 제아무리 선거를 하고 제도를 바꾸고 화려한 정책을 약속해도 달라지는 것은 없으며 오히려 나빠질 수밖에 없다. 한국처럼 '국정 담론'이 많고 공약이 많아도 그것이 지켜지지 않는 것은 정치가 사회 속에서 책임성을 구속받을 수 있는 조직적 기반이 거의 없기 때문이다. 한마디로 우리의 정당들은 평상시는 언론에만 존재하다가 선거 때만 사회 속으로 내려오는데, 그나마도 점점 더 표피적이 되고 있으며, 여론조사 결과에 이끌리는 정치를 해왔다고 할 수 있다. 이래서는 아무것도 좋아지지 않는다. 모두가 선거 승리만을 좇아 여론조사에 휘둘리는 정치, 정당이 가진 조직화된 기능을 오히려 해체하는 정치를 하고 있는데, 그 복잡하고 세분화된 기능과 역할로 구성되어 있는 정부는 물론이고 그것을 포괄하는 더 거대한 전체 사회구성체를 무슨 재주로 잘 운영할 수 있겠는가?

공동체가 분열과 대립의 유사 전쟁 상태에 빠지지 않도록 공적 권력을 세우고, 그와 동시에 그런 공권력에 책임성을 부과하기 위해 필요한 것이 정치라는 것, 그 일을 위해 정당이 있는 것이고 그들이 정부의 힘을 선용해 사회를 통합하고 개선해 가는 것, 이것이야말로 민주주의의 알파와 오메가라고 할 수 있다. 그런 의미에서 지금 한국 민주주의가 필요로 하는 정치적 인간이 누구냐고 묻는다면, 자신의 정당 조직을 좀 더 튼튼하게 결속시킬 능력을 가진 사람이라고 답하고 싶다. 누가 제대로 된 정당을 만들 것인가? 이 질문에 답할 수 있는 사람만이 한국 민주주의를 발전시킬 수 있는 정치적 인간이 될 것이다. 다시 강조하지만, 정당 조직은 강하고 정당 체계는 다원적이어야 민주주의가 산다. 한국 민주주의가 필요로 하는 최고의 정치 개혁이 있다면, 바로 이 부분에서 '변화의 가능성을 조직'하는 것이다. 이제부터는 이런 관점에 맞게 현대 민주주의론의 주요 구성 요소들을 하나씩 떼어서 살펴보기로 하겠다. 우선 정부의 문제들부터 시작해 보자.

책임 정부론: 민주주의는 어떤 정부를 필요로 하는가

민주주의자라면 왜 국가라는 표현보다 정부라는 표현에 친화적이어야 하는가?

정부 역시 잘못되면 시민을 억압하는 공적 폭력이 될 수도 있을 텐데,

그럼에도 불구하고 민주주의는 왜 정부를 필요로 하는가?

정부가 존재 이유를 상실한다면 어떻게 해야 할까?

정부를 책임 있게 만드는 민주적 원리는 어떤 내용으로 이루어져 있는가?

왜 국가가 아니라 정부인가

민주주의를 이해하는 방법에는 뿌리 깊은 분열이 있다. 한쪽에는 민주주의를 정치가 아닌 정치 밖 시민사회의 일로 보려는 관점이 있다. 직접 민주주의, 시민 정치, 국민주권 시대 등이 대표적인 예이다. 다른 쪽에는 민주주의란 시민 다수가 원하는 정부를 만들고, 그 정부에 책임성을 부과하는 일로 보는 관점이 있다. 책임 정부론, 정당 정부론을 강조하는 흐름이 대표적이다.

우리 사회에서는 민주주의를 말하면서 정부나 통치의 질서를 생각하는 사람은 별로 없다. 그보다는 정부나 통치에 저항하고 항의하는 것을 민주주의로 여길 때가 많다. 정당이나 정부와 같은 집단이나 조직을 '민주주의에 반하는 존재' 또는 '민주주의를 위해 싸워야 할 대상'으로 이해하는 사람도 많다. 시민들이 정부를 향해 시위하고 항의만 할 수 있을 뿐, 그런 국면이 지나고 나면 다시 정부가 시민과 분리되는 일상으로 돌아가는 것은 문제가 있다. 왜 우리는 '시민이 정부를 통제할 수 있는 것이 민주주의의 본령'이라는 생각은 잘 안 하는 걸까?

민주주의의 핵심은 문민 통치 내지 시민 정부civil government에 있다. 자유 시민에게 정치·통치·정부·정당은 유력한 민주적 수단이자 도구이다. 그렇기에 정부와 통치 일반을 부정적인 것으로 인식하게 하는 '낡은 생각의 감옥'에서 벗어나 정부를 시민의 것으로 만들 수 있어야 한다. 이 장에서는 이런 관점을 발전시킬 텐데, 그 전에 잠시 생각해 볼 주제가 있다. 그것은 '국가'이다. 필자가 지금 말하고 있는 정부의 문제를 많은 사람들은 국가라는 용어로 이야기하는데, 필자는 왜 국가가 아니라 정부라는 개념이 필요한지를 말하고 싶다.

우선 '민주국가'democratic state보다는 '민주 정부'democratic government라는 표현이 서로 잘 호응하듯이, 민주주의는 정부라는 개념에 상응하는 정치체제이다. 자주 국가, 독립국가, 주권국가라고 쓰듯이 국가 역시 꼭 있어야 할 정치 용어이지만, 민주주의와 관련된 진술에서는 절제할 필요가 있다.

정부를 뜻하는 government는 '키를 잡고 배를 조정하다'라는 뜻의 그리스어 '쿠베르나오'kubernáō의 라틴어 옮김 말인 구베르노guberno에서 유래했다. 공동체와 시민을 이끄는 정치 리더십 혹은 그런 리더십의 집약으로서 통치라는 의미를 갖는다. 당시의 철학자들은 공동체를 이끄는 정치 혹은 통치 체제가 좋아야 시민 개개인의 삶도 좋아질 수 있다고 생각했고, 그런 뜻에서 '좋은 폴리스polis가 좋은 데모스demos를 만든다.'고 이해했다.

반면 국가를 뜻하는 영어의 state(이탈리아어 stato, 독일어 staat, 불어 état 등)는 라틴어 'status'에서 유래한 말로 애초에는 통치자의 '지위'나 '상태'를 뜻하는 일상어였다. 그러다가 16세기에 들어서면서 '배타적인 영향력의 범위를 가리키는 통치의 단위'라는 의미가 덧붙여지기 시작했고, 그에 따라 정치적 의미를 갖게 되었다. 결정적인 전환점은 1648년 베스트팔렌조약이었는데, 그 후 국가는 '영토, 국민, 주권'의 세 요소를 가진 국제법적 주체가 되었기 때문이다. 나아가 국내적으로는 최고 통치자조차도 '국가 앞에서'

애국과 충성의 맹세를 해야 하는 윤리적 실체로 격상되었다.

주권sovereignty 개념을 기준으로 봐도 국가와 정부는 구분될 필요가 있다. 국가는 주권의 대외적 측면을, 정부는 주권의 대내적 측면을 가리킨다. 대외적으로 주권의 부재가 '무국가 상태' 혹은 '식민지 종속국'을 뜻한다면, 대내적으로 주권의 부재는 '무정부 상태'를 의미한다. 국가와 짝을 이루는 주권자는 국민nation이라 하고 그들의 정체성은 법률적 근거를 가진 국적nationality이 기준이 된다. 국가는 국민에게 충성을 요구할 수 있고 간첩죄나 내란죄를 적용할 수 있다.

이에 비해 정부와 짝을 이루는 주권자는 시민citizen이라고 부르고, 그들이 가진 권리는 시민권civil rights이라 한다. 정부에 대해 시민은 자발적으로 지지할 수도 있고 자유로이 비판하고 반대할 수도 있다. 정부가 자신에게 충성하는 시민에게만 자유와 권리를 허용한다면, 이를 반대하는 시민과의 내전civil war은 피할 수 없다. 시민권에는 (정부조차 침해할 수 없는 개인의 자유를 가리키는) '자유권'도 있고, (정부 선출에 대한 평등한 참정권을 가리키는) '정치권', 나아가 (정부에 사회경제적 분배 책임을 요구할 권리를 가리키는) '사회권' 등이 있다.

비민주주의 체제에서는 국가를 신성화하고 국가 안보와 국가 이익, 국민의 의무, 국민교육 등을 강조한다. 시민 주권을 부정하면서 그로 인한 정당성의 결핍을 늘 외부로부터의 안보 위협으로 채우려는 권위주의 체제일수록 더욱 그렇다. 국가보안법을 앞세워 민주화의 요구를 억압하려 한 것도 같은 이유로 이해할 수 있다.

민주화 이후에도 반공을 국시國是로 생각하는 사람들은 '민주주의 정부'라는 표현을 잘 쓰지 않는다. 대신 그들은 반공 국가라는 의미를 담아 '자유민주주의 국가'라고 쓴다. 박근혜 전 대통령이 '시민'이라는 말을 기피한 것은 잘 알려진 사실이다. 연설과 같은 공식적 언어를 사용할 때조차, '국민'이라는 표현만 사용했을 뿐 '시민'이라는 표현을 극도로 꺼렸다. '정부 행사'라는 표현 대신 국가의 공식 행사라고 규정하길 좋아하거나, 교과서의 내용도 국가가 정해야 한다는 의미로 '국정화'를 정책으로 내세우거나, 민주화 운동 기념식에서조차 〈임을 위한 행진곡〉은 안 되고 꼭 〈애국가〉를 불러야 한다고 고집하는 것도 국가에 대한 맹목적이고 권위주의적인 태도일 때가 많다.

넓게 보면 '국가'라는 표현이 많은 것은 관료제의 발달과 깊은 관련이 있다. 영국과 미국처럼 관료제보다 시민권의 발전이 빠른 나라들은 국가라는 말은 잘 사용하지 않는다. 그보다는 '정부'라는 표현을 주로 사용하며, 이때의 정부란 선출직 시민의 대표 내지 그들의 팀이라는 의미가 강하다. 반면 독일이나 프랑스처럼 민주화보다 중앙집권화된 관료제의 발달이 빠르고 그 규모가 큰 나라일수록 '국가'라는 말이 일찍부터 발달했다. 대표적으로 사회국가Sozialstaat, 야경국가Nachtwächterstaat 등은 모두 (비스마르크로 대표되는) 비민주적 관료정치 시대에 만들어졌다.

'시민사회'라는 용어와의 관계에서도 국가 개념을 살펴볼 수 있다. 신흥 부르주아 중산계급의 정치관이 근대를 이끌었던 영국의 경우, 당시에는 (공공선의 실현을 위한 법적 조직체라는 의미의) 코

먼웰스commonwealth라고도 불린 정부의 의미는 시민사회에 가까 웠다. 대표적으로 존 로크는 개인이 시민사회를 만드는 사회계약 의 결과를 곧 시민 정부의 출현으로 이해했다. 반면 독일의 경우는 부르주아의 자율성이 약했기에 국가의 역할이 중시되었고, 시민사 회는 민주주의의 기반으로 이해되지 못했다. 시민의 정부와 시민 이 사회가 병행 발전된 영미식의 용법과는 달리, 국가를 통한 근대 화와 사회복지로 특징지어지는 독일의 경우 시민사회는 정부라는 개념과 짝을 이루지 못했고 그 대신 국가에 종속되거나 혹은 그에 반하는 의미로 발전했다. 이런 기준에서 볼 때 한국은 후자의 독일 유형에 좀 더 가깝다. 그것은 정당이나 의회, 정부가 아니라 국가 와 짝을 이루는 시민사회의 모습이다. 한국의 시민사회가 '반정치 적인 동시에 강한 국가를 해결자로 선호하는 특징'을 자주 보여 주 는 것은 이와 깊은 관련을 갖는다.

정당과의 관계도 흥미롭다. 민주주의는 정당이 정부가 되는 것, 즉 정당 정부를 뜻하는 데 반해, 전체주의 체제는 대개 정당과 국가가 일체화된 '당-국가 체제'party state로 불린다. 일당제가 아닌 권위 주의 체제 역시 관료제의 역할이 클수록 국가가 정당을 만들고 이 끄는 사례가 많다. 한국의 경우 제1공화국 시기의 자유당, 제3~4공 화국 시기의 공화당, 제5공화국 시기의 민정당은 모두 정권을 장 악한 다음에 그 주도 세력에 의해 위로부터 사후에 만들어졌다. 일 종의 '국가 파생 정당' 혹은 '대통령이 만든 정당'이라고 부를 만하다.

물론 민주주의에 친화적이지 않다고 해서 국가라는 개념을 작 위적으로 없앨 수는 없다. 우리말의 국가에는 나라country/land의

의미도 있고, 정치는 물론 경제와 사회 모두를 포괄하는 일종의 '사회구성체'에 가까운 의미도 있다. 관료제의 영향력에 초점을 둘 때는 국가 관료제나 국가기구 등의 표현을 사용하는 것이 자연스러울 때도 많다. 또한 복지국가welfare state의 경우에서 보듯이, 비록 그 기원은 독일 비스마르크 시대의 사회국가에 대응하는 개념으로 만들어졌다 해도 이 용어를 복지 정부로 대체하는 것은 어색한 일인지 모른다. 다만 대부분의 영어 사전에서 복지국가를 찾아보면 "welfare state is a concept of government in which..." 와 같이, 일종의 정부의 개념으로 다룬다는 것은 주목할 필요가 있다. 따라서 가능하다면 국가라는 표현을 절제하고 정부라는 용어로 대체해 사용하거나, 국가라는 개념을 쓰더라도 사회로부터 유리된 자율적인 기관 내지 맹목적 애국심을 강요하는 윤리적 실체로 정의하기보다는 민주적으로 통제 가능한 시민의 기구로 이해되어야 할 것이다.

이제 긴 논의를 마무리하자. 국가가 아닌 정부라는 말에 친화적인 사회가 되어야 민주주의이다. 불가피하게 국가라는 용어를 쓰더라도 정부에 가까운 의미로 사용해야 할 것이다. 그래야 시민은 그야말로 '갑'이 되고 주권자가 될 수 있다. 민주주의에서라면 정부는 '시민에 의해' 선출되고, '시민을 위해' 일해야 할 의무가 있는, '시민의' 것이기 때문이다. 국정교과서, 국정감사, 국정 담론 등 권위주의적 언어도 줄어야 할 것이고, 대통령에 의해 우리가 '국민 여러분!'이 아닌, '동료 시민 여러분!'My fellow citizens!으로 호명되는 일이 많아야 좀 더 민주적인 문화를 발전시킬 수 있다.

책임 정부론의 구성 원리

이제 본격적으로 '정부가 있는 민주주의'에서 시민이 정부에 책임성을 부과하는 원리에 대해 살펴볼 텐데, 결론을 먼저 제시하면 다음과 같다.

① 정부를 통해through the government : 민주주의에서 시민은 자신의 일을 정부를 통해 하기로 마음먹었다. 그 대신 시민의 주권을 위임받은 정부가 그 목적을 상실하지 않도록 책임성의 고리에 묶어 두고자 했다.

② 권리 중심의 민주주의right-based democracy : 시민은 어떤 경우에도 자유롭게 비판하고 반대할 권리를 기본권으로 갖는다. 정부가 정당한 절차를 통해 시민 주권을 위임받았다 해도 기본권은 제한할 수 없도록 했다. 거기에는 법의 테두리를 넘어 시민 불복종과 저항권을 행사할 수 있는 권리가 포함된다.

③ 다원주의적 민주주의pluralist democracy : 시민은 동질적인 존재가 아니라 다양한 이익과 요구를 갖는 다원적 집단으로 존재한다. 그런 이익과 요구를 조직할 수 있는 결사의 권리는 민주적 참여의 핵심이다. 개인이 아닌 집단으로 목소리를 내고, 다양한 집합 행위를 할 수 있어야 하며 그들 사이에 이익의 표출과 집약, 조정이 가능해야 평등한 참여의 기반이 만들어질 수 있다.

책임 정부론의 구성 원리

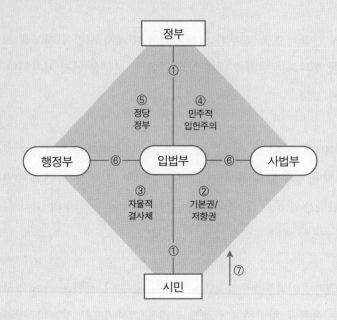

④ 민주적 입헌주의democratic constitutionalism : 헌법을 통해 시민의
권리와 자유가 정부에 의해 침해되지 않도록 하는 원리로서 입헌
주의는 중요하다. 하지만 그것이 정부로 하여금 적극적인 역할을
하지 못하게 하거나, 공적 결정을 이끄는 민주적 원리를 제한하는
일로 이어질 수는 없다. 정치에 대한 헌법의 개입은 최대한 소극적
으로 이루어져야 한다.

⑤ 정당 중심의 책임 정치responsible party government : 민주주의에서 최고의 시민 결사체는 정당이다. 그들은 공익의 내용을 경쟁적으로 정의하고, 이를 바탕으로 시민의 참여와 지지를 경쟁적으로 조직하며, 궁극적으로 정부가 되어 공공 정책을 주도한다. 그런 정당이 정부가 되고 교체될 수 있을 때 책임정치가 실현될 수 있다. 그래야 정부가 시민으로부터 분리되어 자율적 권력기관으로 퇴락하지 않을 수 있다.

⑥ 수평적 책임성horizontal accountability : 정부가 목적을 상실하지 않도록 권력기관을 분립시켜 상호 견제하는 것을 수평적 책임성이라 한다. 입법부, 행정부, 사법부 사이의 삼권분립 원리가 대표적이지만, 이때에도 입법부가 중심이 되어야 한다. 제1기관으로서 입법부는 시민 주권의 최고 위임 기관이기에, 입법부를 주도하는 다수당 내지 다수 연합이 행정부를 운영해야 한다. 사법부 역시 입법부의 결정을 우선적으로 존중하는 기초 위에서, 시민의 기본권을 수호하는 최종적 보루로서의 역할을 해야 한다.

⑦ 수직적 책임성vertical accountability : 정부가 제 기능과 역할을 못하면, 이 정부의 운영을 책임지고 있는 정권은 교체되어야 하며, 이는 수직적 책임성의 핵심이라 할 수 있다. 시민이 저항과 비판, 반대만 할 수 있고 통치 권력의 향방에 체계적인 영향을 미치지 못한다면 민주주의라고 하기 어렵다. 그럴 수 있으려면 좋은 정당 대안이 가능해야 한다. 정당이 책임 정치의 보루가 되지 못하면 민주

주의에서 시민의 의지는 실현되기 어렵다. 정당 간 평화적 정권 교체를 통해 정부에 책임성을 반복적으로 부과하지 못한다면, 민주주의는 그 이상과 가치에 맞게 실천될 수 없다.

⑧ 인간적 한계 위에 선 정치체제 : 불완전하지만, 현대 민주주의는 이런 방법으로 작동하고, 때로 실패하지만 그런 원리 위에서 학습하고 발전하는 일을 반복하는, 인간적이고 사회적인 동시에 정치적인 체제이다.

인간은 왜 정부를 필요로 하게 되었는가

분명 정부라고 불리는 통치 권력은 우리 인간이 필요해서 만들게 된 '인위적 도구 내지 기구'라고 할 수 있다. 17세기 영국의 정치 철학자 토머스 홉스만큼 이 문제를 멋지게 다룬 사람도 없다. 그에 따르면, '아무런 외재적 권력도 없는, 평등하고 자유로운' 자연 상태state of nature라 할지라도 타인의 자유를 위협하고 생명과 인신을 위해하며 재산과 권리를 약탈하려는 집단이 등장할 수밖에 없는 것이 인간 사회이다. 그렇기에 자신의 자유와 재산 그리고 생명을 보호하기 위해 인간은 ('무정부 내지 무국가의 자연 상태'가 아닌) '구성원 모두에게 구속력 있는 공권력의 행사자'로서 정부라고 하는 인위적 도구를 불러들이는 선택을 했다.

본질적으로 정부는, 구성원에게 고통을 가할 수 있는 잠재적 폭력 기구임이 틀림없다. 홉스가 보기에, 인간은 더 큰 힘을 추구하는 본성을 가졌고, 권력에 대한 그들의 욕망은 '오로지 죽음에 의해서만' 멈춰질 수 있기에, 그런 인간이 만든 정부야말로 쉽게 제어될 수 없는 존재였다. 따라서 그가 정부를 '인위적 인간'artificial man으로 규정하는 동시에, 성경의 "욥기"에 나오는 '영생불멸의 바다 괴물' 리바이어던Leviathan을 불러들여 자신의 책 제목으로 삼은 것은, 그런 의미를 집약해서 표현한 것이라 할 수 있다.

'폴리스'라고 하는 정치 공동체를 '인간 본성에서 비롯된'by nature 자연적인 존재로 본 아리스토텔레스와 달리, 홉스가 정부를 인위적 존재로 보았다는 점은 몹시 중요하다. 그 때문에 홉스는 모든 권위체를 개인의 관점에서 상대화해 볼 수 있는 근대적 정부관을 개척할 수 있었다. (시민으로부터 분리 내지 독립된 자율적 정부 조직을 갖지 않았던) 고대 아테네 민주주의에서는 정치적 책임성이 시민 개인에게 부과되었다는 점을 생각하면 이는 엄청난 변화이다. 고대 아테네에서 정치에 무관심하고 참여하지 않는 시민은 책임을 방기하는 사람으로 비난받았고, 공직에 참여한 다음에는 자신의 정치 행위가 적절했는지 부패하지 않았는지에 대해 매우 가혹한 심사 평가를 받았으며, 그 평가 결과에 따라 처벌받았다. 확실히 시민으로부터 주권을 위임받아 통치의 역할을 담당하는 자율적 조직체로서 정부의 문제는 근대로의 전환기에 홉스에 의해 본격적으로 다뤄졌다고 할 수 있다.

홉스의 책『리바이어던』의 표지

수많은 작은 시민들로 이루어진 거인 왕이 한 손에는 칼을, 한 손에는 홀을 들고 마을 혹은 사회를 굽어보고 있는 것을 형상화했다.

도시 국가를 자연적 산물로 본 아리스토텔레스

아리스토텔레스는 『정치학』에서, '인간은 정치적 동물'이라면서 이렇게 말했다. "폴리스라는 도시 국가는 자연의 산물이며, 인간은 본성적으로 그런 국가 공동체를 구성하는 동물임이 분명하다. 따라서 우연한 일로서가 아닌 그의 본성에서 비롯되어, 누군가 국가 공동체 없이도 살 수 있는 자가 있다면 그는 인간 이상의 존재이거나 아니면 인간 이하의 존재이다."

정치 참여를 시민의 의무로 본 페리클레스

아테네 민주주의의 전성기를 이끌었던 정치 지도자 페리클레스는 그 유명한 장례 연설에서 이렇게 말했다. "우리는 정치에 관심이 없는 사람을 자기 일에만 신경 쓰는 사람이라고 하지 않고, 이곳 아테네에서 하는 일이 전혀 없는 사람이라고 말한다."

고대 아테네에서 공직자에게 책임을 묻는 제도

베르나르 마넹의 책 『선거는 민주적인가』에 따르면, 당시 공직을 맡았던 시민에게 책임을 묻는 제도는 크게 세 가지로, 모두 가혹한 처벌이 따랐다. '그라페 파라노몬'Graphe paranomon은, 민회를 통과한 특정 법령이 공익을 위협했다고 판단되면 사후적으로 그 법령을 제안한 시민을 고발할 수 있는 제도이다. '유테나이'Euthynai라는 제도에 따르면, 추첨으로 공직자에 선발된 시민이 임기가 끝날 때 자신의 업무에 관한 결산 보고서를 제출해야 했으며 여기에 문제가 있다고 판단되면 법정에 회부되었다. '에이상게리아'Eisangelia는 군사 작전에 실패한 장군, 폴리스를 위기에 빠뜨린 공직자에게 책임을 묻는, 일종의 탄핵 제도였다.

정부에 책임성 부과하기

물론 홉스가 정부에 책임성을 부과하는 원리를 발전시킨 것은 아니다. 인간들 사이의 해결할 수 없는 딜레마 때문에 정부라는 공권력이 불러들여졌고, 인간이 필요해서 정부를 만들었기 때문에 그의 논리 안에는 정부에 대한 책임성의 원리가 들어설 수 없었다고도 할 수 있다. 결국 홉스의 정부는 '시민들에 의해 도출되었지만 그들에 의해 제한될 수 없는', 일종의 절대 주권을 갖는 존재에 머물렀다. 그렇다면 인간이 필요해서 불러들인 정부라는 공권력에 어떻게 하면 '책임성의 규범'을 부과할 수 있을까? 다시 말해 '시민의 자유와 생명, 재산을 보호하는 정부 본래의 목적'에 맞도록 기능하도록 하려면 무엇이 필요할까? 홉스 이후 근대 정치철학은 모두 이 문제에 매달려 있었다고 해도 과언이 아니다.

존 로크는 정부와 시민이 서로를 신뢰할 수 있는 조건을 탐구하기 위해 '정부의 자의적 통치와 지배, 전횡을 어떻게 막을 수 있는가?'라는 질문에 집중적인 관심을 기울였다. 그는 우선 통치 권력이 제아무리 합법적으로 성립되었다 하더라도 사후적으로 (시민의 자유와 생명, 재산을 보호해야 하는) 본래의 목적으로부터 벗어나 행위를 할 경우 시민은 저항 내지 혁명을 할 권리를 갖는다는 점을 강조했다. 무력으로라도 통치 권력에 맞설 수 있는 권리로서 저항권right of resistance은 이렇게 등장했는데, 이는 '정부와 시민 사이의 수직적 관계'를 책임성의 규범에 묶어 둘 수 있는 일차적 원리가 되었다. 나아가 그런 기초 위에서 언론·출판·집회·결사의 자유

로크의 『통치론』은 무엇을 말하고 있는가

로크의 대표작 『통치론』Two Treatises of Government에서 개진된 그의 주장을 요약하면 이렇다. '모든 인간은 본래 자유롭고 평등하다. 모든 인간은 자신의 자유와 생명 그리고 재산을 누릴 권리가 있다. 인간은 공동체를 이루어 살며 그 공동체를 운영할 그들의 정부를 뽑는다. 정부는 다수가 그 정부에 동의했을 때만 합법적이다. 정부가 권력을 남용하면 시민은 정부를 반대할 권리를 갖는다. 정치 토론은 공개적이어야 하며 누구나 참여할 수 있고, 그러기 위해 사상의 자유가 있어야 한다. 국가와 교회는 분리되고, 종교적 관용이 인정되어야 한다.'

등이 점차 기본권으로 발전해 갈 수 있었다. 요컨대 홉스의 정부가 스스로 주권을 위임하는 '시민과 시민' 사이의 계약의 문제였다면, 로크는 본격적으로 '시민과 정부' 사이의 신뢰를 형성 내지 해지할 수 있는 계약의 문제를 본격적으로 다뤘다고 하겠다.

통치 권력에 책임성을 부과하는 문제에서 자유주의자들의 혁신은 거기에 머물지 않았는데, 그것은 통치 권력을 기관별로 쪼갠 뒤 그들 사이의 수평적 관계에서 '견제와 균형의 원리'가 작동하도록 하는 것으로 나타났다. 제도적으로는 '입헌 군주'Monarchy와 '귀족원'House of Lords 그리고 '평민원'House of commons으로의 권력분립이 그 고전적 모델이었는데, 당시로서는 영국이 대표적인 사례였다. 물론 일종의 '계급 균형' 모델이라고도 볼 수 있는 이런 접근을 두고 논란이 없었던 것은 아니다. 크게 보아 두 방향의 도전이 중요했고, 그것은 프랑스혁명과 미국 헌법으로 나타났다.

수평적 책임성과 수직적 책임성

루소를 포함해 프랑스의 공화주의자들은 군주제와 귀족의 계급 지배를 폐지하고 통치 권력을 시민의 의지에 기초를 둔 '일원적 대의 체제'로 만들려고 했다. 다시 말해 시민의 의지는 입법부로 대표되어야 하고, 그런 입법부가 정부가 되거나 정부를 지배해야 한다고 생각했다. 또한 정부와 시민 사이에 중간 집단이나 정당들이 존재하면 공동체가 분열될 것이라 보고 이를 금압했다. 그 절정은 프랑스혁명으로 나타났는데, 그래도 권력은 권력이었다. 제아무리 다른 권력을 모두 폐지하고 오로지 시민의 의사 위에 입법부라는 하나의 통치체를 세운다 해도 시민과 정부의 분리, 정부에 의한 시민권의 침해 가능성은 피할 수 없었기 때문이다. '자코뱅 독재'의 경험은 '시민＝입법부＝정부'를 일치시키는 일원 체제가 결코 해결책이 될 수 없음을 반증했다. 그럼에도 불구하고 프랑스혁명은 입법부가 중심이 되는 공화정의 확고한 원칙을 세우는 데 기여했고, 나아가 민주주의의 틀 안에서 군주와 귀족의 계급 권력이 정당화될 수는 없음을 시민의 저항을 통해 실증해 냈다는 의의가 있었다.

영국으로부터의 독립 전쟁을 거쳐 나라를 만들었고, 헌법 제정을 통해 주 정부들을 묶어 연방 정부로 전환했던 미국의 자유주의자/공화주의자들은 다른 방향에서 제도적 혁신을 이뤄 냈다. 한편으로는 시민의 의사를 대통령과 상원, 하원으로 분립시켜 대표하도록 했다. 또한 유럽과는 달리 당시 미국은 왕도 귀족도 존재하지 않았으므로 입헌군주와 귀족원을 생각하지 않아도 되었는데, 이

루소의 주권론

루소는 홉스의 영향을 받았는데, 다만 그의 사회계약론은 통치자 내지 정부에 절대적 주권을 부여한 홉스의 사회계약론을 뒤집어 시민에게 절대적 주권을 부여했다는 점에서 달랐다. 시민의 주권은 입법을 하는 데 있으며, 그런 입법의 기초를 일반의지로 보았다. 일반의지는 분할, 양도될 수 없지만, 이를 집행할 권력 기구는 분할할 수 있었다. 따라서 정부의 통치가 일반의지에 반하는 것으로 여겨질 경우, 의회는 언제든 정부를 소환하고 교체할 수 있다고 보았다.

자코뱅Jacobin

루소의 사회계약론에 깊은 영향을 받아 프랑스혁명을 급진적으로 이끌던 정치 분파. 자코뱅이라는 이름은 제3신분의 대표들이 자주 모였던 수도원의 이름에서 비롯된 것으로 이들과 대립했던 왕당파들에 의해 붙여졌다. 이들은 공안위원회를 중심으로 혁명정부를 구성하고 공포정치를 시행하다가 테르미도르의 반동으로 몰락했다.

때문에 권력의 분립과 상호 견제를 '계급의 관점'이 아닌 '기능의 관점'에서 접근할 수 있었다. 그 결과 (상하원이 중심이 된) 입법부와 (대통령에 의해 지휘되는) 행정부의 분립에 그치지 않고 사법부를 독립시켜 이른바 '삼권분립'을 처음으로 제도화했다.

계급 대표의 원리에 기초를 둔 기존의 견제와 균형의 원리가 오로지 기능적 관점으로 바뀐 것은 (몽테스키외의 문제의식을 전면적으로 수용한) 미국의 자유주의자/공화주의자들의 독창적 기여였다고 할 수 있다. 다만 이 모든 것이 '강한 입법부'를 견제하려는 목적에서 시작되었고, 루소의 관점에서는 상상도 할 수 없는 주권 분할을 과감하게 시도한 것으로 나타났다. 그렇기에 '통치체의 민주성'을 약화시키는 효과를 가졌다. 그럼에도 불구하고 권력 기구들 사이에 수평적 책임성을 부과하는 보편적 원리로 삼권분립이 제도화되는 확고한 계기가 된 것은 분명했다.

이런 긴 과정을 거쳐, 정부의 자의적 권력 행사 가능성을 제어할 수 있는 두 개의 책임성 원리가 형성되었는데, 앞서 말한 대로 정부와 시민 사이의 문제를 '수직적 책임성'이라 부르고, 제도적/기능적으로 분립된 권력 기구들 사이의 문제를 '수평적 책임성'이라 한다. 요컨대 시민이 언론·출판·집회·결사의 자유와 같은 기본권을 행사해 반대를 조직하고 투표로 정부를 교체하는 등의 수직적 책임성의 차원과 함께, 입법부와 행정부, 사법부로 이루어진 권력 기구들이 서로를 견제할 수 있도록 하는 수평적 책임성의 차원이 확고한 정치 규범으로 자리 잡게 되면서 책임 정부의 기본 원리가 제도적으로 완결되었던 것이다.

관료제의 성장과 강한 행정부의 위협

실제 민주주의의 역사를 보면 수직적 책임성의 원리와 수평적 책임성의 원리가 잘 작동했다거나 그것으로 충분했다고 말할 수는 없다. 문제의 핵심은 이 두 개의 책임성을 유기적으로 연결하는 것에 있었다. 통치 권력에 대한 시민적 저항과 권력 기구들 사이의 상호 견제는 가능할지 몰라도 이들 사이에서 균형과 조정을 이끄는 원리가 무엇인지는 논리적으로 모호했을 뿐만 아니라 실제 현실에서도 해결할 수 없는 갈등과 대립을 불러왔기 때문이다. 19세기 중엽 서구 중심부 국가들에서 본격적으로 실천되기 시작한 민주주의가 끊임없는 정치 불안정을 겪게 된 것은 바로 그런 이유 때문이었다. 이 과정에서 두 개의 서로 다른 경향이 발전했는데, 하나는 '행정부가 중심이 된 관료제의 확장'이었고, 다른 하나는 '시민 집단의 이익과 열정을 나눠서 대표하고 경쟁하는 정당의 발전'이었다.

모든 권력의 속성은 힘을 더 키우려는 데 있고, 이 점에서는 정부 또한 예외가 아니며 오히려 더 강하다고 할 수 있다. 19세기 말에서 20세기 초까지 독일 정치사회학을 대표했던 막스 베버는 이 문제를 진지하게 파고들었다. 그가 주목한 것은 거대한 관료제였다. 사회의 다양한 이익과 요구를 대변하고 통합하는 것이 아니라 역으로 사회 곳곳의 자원과 숨통을 쥐고 통제할 수 있는 능력을 가진 관료제의 발달은 어느 사회에서나 불가피한 '합리화의 실현'이었지만, 동시에 그것은 자유를 위축시키는 결과로 이어졌기 때문이다. 자율적인 시민계급의 성장이 늦은 독일은 물론이거니와, 시민혁명의 전통을 세운 프랑스에서조차 중앙집권화와 행정 관료제의 발달은 제어되지 못했다. 반대로 공화정/민주정의 중심이라 할 입법부는 끊임없는 분열과 갈등에 휩쓸려 제 기능을 하지 못했다. 프랑스의 경우 1870년대 이래 공화정은 지속되었지만 정치체제의 불안정성은 그 뒤 (1958년 제5공화국에 이르기 전까지) 내각이 120

번 이상 교체될 정도로 심각했다. 그 이전까지는 '강한 입법부'의 출현을 견제하는 것이 중요했다면, 입법부의 분열과 관료제의 발달은 곧 행정부의 권력 강화를 중대 의제로 부각시켰다.

베버가 민주정치 내지 정당정치를 중시한 것은 바로 이런 행정 관료제를 통제하고 제어하는 일이 중요했기 때문이다. 시민으로부터 선출된 정치가들과 그들의 조직인 정당이 의회를 통해 정부를 운영할 실력을 갖추는 것, 실제적으로는 행정 관료제를 지휘할 능력을 갖추는 것을 베버는 무엇보다 강조했다. 그는 이를 민주주의에서의 '리더십' 문제라고 불렀다(이와 관련해서는 독일어로 쓴 그의 논문과 책에서조차 독일어 대신 꼭 영어의 leadership으로 표현한 것이 특별하다).

의회의 역할을 정의할 때 베버가 가장 강조한 것은 의회가 '리더십 훈련장'이라는 점이었다. 현대 민주주의에서 소명의식을 가진 유일한 정치가는 '정당 리더'party leader라는 점을 단호하게 말한 것도 베버이다. 요컨대 그는 근대 이후의 민주주의 문제를, 두 경향 사이의 경쟁으로 다루었다고 할 수 있는데, 하나가 '직업으로서의 관료제'라면 다른 하나는 '직업으로서의 정당정치'였다. 베버에게 있어 전자가 국가 관료제에 대한 것이었다면, 후자는 대중민주주의 내지 대중정당의 역할에 대한 것이었다. 그러나 역시 문제는 '강한 국가 관료제와 약한 의회 혹은 분열된 정당'이라는 당시 독일 정치의 조건에서 비롯된 딜레마였다.

정당이 중심이 되는 책임 정치

20세기 초의 독일은 비스마르크 시대의 유산인 '관료적 본능'이 사회를 지배했고, 정당과 의회는 지극히 저발전된 상태였다. 통치자였던 빌헬름 2세는 국제무대에서 자신의 권력에 휘광을 두르는 일에만 몰두해 있었다. 그를 둘러싼 궁정 세력들은 황제 권력이 형편없이 공허한 내용만 갖고 있다는 사실이 드러나지 않도록 하는 일에만 관심을 기울였다.

그런 빌헬름 2세에 대해 베버는 '죽을 때까지, 무덤에 가서도' 비판하겠다고 말했지만, 이론적으로는 어떻게 그런 통치 권력을 민주주의의 방법으로 통제할 수 있을까 하는 문제에서 좌절했다고 볼 수 있다. 그런 의미에서 베버가 '절망에 빠진 자유주의자'로 불린 것은 흥미롭다. 물론 이론보다 현실이 더 혹독하기도 했고 때로는 앞서가기도 했다. 우선 베버가 '허풍쟁이 권력정치가'라고 칭했던 빌헬름 2세는 한순간 무너졌고 그가 두르고 있었던 휘광도 한꺼번에 빛을 잃었다.

1918년 11월에 시작된 대규모의 대중적 반대에 직면해 그는 초라하게 권력에서 물러나 네덜란드로 망명했다. 그 뒤 등장한 것이 그 유명한 바이마르 체제이다. 이를 뒷받침한 바이마르 헌법은 사회민주당 대통령과 진보적인 자유주의 헌법학자가 주도해 만들었고, 그 근간은 황제와 관료 중심의 제정에서 의회 중심의 공화정으로 전환하는 데 있었으며, 당대 최고의 민주주의 헌법으로 평가되었다.

절망에 빠진 자유주의자, 베버

최장집은『막스 베버, 소명으로서의 정치』(후마니타스, 2013) "한국어판 서문"에서 베버에 대해 이렇게 말하고 있다. "그는 신념에 찬 민주주의자였다. 그러나 그는 새로운 공화국의 정부 형태와 관련해 군주제가 유지되기를 바랐고 국제정치적으로 독일의 리더십을 강조했다는 점에서, 당시 현실 정치에서는 보수파였으며 민족주의자였다. 그의 정치관은 상당히 모순적이고 비관주의적이어서, 볼프강 몸젠Wolfgang Mommsen은 그에 대해 '절망에 빠진 자유주의자'라고 논평하기까지 했다. 그는 새로운 공화국에 대해 이렇다 할 기대를 갖지 않는다고 고백한 적도 있다. 그것은 민주주의를 찬성하지 않기 때문이 아니라, 새로 수립될 유약한 민주주의 체제를 가지고 국내외의 위기를 과연 헤쳐 나갈 수 있을까 하는 우려 때문이었다."

바이마르 헌법

제1차 세계대전에서 패한 독일이 제정帝政에서 공화국으로 바뀌면서 만들어진 헌법이다. 1919년 8월, 독일의 작은 도시 바이마르에서 제헌의회가 열렸는데 이 자리에서 통과되어, 1933년 나치가 정권을 장악할 때까지 효력을 발휘했다. 폭넓은 사회적 권리를 규정한 민주주의 헌법의 전형으로 이후 다른 나라의 헌법에 많은 영향을 주었다. 다음과 같은 조항이 대표적이다. "경제는 인간의 존엄을 토대로 삶을 살아가는 것을 목표로 정의의 원리에 근거하여 조직되어야 한다"(151조). "노동은 공화국의 특별한 보호를 누린다. 공화국은 표준적인 노동 입법을 제공하여야 한다"(157조). "모든 독일인은 경제적 노동을 통해 자신의 생계를 확보할 기회를 보장받는다. 만약 적합한 일자리가 제공되지 못하는 경우, 모든 독일인은 재정을 지원받을 수 있다"(163조).

그렇다면 바이마르 체제하에서 수직적 책임성과 수평적 책임성은 잘 작동했을까? 그렇게 되지 않았다. 정치 밖 사회 속에서는 혁명파와 군국주의 세력 사이의 갈등이 폭력적으로 표출되었고, 의회 내 정당들은 서로에 대한 적대와 대립으로 난립했으며 이들 사이의 분열과 갈등은 지속되었다. 결과는 나치의 집권이었다. 1919년 바이마르 헌법을 제정할 당시 베버는 '과대 성장해 있는 행정 관료제, 저발전된 의회와 정당정치의 조건' 때문에 대통령을 (미국에서처럼) 시민이 직접 선출하게 하고, 비상사태를 선포해 정부를 통제할 수 있는 권한을 갖게 하는 헌법안을 지지했는데, 그렇게 만들어진 헌법은 역설적으로 나치가 집권하는 데 악용되었다.

독일 민주주의가 안정적으로 자리 잡기 시작한 것, 다시 말해 바이마르 헌법의 근간이라 할 수 있는 의회 중심 체제가 제도화되기 시작한 것은 제2차 세계대전 이후에 이르러서였다. 그것이 어떻게 가능했을까? 전후 제정된 독일의 본Bonn 헌법은 내용과 구조에 있어, 독일인들 스스로 불완전한 헌법임을 인정했던 한계가 있었다. 그래서 바이마르 체제에서 헌법은 그 본래 표현대로 '페어파숭'Verfassung이라고 불렀던 반면, 전후의 본 헌법은 기본법 내지 기초법이라는 의미의 '그룬트게제츠'Grundgesetz라는 표현을 썼다. 뿐만 아니라 일반 법률처럼 국민투표 없이 의회에서 개정할 수 있도록 했다. 하지만 그와 무관하게 전후 독일 민주주의는 발전했고 안정적으로 자리를 잡아 갔다. 그것이 가능했던 것은 '대중정당의 교과서'라고 불리는 독일의 기민당과 사민당의 역할에 있었다. 이 두 주축 정당의 역할과 더불어 노사 공존의 협력적 산업 운영 내지 경제 운영 원리도 발전했다. 요컨대 헌법이 좋아서가 아니라, 좋은 정당정치를 발전시킬 수 있었기 때문에 불완전한 헌법하에서도 민주주의는 물론 경제체제도 잘 작동할 수 있었다는 말이다.

물론 이는 독일만의 변화는 아니었다. 다른 유럽 민주주의 국가들 역시 같은 내용의 변화를 경험했다. 이들 나라 모두에서 수직적 책임성과 수평적 책임성이 정부의 자의적 통치권 행사를 제어할 수 있는 기본 원리로 확고하게 자리 잡았던 것은 정당정치의 발전을 통해 실현되었다. 논리적으로 보아도 수직적 책임성과 수평적 책임성이 연계되는 데 있어서 핵심은 정당에 있다. 시민이 자신의 의지와 주권을 위임할 수 있는 제대로 된 정당이 있는지, 그들이 입법부를 주도하는 역할뿐만 아니라 행정부를 제대로 견제하고, 나아가 정부를 제대로 운영할 수 있는가 하는 것은 그야말로 절대적인 문제였기 때문이다. 이를 가리켜 민주주의 이론에서는 '책임 정부'responsible government 내지 '정당 정부'의 원리라고 부른다.

영국의 경우 이런 책임 정치의 원리는 1867년 제2차 선거법 개혁 이후 "왕은 군림할 뿐 통치하지 않는다. 통치는 선거에서 시민 다수의 지지를 얻은 정당이 맡는다."라는 것이 자연스런 규범이 되면서 자리 잡게 되었다. 그런 기준으로 현대 민주주의를 정의한다면, '정당이 정부가 되는 체제' 혹은 '정당이 집권에 실패하는 체제', '오늘의 여당이 내일에는 야당이 되는 체제, 오늘의 야당이 내일에는 여당이 될 수 있는 체제'라 할 수 있다. 독일은 제2차 세계대전 이후 기민당과 사민당이 중심이 되어 그런 변화를 일궈 갔으며, 프랑스는 1958년 대통령 직선제를 도입해 지나치게 양극화되고 분열된 정당 체계를 개선해 가면서 자리를 잡았다. 요컨대 서구 민주주의의 안정적 운영이 모두 정당정치의 토양과 조건이 성숙되면서 가능했던 것은 결코 우연이 아니다.

책임 정부론의 관점에서 본 대통령 탄핵

지금으로부터 240년 전 미국인들은 자신들의 정부를 만들면서 이렇게 선언했다.

> 모든 사람은 평등하게 창조되었고, 누구에게도 양도할 수 없는 권리를 부여받았다. 그러한 권리를 확고하게 하고자 정부를 만들고, 권력의 정당성을 피통치자의 동의로부터 도출하는 사람들로 정부를 채우게 했다. 어떤 형태로든 정부가 스스로의 목적을 상실한다면, 그때 민중은 정부를 교체하거나 폐지해 새로운 정부를 수립할 수 있다. 이를 통해 자신들의 안전과 행복을 가장 잘 실현할 수 있도록, 본래의 원리에 기초를 두면서도 피통치자의 동의에 맞는 방식으로 정당한 권력을 재조직할 수 있다("미국독립선언문" 중에서).

한국 민주주의의 역사에서 하나의 대사건으로 기록될 2016년 촛불 집회 역시 "정부가 목적을 상실했다면 시민은 어떻게 할 수 있을까."라는 문제와 대면했다. 그러면서 서구 민주주의가 긴 발전 과정에서 봉착했던 이슈들을 우리도 경험했다. 잘못된 통치자를 '해고'하라는 것이 촛불 집회로 표출된 저항권의 행사이자 일종의 '시민적 평결'이었다면, 그 평결을 입헌주의의 기초 위에서 집행하는 것은 의회와 정당 그리고 헌법재판소가 맡았다.

전체적으로 볼 때 시민 여론은 결정적인 역할을 했다. 그렇게 해서 대통령 권력과 행정부의 권위가 부정되었을 때, 문제의 핵심은 탄핵의 절차를 다루게 되어 있는 입법부와 사법부의 역할이 얼마나 중요한가로 모아졌다. 한마디로 말해, 행정부가 아니라 입법부가 중심이 되는 '민주적 삼권분립'의 원리는 2016년 촛불 집회를 전환점으로 실현되기 시작했다고 할 수 있다.

확실히 우리 모두가 한국 민주주의에 대해 자부심을 가질 수 있는 것 가운데 하나는, 정부의 책임성을 추궁하고자 하는 시민적 에너지와 열정은 이미 하나의 '민주적 전통'으로 자리 잡았다고 할 만큼 굳건하다는 사실이다. 헌법재판소의 역할에 대해서도 그간 의심과 논란이 있었는데, 2016년 말에서 2017년 초에 이르는 탄핵 심판을 통해 큰 신뢰를 얻게 되었다. 삼권분립의 차원에서도 중요한 일이지만, 사법부 안에서도 대법원과의 일정한 견제와 균형을 위해 헌법재판소의 기능이 적극적으로 평가받을 기회가 되었다. 물론 헌재 재판관에 대한 대통령과 대법원장의 임명권은 폐지되어야 할 것이다. 법관 출신이 재판관을 독점하는 관행, 즉 일종의 관료제적 원칙이 압도하는 지금의 모습이 지속되어서도 안 될 것이다. 그보다는 사회의 다양한 목소리를 대변할 수 있는 사람들이 재판관으로 임명될 수 있어야 하며, 당연히 입법부가 그 권한을 행사해야 할 것이다.

앞으로 개선하고 해결해 가야 할 가장 큰 숙제는 수직적 책임성과 수평적 책임성이 연계되는 영역, 즉 정당과 의회의 저발전 수준이다. 입법부와 정당은 민주적으로 더 강해져야 한다. '2016년 국회의 탄핵안 가결'에서는 제 역할을 했다고 볼 수 있지만, 여전히 제1의 시민 권력기관으로서 입법부와, 이를 실질적으로 뒷받침하는 의회와 정당들을 성장·발전시키는 일은 한국 민주주의의 미래를 위한 최대 과제로 남았다.

민주주의에 대한
이해와 오해

누구나 민주주의를 소리 높여 외치고 앞세우는데,
왜 우리의 민주정치는
늘 불만의 대상이 되고 있는 것일까?
기존의 관행이나 주장 가운데
민주주의에 배치되거나
잘못된 오해에 기초를 둔 것들에는 무엇이 있는가?

참여와 대표 그리고 책임성

민주주의라고 불리는 정치의 과정은 참여participation와 대표repre-sentation 그리고 책임성accountability의 요소들로 이루어진다. 자유 시민의 평등한 참여 없이 민주주의를 말할 수 없다. 그러나 모두가 참여해서 정부를 운영할 수도 없다. 또한 참여할 권리만 있고 시민이 누릴 선택의 기회와 가능성이 제한되어 있다면, 참여는 그 가치를 잃는다. 참여의 질은 그들을 나눠서 대표하는 사람과 조직의 질에 의해 결정적인 영향을 받는다.

대표를 통한 참여는 한 가지 문제를 낳는다. 선출된 대표가 갖는 자율성이 시민이 아니라 대표 자신을 위해 전횡될 가능성을 어떻게 통제하고 책임을 물을 수 있을까? 참여와 대표성, 그리고 책임성 사이의 불일치 가능성이야말로 민주주의를 이론화하는 데 있어 가장 큰 도전이자 어려움이라 할 수 있다. 통치자 내지 통치 엘리트들의 선의에 의존하는 군주정이나 귀족정에서라면 이런 문제 자체가 없는데 말이다.

고대 아테네 민주주의는 참여의 원리를 그 중심에 두고 이런 갈등을 다루려 했다. 하지만 시민의 높은 참여를 유지하기는 늘 어려웠고, 데마고그와 선동 정치의 폐해를 막는 문제로 고심해야 했다. 반대로 현대 민주주의는 대표의 원리를 중심으로 문제를 다루려 했다. 하지만 선출된 대표와 선출된 정부에 책임성을 부과하는 문제에서 늘 어려움에 직면했다. 선출된 통치자와 통치 집단의 자의적 지배를 어떻게 막을 수 있을까를 둘러싼 논쟁은 끊이지 않았고,

아예 정치를 축소하고 법치나 시장 원리에 더 많이 맡기자거나, 정치인 대신 전문가를 활용하자는 등의 '민주주의에 맞지 않는 원리나 해결책'이 제기되기도 했다.

공적 개입을 최소화하고 사적 시장의 자율적 결정을 확대해야 함을 강조하는 신자유주의는 늘 '정부의 실패' 내지 '정치의 실패'를 이유로 사실상 민주주의를 집요하게 부정해 왔다. 규제 완화와 민간 자율은 그들의 신조였는데, 이는 사회 모든 분야에서 정치가 갖는 분배 기능을 없애야 한다는 주장으로 이어졌다. 시끄럽기만 하고 부정부패의 가능성이 큰 선거 과정에 대한 혐오도 컸다. 선거 횟수를 줄이고 선출직 국회의원의 규모를 줄이고, 국회의원의 면책 특권이나 세비도 줄이고, 지방자치 선거를 없애야 한다는 주장도 많았다.

직업 정치인 대신 외부의 중립적 인사들이 공천을 관리하는 방안도 인기를 끌었다. 덩달아 여론조사가 각광받았다. 선출된 대표가 아니라 전문가들에게 공공 정책을 맡겨야 한다는 '변형된 귀족정'의 주장이 아무렇지도 않게 제기될 때도 많았다. 정당과 선출직 대표의 영역을 축소하고 행정과 시민이 직접 결합해야 한다는 주장도 강해졌다. '정당 공천 폐지', '민관 협치', '직접 민주주의', '시민 정치' 등은 그들이 앞세운 구호였는데, 흥미롭게도 그 결과는 정치의 역할을 더욱 더 축소하고 행정의 역할을 더 키운 것으로 나타났다. 시민 참여의 기회는 불가피하게 교육받은 중산층에 편향적일 수밖에 없었다. 그나마도 참여의 비용을 감당할 재정적 능력은 물론, 여론 동원력을 갖춘 세력의 참여를 의미할 때가 많았다.

뭔가 획기적인 제도적 방안을 기대하는 열정도 커졌다. 좋은 헌법, 최선의 선거제도를 찾아 헤매고, 미국식 오픈프라이머리(국민경선제), 독일식 선거제도, 합의제 민주주의 등을 도입하면 정치의 문제가 해결될 듯한 분위기가 쉽게 만들어졌고 또 쉽게 사라졌다. 민주주의론의 관점에서 볼 때, 이런 주장과 접근들은 어떤 문제가 있는 것일까? 이제 그 긴 이야기를 시작할 텐데, 우선 '참여'와 관련된 주제부터 따져 보자.

시민 주권과 소비자주권의 차이

국민 경선, 모바일 투표, 인터넷 투표를 앞세워 공직 후보를 선출하는 과정을 지켜볼 때마다, 시민의 역할이 정치 이벤트에 동원되는 청중 내지 소비자로 전락하는 것이 아닌가 싶을 때가 많다. 이는 민주주의에서 참여가 갖는 가치를 완전히 오해한 것이다.

민주주의가 지향하는 이상적인 시민의 모습은 자유롭고 평등한 개인, 공동체 문제에 적극적인 참여자, 나아가 도덕적 자기 결정과 선택의 능력을 갖춘 주권자이다. 민주주의에서 정치란 다름 아닌 그런 시민성이 형성되고 발현되는 긴 과정을 가리키는 것이기도 하다. 그러나 그간 정치 개혁이라는 이름으로 도입되고 실천된 내용은 전혀 다른 방향으로 치닫는 것이었다.

노르웨이 출신의 정치학자 욘 엘스테르는 소비자의 선호를 '주어진 것'given으로 간주하는 '시장에서의 결정'과는 달리, '정치에서의 결정'은 시민의 선호가 공적 논의를 통해 '집합적으로 형성되는'formative 과정을 중시한다고 말한다. 소비자 개인이 상품을 선택하는 것과는 달리, 정치적 선택은 자신만이 아니라 타인과 공동체 전체에 영향을 미치기 때문이다.

잘못된 상품을 선택했을 때 소비자 개인에게 미치는 부정적 효과와, 잘못된 통치자를 선택했을 때 따르는 사회적 악영향 간의 차이는 말할 수 없이 크다. 따라서 공적 논의에 참여할 의사를 가져야 함은 물론, 참여의 비용을 감수하지 않으면 정치가 저절로 좋아지기 어렵다. 그러므로 결사체를 조직하고 선거운동과 자원봉사를 하고 당비를 내는 등 다양한 참여 활동을 하는 것이다. 이렇듯 책임 있는 참여를 기초로 차이와 이견이 합리적으로 경합하는 과정을 통해 이른바 '선호 형성'의 기회를 가져야 민주정치가 좋아질 수 있다. 그렇지 않다면 민주정치도 마케팅 회사처럼 운영될 수 있다. 시민들도 인터넷 쇼핑몰에서 물건을 고르듯이 버튼을 몇 번 누르는 것으로 자신의 역할을 끝낼 수 있다. 자신의 정책적 선호를 설명할 필요도 없고 결과에 책임을 질 이유도 없다.

시민들이 요구하는 대로 혹은 세간의 민심 그대로 정치를 하는 것이 민주주의라고 생각할 수 있다. 공적 결정의 과정에 시민의 참여를 늘리는 것이 곧 민주주의라고 단순화해 볼 수도 있다. 그런 오해는 얼마든지 가능하다. 그러나 민주주의가 정말 그런 것이라면, 모든 시민이 편안한 소파에 누워 원격으로 전달된 안건들과 토론을 보고 감자 칩을 먹으며 리모컨으로 자신의 선택을 전달하는 '푸시버튼 데모크라시'push-button democracy의 비전을 가질 수도 있다. 정치가나 정당 역시 힘들게 시민 참여를 조직하고 공적 토론을 이끄는 수고를 하기보다, 인맥과 돈의 힘으로 시민의 마음을 사고 표를 구매하려는 유혹에 이끌리기 쉽다. 그 결과는 무엇일까? 정치를 개인적인 투자로 생각하는 후보들에 의해 동원되거나, 여론의 이목을 끄는 이벤트 행사에 이끌린 사람들 사이에서 흔히 말하는 '팬덤 정치', '동원 정치'가 심화되는 것이다. 시민들의 참여에 민주주의의 운명을 지나치게 의존하게 만들면 역설적으로 결과는 이렇게 될 수밖에 없다.

그간 정치에 대한 시민 참여의 열정이 약하고 투표율이 낮았던 것은, 참여의 비용이 높거나 투표하기 어렵기 때문이 아니다. 한국처럼 당원이 되기 쉽고, 당원이 되자마자 거의 곧바로 대부분의 권리를 갖는 나라도 드물다. '페이퍼 당원'이 난립하게 된 것은 바로 이때문이다. 한국은 투표 참여 비용이 전 세계에서 가장 낮은 나라이다. 미국처럼 유권자가 직접 투표자 등록을 해야 하는 것도 아니다. 선거관리위원회가 세계 유례없는 독립된 헌법 기구로서 엄청난 예산과 인력을 가지고 투표자 등록과 투개표 비용을 전담하는 곳이 한국이다. 선거일은 쉬는 날이다. 높은 도시화율 덕분에 투표소와의 거리도 짧다. 이제는 사전투표도 한다. 전국 어디에서나 할 수 있고, 심지어 공항에서 투표하고 외국에 나가는 것도 가능하다.

그런데도 시민의 참여가 적고 투표율이 낮아서 문제라면, 먼저 정치 참여의 조건부터 살펴야 한다. 차별받고 있다고 항의하는 집단들에게 결사의 자유가 제대로 보장되고 있는지, 시민들의 다양한 선호를 의석으로 반영하는 선거제도는 문제가 없는지, 정당들

욘 엘스테르 Jon Elster, 1940~

노르웨이 출신의 정치 이론가. 프랑스 파리에 있는 소르본 대학에서 프랑스를 대표하는 보수적 지식인인 레이몽 아롱Raymond Aron의 지도하에 칼 마르크스를 주제로 박사 학위를 받았다. 국내에서는 분석적 마르크스주의자로 소개되었으나, 그보다는 사회 이론을 합리적 선택 이론으로 재구성하려 한 학자로 널리 알려져 있다. 최근에는 숙의 민주주의를 이론화하는 데 큰 관심을 보여 왔다. 오슬로 대학, 시카고 대학, 컬럼비아 대학 등에서 가르쳤다. 2016년에는 현대 정치학을 이끈 이론가들에게 수여하는 요한 쉬테 상을 받았다.

의 지역대표 및 직능대표 기능은 제대로 되고 있는지, 이성적 토론을 이끄는 공론의 장은 얼마나 활성화되어 있는지 등을 먼저 확인해야 할 것이다. 정치 참여의 본질은 이런 문제에 있는 것이지, 시민으로 하여금 직접 정책 아이디어를 내도록 하고 예산에 대한 의견을 말하게 한다고 해서 달라질 일이 아니다. 여론조사나 인터넷 접속, 간편하게 버튼을 누르는 식의 기술로 민주적 결정을 이끌 수는 없다.

정치 참여는 여론을 단순히 모으는 것이 아니다. 여론 동원이나 이벤트 활성화가 참여를 대체할 수 있는 것도 아니다. 현장 투표 대신 모바일 투표를 하고, 거리 유세 대신 인터넷 공론장을 전면화한다고 해서 참여의 질이 높아지는 것은 아니다. 정치 참여는 비용이 들고, 갈등을 동반하며, 그러므로 자각적 결정과 책임이 따르는 시민 활동이다. 시민은 소비자가 아니며, 공적 논의 과정에 참여해 자신의 의사를 형성하고 영향력을 조직하고 변화를 강제할 수 있는 주권자여야 한다. 그것을 가능하게 하는 것이 민주정치다.

여론조사가 지배하는 선거

"뉴스마다 정치 이야기를 쏟아 내서 정신이 없어요. 사람들이 모이면 온통 정치 이야기죠. 재미는 있는데, 돌아서면 공허해요. 내 문제라는 실감은 안 나요." 어느 날 택시를 탔는데 라디오에서 선거 관련 보도가 계속되자 운전기사님이 무심히 던진 말이다. "요즘은 여론조사로 선거 다 하는 거 같아요. 선거도 없어지지 않을까요? 인터넷이나 여론조사로 할 날이 오겠죠?" 할 말이 없었다. 매일매일 주가 변동에 울고 웃는 주식 투자처럼, 하루도 빼놓지 않고 쏟아 내는 여론조사 결과에 정치가 이리 휘둘리고 저리 휘둘려도 괜찮은 걸까? 인터넷을 달구는 무책임한 논란들과 여론조사가 정치를 지배하는 지금과 같은 일이 계속돼도 괜찮은 걸까?

여론조사는 참고할 만한 '소극적 지식'으로 이용될 때 긍정적인 기능을 할 수 있다. 여론조사는 여론조사일 뿐 그것이 시민 주권의 기능을 대신할 수는 없기 때문이다. 방법론적 한계 때문에 해석에도 신중해야 한다. 그렇지 않고 여론조사가 공직 후보 결정 과정을 지배하고 마치 시민의 의견을 집약한 것처럼 해석되는 것은 위험하다. 그렇게 되면 민주적 정치과정과 자유로운 공론장은 존재할 이유가 없어진다. 그럴 바에야 중앙선관위를 공신력 있는 여론조사 기관으로 바꾸고 선거를 없애거나, 아니면 차라리 '정치 주식시장'을 개설하고 정당과 후보들을 상장시켜 매일 매일 '시민 주가'를 확인하는 것이 나을지도 모른다.

소비자의 선호를 '주어진 것' 혹은 '주어진 대안에 대해 각각 고유한 선호 체계'를 갖는 것으로 간주하는 시장 원리와는 달리, 민주주의에서 시민의 선호/의사는 공적 논의를 거치면서 집합적으로 '형성되는 것'이라는 말을 앞에서 했다. 시민적 선호의 형성을 이끄는 정치과정이 좋아야 민주주의도 좋아진다는 것은 절대 빈말이 아니다. 언론 또한 적지 않은 비용이 들 뿐만 아니라 신뢰하기도 힘든 여론조사를 습관처럼 의뢰하고 경쟁적으로 동원하는 일을 자제하면 좋겠다. 그 비용으로 취재 기자들이 좀 더 양질의 기사를 쓸 수 있도록 정치과정과 시민 주권의 현장 곳곳을 누비게 하는 것이 낫지 않을까 싶다. 그것이 언론다운 모습이기도 하다.

하지만 어제도 오늘도 그랬고 아마 내일도 언론들은 여론조사를 동원하고, 정치의 현장이 아니라 책상 앞에 앉아, 주요 정치 세력들의 전략을 '전략적으로' 분석하는 것을 누가 더 잘하느냐를 겨루듯 기사를 쓸 것이다. 취재하는 데 노력을 기울인다고 해봐야 이른바 정치 전문가나 컨설턴트들과 전화 통화 하는 것일 뿐, 그런 기사에서는 사실성보다 '해석에 대한 해석'이 지배한다. 이런 기사를 통해 민주주의의 윤리적 기초라 할 시민성 내지 시민됨이 좋아질 수 있을까? 보수 언론, 진보 언론 가릴 것 없이 누가 차기 대통령이 될 것인가를 두고 거의 매일 여론조사를 하는데, 그걸 보면 우리 언론의 무의식 세계를 지배하는 심리에는 자신들이 대통령을 만든다는 욕구가 자리 잡고 있는 것은 아닌가 싶다.

정당들도 생각할 것이 많아 보인다. 민주주의에서 정당은 유권자 '속'에서 시민의 선호를 형성하고 결집하는 역할을 한다. 그러나 지금 우리의 정당들은 대상화된 유권자 '앞'에 있다. 그것도 미디어에 의해 매개된 '가상적' 존재로 저 멀리에 있다. 보고 들을 수는 있으나 만지고 느낄 수 없는 정치는 그 때문인지 모른다. 지금 정당과 시민은 확실히 유리되어 있다.

청중 민주주의의 심화

정당이 유권자 속에 있어야 한다는 말은, 정당이 '시민 생활의 조직자' 역할을 해야 한다는 것과 같은 말이다. 노동문제가 심각하고 정규직/비정규직의 양극화가 큰 문제라면 그 속에서 그들과 함께 대안을 만들 수 있어야 정당이다. 정책은 정치인이 만들어 홍보하는 것이 아니라, 정책의 수요자와 함께 만들고 책임 있게 실천하는 것이다. 그랬다면 정당 대신 캠프가 선거를 주도하는 일은 없었을 것이다. 그랬다면 지역이나 직능 집단의 대표들 대신 교수나 변호사처럼 전문가 타이틀을 앞세운 사람들이 우대받는 선거나, 그들을 앞세운 '캠프 중심의 정치'가 되지는 않았을 것이다.

모든 정당이 경제민주화를 말하는데, 아무리 둘러봐도 '경제 시민'은 찾아볼 수 없다. 그 가운데에서도 가장 중요한 생산자 집단인 노동자의 시민권은 아예 없다고 할 수 있다. 그렇기에 진보, 보수 가릴 것 없이 모든 정당과 후보가 자유롭게 경제민주화를 말할 수 있는지도 모른다. 그들이 말하는 건 일종의 '온정주의적 권위주의'라고 할 수 있는데, 나를 뽑아 주면 재벌을 혼내 주고 일자리도 주겠다는 식이기 때문이다. 그렇게 되면 시민은 그야말로 누가 자신들에게 선한 군주가 되어 줄 것인가를 판단해야 하는 수동적 존재 이상이 아니게 된다. 투표용지에 기표할 자유밖에 없는 시민의 역할은 재미도 없을 뿐더러, 결국에는 민주주의의 이상과는 점점 거리가 멀어지는 퇴행적 정치로 이어진다는 점에서 문제의 심각성이 크다.

이를 '청중 민주주의'audience democracy라는 개념을 통해 생각해 보자. 이 용어는 프랑스 출신 정치학자 베르나르 마넹이 만든 개념이다. 대개는 '정당 민주주의'와 대비되는 개념으로 사용된다.

정당 민주주의란, 투표권을 갖게 된 여성과 노동자들이 대중정당을 조직해 귀족과 부르주아 중심의 '의회주의'를 붕괴시킨 이후의 민주주의를 가리킨다. 초기 민주주의를 이끈 중심 동력은 이들 진보적 대중정당이었고, 이들이 지지를 늘려 감에 따라 다른 정당들도 대중정당화 노력을 했다. 이 과정이 없었더라면 소수의 귀족과 부르주아 엘리트 개인들로 이루어진 명망가 클럽 혹은 연줄 정당들이 대중적 보수정당으로 바뀌는 일은 없었을 것이다. 그렇게 해서 만들어진 진보와 보수 사이의 대중적 정당 경쟁이, 한동안은 공동체를 분열시킨다는 우려를 낳았지만, 시간이 지남에 따라 오히려 사회 통합에 기여하는 것으로 인정되기도 했다.

노동조합을 확대하고 새로운 매체를 만들고 지역에서 다양한 상호부조 조합을 이끈 것도 정당 활동가 내지 조직원들이었다. 이

베르나르 마넹 Bernard Manin, 1951~

프랑스 파리의 고등사범학교Ecole Normale Superieure 출신으로 파리1대학에서 정치학 석사 학위를 받았다. 이후 연구원으로 있다가 1990년부터 1996년까지 시카고 대학 정치학과 방문 교수를 지냈다. 1995년 박사 학위를 취득했고 미국 뉴욕 대학 정치학과 교수를 지냈다. 대표작으로 *The Principles of Representative Government*(1997)가 있는데, 국내에서는 『선거는 민주적인가』라는 제목으로 번역되었다. 흥미로운 것은, 대의 민주주의의 역사를 설명하는 이 책이 직접 민주주의나 추첨 민주주의를 옹호하는 것으로 자주 오독된다는 사실이다. 현재 마넹은 대의 민주주의와 숙의 민주주의를 결합하는 이론을 추구하고 있다.

들이 시민들 사이에서 정치적 선호 형성의 중추적 역할을 했고, 향후 어떤 정당이 어떤 정부를 만들었으면 한다는 '전망적 투표'를 조직했다. 이렇게 해서 선거는 시민들의 집합적 의지를 표출하는 민중적 장이 될 수 있었고, 복지국가로 가는 정치적 힘을 대중화하는 계기도 되었다.

청중 민주주의란 정당 민주주의가 퇴조했다는 것의 다른 표현이라고 할 수 있다. 이제 시민은 자신의 의사를 표출하는 주권자가 아니라, 후보의 이미지나 그들이 제기한 쟁점에 반응하는 수동적 청중이 되었다는 것이다. 정치적 선호 형성 과정에서 정당의 역할이 약화됨에 따라 정당 일체감을 갖지 못한 신규 유권자층이 늘어났고, 집단으로 투표하기보다 개인으로 투표하는 경향이 커졌다.

정당보다 인물을 중요하게 만든 또 다른 요인은 당파성을 갖지 않는 중립적 대중매체의 급성장이었다. 물론 정확히 말하면, 초당적 정치 중립을 표방하면서도 지극히 파당적인 의견을 생산해 내는 언론이 정치를 지배하게 되었다고 하겠다. 이에 대응한 정당들의 적응과 변화는 빨랐다. 소속 정당보다 개인 이력이 좋은 사람, 그중에서도 '의사소통 자산을 더 많이 가진 미디어 친화적 인물 media figure'이 정치를 주도하게 되면서 정치적 내용보다 이미지가 중요해졌다. 그럴수록 서로의 이미지에 상처를 입히는 네거티브 선거운동이 많아졌고 감정의 언어가 강해졌다.

이런 상황에서 주목받게 된 것은 흔히 중도로 불리는 고학력 무당파 내지 부동층이었다. 이들의 지지를 얻고자 미디어와 인터넷 전문가가 중용되었다. 중립성을 앞세운 여론조사 기관도 큰 몫을 했다. 전문가와 전문 기관이 정치 해석자 내지 여론 판독자의 기능을 함에 따라 정당의 기능은 더욱더 왜소해졌다. 그러면서 나타난 중대한 특징은 정치 변화의 주기가 매우 짧아졌다는 사실이다. 인물과 쟁점에 따라 유동하는 여론 때문에 선거가 정치 불안정을 동반하는 일이 많아졌다. 사회적 쏠림 현상이 잦아지면서, 주체적 판단 능력을 갖춘 유권자가 줄어드는 것에 대한 우려도 커졌다.

선거 경쟁에도 새로운 상황이 도래했는데, 그것은 누가 몇 퍼센트 후보냐 하는 것으로 정치가 지극히 단순해졌다는 것이다. 그래도 유동성은 멈추지 않았다. 상대 후보의 이미지를 훼손하는 감정적 공격 전략은 쉽게 효과를 발휘했고, 모두가 막연한 여론의 추이에 이끌리는 상황이 계속되었기 때문이다. 이런 기준에서 우리 문제를 돌아보면, 한국 정치가 정당 민주주의의 길을 발전시키기보다 때 이르게 청중 민주주의의 길로 접어든 것은 아닌지 걱정이다.

게이트오프닝의 왜곡된 권력 효과

1997년 민주당이 집권했을 때 주류 언론들은 반反정부 매체로 동질화되었다. 그들 사이에 경쟁이 있었다면 누가 더 세게 김대중·노무현 정부를 비판하는가를 다투는 정도였다. 비판 언론들은 달랐다. 다양한 매체들이 등장했고 기사 편집에서도 각자의 개성과 특징을 발전시켰다. 갑자기 '친정부' 언론으로 급변한 『한겨레』와, 새롭게 진보적이면서 정부 비판적인 매체로 등장한 『경향신문』의 차이는 흥미로웠고, 마찬가지로 분화된 〈오마이뉴스〉와 〈프레시안〉의 논조를 비교해 보는 재미도 있었으며, 작지만 활력 있는 독립 매체들의 다양한 도전 내지 실험도 보았다.

이명박 정부가 들어서면서 그 반대 현상이 나타났다. 이번에는 비판 언론 진영에서 반정부 매체로의 동질화가 심화되었다. 이들 역시 누가 더 세게 이명박·박근혜 정부에 반대하는가를 두고 경쟁하게 되었는데, 그러다 보니 서로의 차이가 작아졌고 매체의 특성에 따라 다르게 선택해 읽어 볼 유인이 약해졌다. 강한 주장만 부각되니 인터넷 포털 뉴스나 사회관계망서비스SNS 등 짧고 빠른 전달력을 가진 신흥 매체들의 위력이 급격히 커졌다. 의견의 양극화가 증폭되고 약한 주장이나 중립적인 의견, 제3의 시각은 소외되었다. 시민사회의 다양한 이익과 요구가 민주정치 안으로 투입in-put되는 데 기여해야 할 언론의 역할이 크게 위협받게 된 것이다.

'게이트키핑'gate-keeping이라는 용어가 있다. 뉴스의 원천이 되는 사실과 정보가 기사 작성자/편집자에 의해 여과되는 현상을

가리키는 아주 오래된 개념이다. 물론 '게이트오프닝'gate-opening
이라는 개념은 없었는데, 최근 언론 상황을 보면서 그 개념의 필요
성을 생각해 보게 된다. 강한 주장을 가진 독자들의 반응이, 기사
작성과 편집이 이루어지는 게이트 안으로 밀고 들어가 편집의 내
용과 방향을 좌우하게 된 현상 때문이다. 게이트키핑에서 문제의
핵심은, 사실과 정보를 선별하는 기사 작성자/편집자의 가치 기준
에 있다. 그리고 그것의 부정적 효과는 전체 여론 가운데 특정 집
단의 의견을 선택적으로 배제하는 데 있다. 반면 게이트오프닝의
핵심은, 기사 작성/편집이 특정 뉴스 소비자 집단의 반응에 과도
한 영향을 받는다는 것이다. 게이트키핑에서는 뉴스 생산자의 권
력 효과가 문제라면, 게이트오프닝에서는 뉴스 소비자의 권력 효
과가 문제가 된다.

물론 피드백되어 들어오는 뉴스 소비자들의 요구가 다양한 선
호와 의견으로 이루어져 있다면, 아마도 그것은 언론의 민주적 이
상에 다가가는 일일지 모른다. 하지만 게이트오프닝의 문제는 빠
르고 강한 반응을 보이는 특정 뉴스 소비자 집단에 의해 기사 작성
/편집이 지나치게 영향을 받고, 결과적으로 기사에 반영되는 전체
여론의 폭이 급격히 좁아지는 데 있다. 게이트키핑의 부작용은 언
론 매체들의 가치 기준이 수렴될 때 극대화된다. 한때 많은 연구자
들은 뉴스를 선별하는 게이트키퍼들이 대개 중산층 출신으로, 갈
등보다는 통합을 강조하거나 강한 주장 내지 선호를 가진 사회 하
층들의 관심사를 배제하는, 일종의 중도적 수렴 경향이 있음을 발
견하고 이를 우려했다. 이에 반해 게이트오프닝의 부작용은 강한

두 반대 진영으로 여론이 양극화될 때 극대화된다. 각 진영 내에서 참여의 열정이 강한 집단의 의견이 과잉 대표되기 때문이다.

게이트오프닝은 정치의 양극화를 심화시키는 결과로도 나타났다. 한동안 정당들은 공천 과정에서 게이트키퍼들의 영향력을 줄이고자 여론조사와 국민 경선을 과잉 적용해 가뜩이나 약한 당의 조직 기반을 더욱 축소시켰다. 이제는 당을 이끌 지도부 선출이나 공직 후보자 공천과 같이 정당 스스로 책임 있게 해야 할 일도 '국민에 개방'했음을 자랑한다. 그 오픈된 게이트로 누가 들어왔을까? 강한 열정을 가진 참여자들 덕분에 당장은 큰 관심을 동원할 수 있지만, 장기적으로는 당의 조직적 통합력이 약화되고 당이 포괄하는 의견의 범위만 좁힌다면, 그것이 과연 민주정치의 발전에 유익한 일일까?

아무리 개방이 좋다고 해도 정당이 당원을 중심으로 스스로 책임져야 할 일을 외부자의 힘을 들여와 해결하려 할 때 그 부작용도 적지 않다는 것을 생각해야 한다. 게이트키핑만이 아니라 게이트오프닝의 왜곡 효과도 문제일 때가 있다. 어느 경우든 '참여의 평등'이라는 민주적 원칙을 위협하는 효과를 낳는다면 말이다.

누구를 대표해야 하는가

이제 대표의 원리에 대해 살펴보자. 우선 정치가는 왜 선거에 출마할까? 두 사람의 예를 들어 보자. 한 지인이 2012년 총선에서 한 정당에 공천을 신청한 적이 있다. 정치가의 길에 나서려는 이유를 묻자, 그는 시대적 책무를 강조했다. 이명박 정부야말로 '악의 축'이자 '유일하게 기여한 것이 있다면 국민을 각성시킨 것'이라며, 선거에서 야권이 승리하지 못하면 '역사에 죄를 짓는 일'이 된다고 말했다. 총선과 대선 모두에서 압승해 "2013년을 새로운 시대의 원년으로 삼아야 한다."고 했는데, 정작 그 과업을 다른 사람이 아닌 본인이 해야 하는 이유에 대해서는 별 이야기가 없었다.

또 다른 사람은 조합원 2만5천 명의 공기업 노조를 이끌던 전직 위원장으로 한 진보 정당에 비례대표 후보 공천 신청을 했다. 이유를 묻자 그것이 자신의 조합원들을 위해 선택할 수 있는 일이라고 생각했단다. 위원장 시절 그는 구조 조정에 맞서 파업을 주도했다. 그로 인해 2백 명 가까이 해고되고 1만3천 명이 징계를 받았다. 그 역시 해고당했고 7개월을 구치소에 갇혀 있었다.

그 안에서 해고와 징계, 손배소 이야기를 무기력하게 전해 듣자니 미칠 것 같았고 막막한 생각에 죽기라도 하면 도움이 되지 않겠나 싶었단다. 하지만 그것도 두렵고 무서웠단다. 힘들게 그 시간을 견디고 출소한 그는, 위원장으로 나설 때 "이번까지만 하고 더 이상은 가족들을 외롭게 하지 않겠다."라고 한, 아내와의 약속을 지키기 위해 경남 거창의 집으로 갔다. 그런데 2011년 말, 함께 싸우다 해고된 지부장 한 명이 자살을 했다. 정신적으로 너무 힘들어 죽을 수도 살 수도 없었다. 결국 "위원장이 조합원을 위해 뭐라도 하고 있다는 이야기라도 들어야 살겠다. 아니면 죽을 것 같다."라고 말하는 그를, 아내는 '치유의 과정'으로 이해하며 서울로 떠나

보냈다. 공천 가능성을 묻는 내게 그는 "어려울 것"이라고 답했다. 그렇지만 그는 거기서 멈추지 않겠다고 했다. 다른 정당들과 정책 협약도 하고 대통령 선거 때는 지지 후보를 정해 뛰겠다고 했다. 법에 호소해서도 해결되지 않은 잘못된 해고와 징계를 정치의 힘으로 되돌리기 위해 노력하겠단다. 조합원을 지키는 데 도움이 되는 일이라면 무엇이든 하겠다고 했다.

민주정치에서 대표의 개념을 생각해 본다. 한 사람은 시대를 대표하고 국민을 대표하고 악에 맞서 옳음을 대표하려 한다. 다른 사람은 자신의 조합원을 대표하고 그들을 위해 싸우겠다고 말한다. 전자는 '국민 의식의 각성'을 중시한 반면, 후자는 자신이 대표하는 조합원들에게 '가까이 가는 것'과 그들과 '닮아야 하는 것'을 강조했다. 그들의 정서와 열정을 표현해야지 그들을 가르치려고 들면 조합원들과 멀어진다는 것이 그의 생각이기도 했다. 처음부터 끝까지 그는, 국민 모두가 아니라 국민의 한 부분으로서 조합원과 노동을 대표하고 그들을 위한 정치의 길을 말했다.

시대의 요청을 거부할 수 없어서 정의와 옳음을 대표해 나섰다는 사람은 신뢰하기 어렵다. 그런 우월주의를 내세우지 않아도 부지런히 해야 할 과업이 너무도 많은 것은 물론, 그 과업을 실현하기 위해 최선을 다해 노력해야 평범한 보통 사람들과 평등하게 대화하면서 그들의 대표로서 일할 수 있다. 국민이든 시민이든, 모두를 대표한다는 것은 실상 아무도 대표하지 않는 일이 되기 쉽다. 추상적 실체로서 국민/시민은 '가상적'으로 대표될 뿐, 구체적으로 '특정'되지 않기 때문이다. 현대 민주주의는 사회의 여러 '부분

이익'을 대표하는 후보와 정당들의 경합 체제이다. 경합에 참여하는 부분 이익들의 내용이 분명해야 책임성도 커진다. 그래야 약자들의 이익과 요구도 표출되고 경청될 수 있으며, 그 결과 민주정치의 기반이 튼튼해지고 사회 통합의 효과도 커진다.

역설적이게도, 전체 이익과 시대정신을 앞세우면 그것을 독점하고자 하는 흥분과 열정이 과도해지면서 적대와 증오의 정치가 심화된다. 하나의 옳은 가치를 추구하는 일이 정치의 모든 것이 되면 전체주의는 피할 수 없다. 다른 가치, 작은 이익과 열정이 억압될 수밖에 없기 때문이다. 그 속에서 죽어나는 것은 약자들이다. 언제든 그들은 눈앞의 이익을 좇는 집단 이기주의자들로 매도되거나, 국익 내지 경제성장을 저해하는 특수 이익집단으로 공격받기 쉽다. 민주주의에서라면 구체적으로 누가 누구를 어떻게 왜 대표하는지, 그리고 그런 대표성이 공익에도 기여하는 일인지를 알 수 있어야 한다고 보는 필자는, 그래서 전직 노조 위원장이 실천하고자 하는 대표의 개념이 민주적 이상에 훨씬 더 가깝다고 생각한다.

'정의의 사도'보다 '특정 사회집단의 대표'로서 어떤 좋은 사회를 만들 것인지를 분명히 하는 정치인이 많아져야 민주주의가 좋아진다. 사회는 어느 하나만이 옳을 수 없는 여러 가치들의 경합 체제이고, 공동체는 이를 구성하는 복수의 집단 이익들이 경쟁과 타협, 조정을 통해 배워 가야 하는 '시민의 학교'이기 때문이다. 전체 이익과 국익, 공동체 내지 공화共和, 시대정신과 정의는 여러 부분 이익과 가치들 사이의 경쟁과 조정의 긴 과정 끝에 올 때 민주적이 된다. 종종 시대정신, 공화주의, 공동체, 사회정의를 앞세우며 자신의 도덕적 우월감을 드러내는 글들을 볼 수 있는데, 이 역시 민주적인 태도는 아니다. 다원적 판단에 열려 있지 않은 글 또한 정신적으로는 비민주적이다. 제 아무리 정신적 작업일지라도 글쓰기를 통해 합리적 판단을 추구할 때에도 복수의 가치와 기준이 공존할 수 있는 '생각의 대표 체계'가 억압되지 않아야 한다. 다시 말해 서로 다른 복수의 의견과 이익들 사이에서 논의를 전개하는 방법론적 다원주의가 전제되어야 한다고 본다.

대표와 시민의 유사성 원리

민주주의에서 통치 엘리트의 이상적인 모습은 평균적인 시민의 삶과 가까이 닮는 데 있다. 정치학에서 '유사성'resemblance 내지 '근접성'closeness이라고 개념화하는 이 원칙은 통치자의 관점과 평범한 다수 시민의 관점이 수렴될 수 있는 심리적 기초를 설명해 준다. 통치자와 피통치자 사이의 '신뢰'를 강조했던 영국의 정치철학자 존 로크의 관점에서 보아도 마찬가지다. 그에 따르면, 근본적으로 신뢰는 통치자와 피통치자 모두가 한 사회의 공동 구성원이라는 일체감을 갖는 데서 비롯된다. 그러나 한국 민주주의에서 이 근접성과 신뢰의 원칙은 깨진 지 오래다.

이명박 정부 시기에 공개된 고위 공직자 신상 자료를 통해 그 특성을 살펴보자. 청와대 수석을 포함해 내각의 80퍼센트 이상이 전체 세대의 2퍼센트에 해당하는 종부세 납부 대상자들이었다. 자녀 중 외국 국적을 가진 비율은 보통 사람들의 경우 1만 명 가운데 6명이 안 되는 반면 이들은 5명의 1명꼴이다. 병역면제 처분을 받은 비율 역시 일반 시민의 6배나 많다. 국내 외제차 점유율은 갓 5퍼센트를 넘었는데 이들이 보유한 외제차 비율은 30퍼센트를 훌쩍 넘는다. 석·박사 학위 보유자 가운데 미국 대학 출신은 65퍼센트에 다다른다. 이들은 누구와 닮았는가? 평균적인 시민의 모습과는 거리가 먼 사회 최상층을 대표하는 '1퍼센트 정권'이라는 표현이 틀린 말은 아닌 것 같다.

그러나 더 중요한 특징이 있다. 그것은 이들 통치 엘리트의 삶의 경험과 가치 지향이 우리 사회 공동체 안에 뿌리를 두고 있지 않다는 사실이다. 이들이 익숙하게 생각하고 중요시하는 준거 집단은 우리 사회 밖에 있다. '한미 동맹'을 거의 체제 이념의 수준으로 격상시킨 이명박 정부의 결정에서 볼 수 있듯이, 이들이 가까이 다가가려는 것은 미국이다. 그것도 미국의 보통 사람들이 경험하는 실제의 미국이 아니다. 단지 우리의 운명에 지대한 영향을 미치고 따라서 우리가 성장하고 발전하기 위해 절대 분리되어서는 안 되는 존재로 물신화된 미국이다. 우리 사회 절대다수의 구성원들을 크게 실망하고 분노하게 만들었던 영어 몰입 교육 정책이나 대책 없는 미국산 소고기 수입 결정이 가능했던 것은 그 때문이었다.

재미있는 사실은 이들이 시민들의 반응을 이해하지 못했다는 것이다. 영어를 배울 바에야 미국인처럼 하는 게 낫고 미국 사람들이 먹는 소고기를 우리도 먹으면 된다고 생각했던 그들은, 시민들이 왜 촛불 집회에 나와 화를 내는지 알지 못했다. 정 싫다면 업자들이 수입하지 않을 것이고, 수입을 해도 소비자인 시민이 안 먹으면 된다는 반박 논리는 그래서 가능했다. 자신을 객관화해 볼 능력이 없었던 것이다.

시민과 달라도 너무 다른 한국의 통치 엘리트들은 누구를 위해 존재하는가? 통치 엘리트와 일반 시민이 공유하는 공동체적 일체감 같은 것은 있는가? 선출된 대표의 모습과 평균적인 시민의 모습 사이의 거리에 대해 생각해 봤으면 한다.

실제적 대표와 가상적 대표

현대 대의제 민주주의는 '시민에 의한 통치'의 체제가 아니라 '통치를 대신할 대표를 시민이 선택하는 체제'이다. 따라서 유권자의 사려 깊은 선택이 중요한데, 문제는 선거에서 유권자가 자신의 의지대로 자유롭게 대표자를 선발하는 것은 아니라는 데 있다. 민주주의에 관한 경제학적 설명을 개척한 조지프 슘페터Joseph Schumpeter가 강조했듯이, 시장에서 이루어지는 소비자의 결정과는 달리 민주주의 정치에서는 공급 측면(정당 후보)과 무관하게 독립된 수요 측면(시민 여론)이 존재하지 않기 때문이다. 달리 말해 투표할 좋은 정당 내지 후보 대안을 갖지 못하는 한 좋은 여론, 좋은 민심, 좋은 선택도 어렵다는 말이다.

여론조사를 신봉하는 사람들은 대개 '민심론'을 좋아한다. 정치적 기회나 선택의 조건과 무관하게 시민의 의견은 독립되어 존재하고, 이를 조사하면 민심이 무엇을 원하는지 알 수 있다는 식이다. 혹은 선거 결과 그 자체가 민심을 드러낸다고 해석하기도 한다. 소비자의 선호를 독립적으로 '주어진 것'으로 가정하는 경제학에서라면 말이 될지 모른다. 그러나 적어도 정치에 있어서는, 선택의 조건이나 대안이 어떠냐 하는 문제와 무관하게 객관적으로 존재하는 민심은 없다.

민심에 앞서, 정책을 둘러싸고 정당들과 후보들 사이의 경쟁이 좋아야 한다. 이를 통해 미래의 정부나 의회가 어떤 역할을 할 것인지에 대한 지식과 정보가 상당 정도 알려져 있어야 한다. 이 과정에서 '유권자의 선호가 정당과 후보 대안을 매개로 구조화될 수 있을 때 비로소 선거는 민주주의의 제도로서 작동'한다. 정당과 후보의 정책과 능력, 자질을 비교해 보고 그 가운데 신뢰할 수 있는 선택을 할 기회를 갖지 못하는 한, 유권자는 시민 권력의 주체가 될 수 없다는 뜻이다. 이 자명한 조건이 만족되지 않을 때, 선거는 민주적 이상과 얼마든지 괴리될 수 있다.

민심을 따르겠다거나, 모든 일을 국민의 의사에 맞추겠다고 자임하는 말은 어디서나 들을 수 있지만, 중요한 것은 그게 아니다. 정작 문제가 되는 것은, 시민사회의 다양한 이해와 요구가 정당과 언론을 통해 실체적으로 표출되고 대표될 수 있는 조직적 조건이랄까 집단적 채널이 아무리 찾아봐도 찾을 수 없다는 사실이다. 뒤집어 말하면 정치가들의 말을 통해 우리 사회를 구성하고 있는 여러 시민 집단들의 이해와 요구가 어떻게 분포되어 있는지를 알 수 없다는 것이다. 따라서 이른바 시민과 여론을 대표한다는 것은 그들만의 생각일지 모른다. 정치학에서는 그런 것을 '실제적인 대표성'actual representation과는 거리가 먼 '가상적인 대표성'virtual representation만 있는 상황이라고 말한다. 이런 상황에서 언론과 정당의 역할이 실체적 내용을 알 수 없는 무정형적인 정서와 일방적 의견, 적대 감정을 쏟아 내는 것으로 퇴락하게 된 것은 당연한 일인지 모른다. 그렇게 되면 그 결과는 더욱더 빈약한 사회적 내용을 갖는 민주주의 혹은 끊임없이 분열되고 해체되는 공동체일 수밖에 없다는 사실을 생각했으면 한다.

프레임에 갇힌 모조품 정치

한국 정치를 나쁘게 만드는 데 기여한 유행어들이 여럿 있는데, 그 가운데 하나가 '프레임'frame이라는 말이 아닌가 한다. 이 말은 이명박 정부의 집권을 전후해 당시 민주당 주변에서 많은 사람들에 의해 과용되어 마치 야당을 상징하는 정치 언어 같다는 느낌을 줬다.

물론 프레임 이론의 가치를 필자가 부정하는 것은 아니다. 오래전 이탈리아의 마르크스주의 이론가였던 안토니오 그람시Antonio Gramsci도 말했지만, 인간에게는 이데올로기를 통해 사실을 인식하는 측면이 분명 있다. 따라서 프레임 이론에서 말하듯이 개념과 용어의 선택이 미치는 영향을 잘 생각해 보는 것은 중요하다. 어떤 일에 반대할 경우에도 그것이 자칫 상대에게 유리한 프레임을 강화해 주는 것은 아닌지 주의할 필요가 있다.

하지만 인간이 만든 그 어떤 개념도 인간의 현실 모두를 포괄하지는 못한다. 프레임이라는 개념 역시 적절하게 사용하는 것이 중요한데, 그것이 정치의 모든 것인 양 이해하기 시작하면 긍정적인 측면 못지않게 부정적인 효과를 낳을 수 있다.

프레임 이론에 과도하게 의존하면서 발생한 부작용은, 무엇보다 정당과 정치인들을 게으르게 만들었다는 점이다. 꾸준한 실천과 오래가는 성과를 중시하기보다는 드라마틱한 변화를 가져올 정치 프레임이 없을까 하는 문제에 골몰하게 되었다. 정당이라면 시민 생활의 현장에 있어야 하고, 그곳에서 신뢰를 얻고 기대를 모으는 활동이 오랫동안 누적되어야 한다. 그러면서 사회의 다양한 이해관계, 때로 모순적이기도 한 요구들을 통합할 수 있는 실력을 다져야 한다. 그런데 필자가 보기에 잠재적 지지자를 찾아가고 그들의 이야기를 듣고 그들의 소박한 요구와 열정에 의존하기보다 프레임 만들기에 시간을 보내는 경우가 많은 것 같다.

사회로부터의 소리를 듣는 것이 아니라 자신들의 프레임, 자신들의 개념 틀을 사람들에게 제공해야 한다고 믿게 되면 민주주의의 언어와는 거리가 있는, 광고와 마케팅의 언어가 지배하게 된다. 정당이라는 상품이 소비자인 유권자들에게 어떻게 비치게 만들 것인지를 고민해야 한다는 '포지셔닝'positioning이라는 개념도 많이 쓰이고, FGI라고 불리는 표적 집단 면접focus group interview을 통해 소비자의 기호에 맞는 정치 상품을 개발하고 프레임을 짜주는 전문가들에게 의존하게 된 것도 이와 다르지 않다. 이제 한국의 선거는 정치 마케팅 전문가들과 계약을 하고, 보고서를 받고, 그에 따라 선거를 기획하고, 캠페인을 전개하는 과정을 따른다.

물론 그런 접근과 시도 역시 잘 사용하면 유익할 수 있다. 문제는 그것이 선거에서 너무 많은 부분을 지배하고 있다는 점이다. 그 결과 정당 조직과 당원들의 역할이 무시되는 경향이 심화되었다. 당원을 필요로 하지 않는 정당, 당원의 열정과 노력에 의존하지 않는 정당, 그들의 기대와 참여를 조직하려 하지 않는 정당이 민주주의를 말할 수 있을까? 많은 민주주의 이론가들이 강조하듯이, '대표'의 핵심은 시민 집단들의 '요구를 표출하고 조직할 기회'에 있는 것이지, 막연히 그들의 기대를 알아서 잘 대변해 주겠다는 데 있지 않다. 시민을 수동적 소비자로 만들고 여론 정치를 추종하게 하는 프레임론의 과용은 경계해야 할 일이다. 전략적 사고와 공리주의적 방법론, 몰가치적 도구주의에 매몰된 선거 기획이 성공한다 해도 그것이 정당의 도덕적 기반에 가져다주는 부정적 효과 또한 고려해야 할 것이다.

프레임 이론에 지나치게 의존할 때 사실성의 가치를 경시하게 되는 것도 문제이다. 맛에 대한 개념 없이 맛을 정의하기 어렵지만, 그래도 실제로 먹어 봐야 맛을 안다는 평범한 사실은 부정할 수 없다. 선거가 아무리 지지표를 동원하는 데 그 목적이 있다 해도, 사람들의 생각을 작위적으로 이끌려는 노력이 꼭 좋은 성과를 내는 유일한 방법도 아니며, 좋은 접근인 것도 아니다. 선거든 정치든 거대한 규모의 사람들이 함께 참여하는 집단적 행동으로 이루어진다. 수많은 차이와 요구들이 표출되고 교차되고 조정되면서 만들어지는 흐름을 눈여겨보면서 의도성과 전략성의 효과를 결합하려고 노력해야 한다. 민주주의자는, 인간이 사는 사회 속에 실존하는 다양한 삶의 현실을 존중하고, 현실에서 해결할 수 없는 수많은 딜레마 앞에서 고민하고 대화하고 협력의 방법을 찾으려고 노력하는 사람이다. 모든 것을 할 수 있다는 과도한 확신을 가지면 자신이 만든 프레임에 스스로 갇히게 되고, 자신이 원하는 것만 보려고 하며 그런 것만 보여 주려는 유혹에서 벗어나기 어렵기 때문이다. 그럴수록 전략적 사고에 이끌리게 되고 현란한 말을 사용하게 된다. 그러면서 보통 사람들의 언어가 사라지고 전문가다운 분위기를 풍기는 외국어 용어들을 동원하는 경우가 많은데, 그것 역시 좋은 일이 아니다.

민주주의가 보편화되기 전, 독립적인 판단력을 가질 수 있는 교육을 받았거나 재산세를 낼 수 있는 사람들에게만 시민권이 부여되었던 시기가 있었다. 이른바 납세자들만이 시민이었던 것이다. 그때 영국 자유주의를 대표하는 사상가였던 존 스튜어트 밀John Stuart Mill도, 직업과 교육 수준을 고려해 뛰어난 시민에게는 투표권을 더 주자고 주장했을 정도이다. 그러나 잘 알다시피 그 뒤 실제의 정치 발전은 누구에게나 평등한 투표권이 주어지는 방향으로 이루어졌으며, 공동체의 중대 결정에 대한 판단 능력은 교육이나 재산의 많고 적음과 큰 상관이 없다는 것은 이제 상식이 되었다. 민주주의는 평범한 보통 사람을 위한 것이다. 정치에 참여할 특별한 자격을 갖는 시민이 필요한 것이 아니라는 말이다. 평범한 보통의 시민이라 할지라도, 그들이 민주적 정치과정에 참여해 공적 논

세금 납부자 선거 체제 régime censitaire

일정 금액 이상의 세금을 납부한 사람에게만 선거권과 피선거권을 제한적으로 부여하는 체제. 보통선거권이 주어지기 전까지 유럽과 미국에서 시행되었다. 예컨대 프랑스의 1815~30년의 왕정복고 시기 하원 의원 선거권과 피선거권은 각각 직접세 3백 프랑과 1천 프랑 이상의 세금 납부자로 제한되었다. 그 결과 프랑스의 유권자는 인구의 1퍼센트를 넘지 못했다. 영국의 경우 1832년 선거법 개혁을 통해 근대적인 의회 체제를 수립했지만, 이때 선거권이 허용된 유권자는 약 65만 명에 불과했다. 이런 제한된 선거권 체제는 대표의 확대를 요구하는 차티스트운동을 불러일으켰다.

쟁을 지켜보며 판단을 위한 지식과 정보를 평등하게 향유할 수 있을 때 민주주의는 의미를 갖는다. 그들이 자신을 포함해 공동체 전체에 큰 영향을 미치는 중대 사안의 결정자가 될 수 있다는 믿음이 실제 정치과정을 통해 실현될 수 없다면 민주주의를 지지해야 할 이유는 약해진다. 오래전 영국을 대표하는 소설가 조지 오웰George Orwell이 말했듯이 "(우리가) 연합해야 할 사람은, 사장에게 굽실거려야 하고 집세 낼 생각을 하면 몸서리쳐지는 모든 이들"이지 특정의 프레임을 공유한, 자격 있는 개념 시민들만이 아니라는 말이다.

프레임보다 현실 속에 존재하는 당원과 지지자들의 이익과 열정을 조직하는 방법으로 선거를 해야 민주주의 발전에 기여하는 정당이 될 수 있다.

선거 이후의 책임성

이제부터는 '책임성'과 관련된 문제들을 살펴보기로 하자. 우선 선거 직후의 상황을 살펴보자. 국가 권력의 향배를 결정짓는 대통령 선거가 끝나면, 승자와 패자 모두 책임성을 실천하는 문제에 직면하게 된다.

먼저 승자의 책임성에 대해 생각해 보자. 정당에서 권력을 다루는 일과 정부를 운영하면서 권력을 다루는 일은 차원이 다른 문제이다. 공동의 이념과 조직을 가진 정당의 경우 '결정의 비용을 내부화'할 수 있고 또 그래야 하지만 정부는 다르다. 기본적으로 정부가 다뤄야 하는 갈등의 규모는 비교할 수 없이 크며, 권위주의에서처럼 정부 조직을 통일된 가치 정향으로 통제할 수 없다. 다원화된 이해 집단의 요구를 일률화할 수도 없고, 정책 결정 과정에서 그들을 무작정 배제할 방법도 없다. 권위주의라면 몰라도 민주주의에서는 그럴 수 없다.

정당과는 달리 정부를 운영하는 데 가장 중요한 것은 결정의 비용을 수많은 관련 이해 당사자 사이로 분산하고 위임하는 데 있다. 갈등을 조정하고 결정을 내려야 할 사안들은 한두 개가 아니며, 이해 당사자들의 참여 없이 정책을 결정할 경우 정책에 대한 이들의 순응을 기대하기 어렵기 때문이다. 설령 정책이 결정되었다 해도 집행 과정에서 치르게 될 비용은 상당할 것이다. 그런데도 정부 정책의 결정과 집행이 대통령 개인의 의사나 영향력에 의존해 이루어진다면 민주 정부의 운영 원리는 실천될 수 없다. 정치적으로 위

148

험한 일이 되기도 한다. 외견상 강해 보여도 구조적으로는 매우 취약하므로, 작은 위기에도 쉽게 흔들릴 수 있기 때문이다. 어떻게든 대통령 개인에게 집중된 권력을 유지하고자 한다면, 민주정보다는 군주정과 같은 권위주의적 원리에 의존하는 것이 낫다. 이는 대통령을 정당정치보다 상위에 위치한, 혹은 정당정치를 초월한 권위자 역할을 하는 존재로 만드는 프로젝트를 말하는데, 문제는 민주주의라는 형식 속에서 이를 실천하고자 한다면 청와대 비서 권력은 물론 검찰과 정보 기구 같은 강력한 억압적 국가기구를 활용해야 한다는 점이다. 이는 대통령 권력의 영향력 하락과 레임덕을 막기 위해 정치와 사회 전반을 보이지 않는 억압적 장치들로 얽매어 놓는 것인데, 대통령 개인을 위해서는 좋을지 모르나 사회적으로는 재난적인 일이다. 권위주의 정부와 민주주의 정부는 반딧불과 벼락만큼이나 차이가 크다. 안타깝게도 민주화 이후 모든 대통령들은 정부를 청와대 중심으로 사인화시켜 버림으로써 승자로서의 책임성을 제대로 실천하지 못했다. 그 가운데 박근혜 대통령은 가장 부정적인 선례를 남겼다. 민주주의라는 '형식' 속에서 실제로는 '유사 군주정'이 작용할 수 있음을 보여 주었기 때문이다. 그러나 내용과 형식이 일치하지 않는 그 불안정한 균형은 어느 순간 예기치 않게 무너질 수 있다.

패자의 입장에서도 선거 이후 책임성을 실천하는 것은 중요하다. 민주주의에서 선거는 투표와 개표의 과정으로 이루어진다. 투표는 유권자 등록, 선거운동, 기표 행위로 이어진다. 많은 사람들이 이 과정을 선거의 전부로 생각하고 개표는 그 결과에 불과한 것으로 보는데, 그렇지 않다. 개표는 표를 세는 과정임과 동시에 선거 결과를 둘러싼 '해석 투쟁'이기도 하다. 그런 의미에서 개표란 긴 과정이고, 이 과정에서 패자들 가운데 어떤 정치 세력이 공동체를 위해 가장 헌신적일 수 있는지가 드러난다. 그런 의미에서 왜 졌는지, 무엇을 배웠는지, 앞으로 개선해야 할 것은 무엇인지, 다음에는 어떻게 더 잘할 수 있는지 등 말해야 할 것이 너무나 많다. 투표에서 지고 개표, 즉 해석 투쟁에서도 진다면 그 정치 세력에게 미래는 없을 것이다.

선거 이후 상황을 정리하면서 실패로부터 배울 것은 배우고, 책임질 것은 책임지고, 개선할 것은 개선할 수 있는 심리적 조건을 만드는 것이 중요하다. 그 결과로서 '비상대책위'를 구성하는 문제를 포함해 뭔가 진지한 결정이 이루어져야 한다. 아무런 내용도, 정당한 절차도 없이 습관처럼 반복되는 비대위 정치는 무익한 일이다. 그들의 말대로 '뼈를 깎는 반성과 혁신을 위한 결단'이 비대위의 성과로 나타났더라면, 그간 그런 결단을 반복해 온 야당 정치는 이미 좋아졌어야 하고, 비대위가 필요 없는 정치가 벌써 이루어졌어야 할 것이다. 그런데 선거만 끝나면 늘 비대위가 들어선다. 그러다 보니 한국 정치에서 비대위라는 말은, 뭔가 상황을 엄중하게 인식하고 있다는 분위기만 풍길 뿐, 실제로는 아무런 책임을 지지 않는 '정치적 알리바이'처럼 느껴진다.

당연한 말이지만, 야당일 때 잘해야 여당이 된다. 선거에서의 패배를, 제대로 된 야당을 만들 기회로 삼을 수 있어야 한다. 인간은 성공을 통해서만 강해지는 것이 아니라, 좌절을 통해서도 얼마든지 지혜로워지고 단단해질 수 있다. 정당도 마찬가지다. 패배 이후 어떻게 하느냐에 따라 더 튼튼한 정당이 될 수도 있고, 그렇지 않을 수도 있다. 따라서 누군가 다음 선거는 어떻게 될 것인가를 묻는다면, 가장 간단하면서도 확실한 대답은 야당이 "패배로부터 무엇을 배우고, 개선을 위해 얼마나, 어떻게 노력할 것인지에 달려 있다."가 될 것이다.

제도보다 책임 있는 실천이 더 중요하다

정치가 나빠진 이유를 제도와 시스템 때문이라고 말하는 사람이 있다. 우리 정치의 모든 문제가 제도와 시스템 때문이라고 결론 내리는 경우도 많다. 제도나 시스템이 변하지 않아서 우리 정치가 이 모양일까? 우리처럼 제도와 시스템이 많이 바뀌는 정치는 없을 것이다. 한동안 다른 데 관심을 두다가 돌아와 보면, 예전 제도나 시스템을 찾기 어려울 만큼 달라져 있는 것이 한국 정치이다. 정부가 바뀔 때마다 부처 이름이 바뀌어 이제는 새 부처 이름 외우기를 포기할 정도이다.

제도나 시스템이 달라지면 그것을 다룰 인력과 예산이 생긴다. 그렇기에 제도와 시스템의 변화가 누군가에게는 권력 자산을 늘릴 계기가 되고, 누군가에게는 성취하고 싶은 자리가 되고, 누군가에게는 연구 용역의 기회가 되고, 누군가에게는 손쉽게 돈을 벌 사업 아이템이 된다. 한국의 정치권 주변이 온통 제도 고안자들과 시스템 기획자들로 넘쳐 나게 된 것은 이 때문이다. 학계와 언론, 시민 운동도 예외가 아니다. 대학과 시민운동 단체들이 정책 연구나 조사 용역에 매달리면서 비정상적으로 정치화된 것은 이와 무관하지 않다. 그간 이들 대부분은 정치를 욕하고 비난했던 사람들이다. 그런데 어느 날 갑자기 그들은 정치를 '시스템적으로' 바꿔야 한다는 논리를 앞세워, 공식·비공식적 차원을 가릴 것 없이 정치의 영역에 쇄도해 들어갔다. 그 가운데 법률가와 지식인이 가장 열심이었다. 한마디로 말해 이들에게 제도 제안은 '관직 추구의 숨겨진 욕구'를 정당화해 주는 합리적 대안 같았다. 이렇게 해서 '제도 기획' institutional design은 신종 성장산업이 되었고, '제도 싸움'institutional combats은 이들이 불러들이는 단골 쟁점으로 기능해 왔다. 그 결과는 무엇이었을까? 제도 형식과 시스템 문제가 여러 이해관계와 에너지를 빨아들이는 블랙홀이 되면서, 공적 헌신과 책임성의 윤리 위에 정치가 튼튼히 자리 잡을 여지는 좁아지고 말았다.

모든 것이 제도의 문제로 환원되는 정치는 좋을 수 없다. 정치는 매우 실천적인 분야이다. 제도나 체계의 문제로 다룰 수 없는 비공식적 영역이 훨씬 더 큰 세계이다. 정치가 공식적인 제도나 체계의 문제로 충분히 다뤄질 수 있었다면, 인간의 역사에서 그 많은 싸움과 비극은 없었을지 모른다. 아마도 말 그대로 '법치'가 '정치'를 대신했을 것이다. 그러나 어디에든 적용 가능한 이상적 제도는 존재하지 않으며, 장단점을 서로 나눠 갖는 것이 제도이다. 다른 나라에서 잘 작동하는 제도를 들여온다고 해서 그런 효과가 보장되는 것도 아니다. 그렇기에 정치철학의 대가들은, 정치적 실천을 통해 성과를 내는 것이 먼저이고, 그렇게 형성된 성공적 상호 작용의 패턴을 사후적으로 제도화해 가는 것이 그다음이라는 점을 강조했다. 제도를 위한 제도론, 혹은 모든 행위자를 외적으로 규율하겠다는 권위주의적인 제도론이 아닌, 작동 가능하고 지속 가능한 것은 물론, 관련 이해 당사자들 사이에서 긍정적인 행위 규범으로 안착될 수 있는 제도 형성의 긴 과정이 중요하다는 것이다.

순수 제도론의 관점에서 말하라면, 필자는 대통령중심제보다 의회중심제가 민주적으로 더 우월하다고 생각한다. 선거제도는 단순 다수제보다 비례대표제가, 정당 체계는 양당제보다 온건 다당제가 훨씬 낫다고 본다. 마음 같아서는 그런 변화가 단박에 실현되면 좋겠지만, 그건 현실이 될 수 없다. 제도 변화의 문제는 법-형식적 측면만이 아니라 관련 이해 당사자들 사이의 힘과 전략의 차원을 가지며, 설령 이 단계를 지나 입법화된다 해도 그 내용과 결과에는 수많은 변수들이 영향을 미친다. 독일식 헌법을 받아들이고 독일식 선거제도를 택한다고 해서 독일 민주주의처럼 되는 것은 아니다. 표의 비례성을 높여야 한다는 취지에서 정의당은 선거구 인구 편차를 2 대 1로 하라는 헌법재판소의 결정을 얻어냈지만, 그것이 가져온 결과는 애초의 의도와는 거리가 멀었다. 이를 둘러싸고 한국 정치는 대혼란을 경험해야 했고 결국 비례 의석만 축소되었다.

정치는 인간이라는 피조물만이 가진 자각적 활동이다. 그렇기에 다른 피조물의 세계나 신의 세계와는 달리, 인간만이 진보와 퇴행을 반복하는 역사를 갖게 되었다. 자신의 유한성으로 괴로워하는 비극적 존재임에도, 혹은 바로 그렇기 때문에 수많은 한계에도 불구하고 위대한 성취를 이룰 수 있었다. 제도도 만들고 국가도 만들고 법도 만든 것은 인간 스스로의 창조적 정치 행위였고, 이는 앞으로도 인간의 역사에서 가장 본질적인 측면이 될 것이다. 그러므로 '제도 이성'에 앞선 '실천 이성'이야말로 정치의 본질이라고 말하는 것이다. 지금의 제도적 제약 속에서도 정치가 할 수 있고 또 해야 할 일은 수천, 수만 가지이다. 그 성과에 따라 우리에게 맞는 최선의 제도적 대안이 형성되고 발전되어 갈 것이다.

실천 이성은 군주정이나 귀족정에서도 중요하지만, 정치에 참여할 수 있는 자유 시민의 규모가 비교할 수 없이 커진 민주정에서는 더욱더 중요하다. '수많은 사람들을 구획 짓고 결속시키는 집단적 사회 갈등 속에서 어떻게 바람직한 공적 결정을 책임 있게 이끌어 갈 수 있을까?'라는 문제와 실천적으로 씨름하는 것이 민주주의자이다. 그렇기에 민주주의의 역사는 안팎의 도전에 대해 정치적 인간들이 내린 크고 작은 결정들과 상호 작용으로 채워진다. 민주주의는 인간들이 협동하며 만들어 가는 것이지 특정의 시스템 속에 개별 인간이 맞춰 들어가는 것이 아니다. 민주주의는 옳은 제도를 찾아 공동체 안팎을 헤매는 노력보다, 이해 당사자들과 정치 집단들 사이에서 지금 우리가 당면한 문제를 해결하려는 대화와 갈등, 타협과 조정의 끊임없는 실천적 시도를 통해 빛나는 역할을 할 수 있다. 공학적 '제도 이성'이 아니라 책임 있는 '실천 이성'에 의해 주도되는 인간적 정치체제가 민주주의이다.

현대 민주주의의 양 날개: 정당정치와 노사 관계

현대 민주주의는
어떤 사회적 조건을 갖춰야
그 이상에 가깝게 실천될 수 있을까?
거대한 국가 관료제와
자본주의 시장경제의
불평등한 권력 효과를 제어하는
민주적 방법이란 무엇일까?

혼합 체제로서의 현대 민주주의

이제부터는 사회로부터 괴리되어 있는 정치가 아닌, 사회 속에 뿌리내리는 민주정치가 어떻게 가능한지에 대해 생각해 볼까 한다.

현대 민주주의가 대면한 가장 강력한 도전은, '어마어마한 규모의 국가 관료제와 자본주의 경제체제가 만들어 내는 권력 효과'이다. 달리 말하면 그 어떤 구조적 제약으로부터도 자유롭고 평등한 개인들이 있고, 그래서 그들 사이에서 의견을 모아 공적 결정을 내리는 것이 아니라, 그 이전에 '거대 조직의 권력 효과' 때문에 시민 개개인이 이미 불평등한 조건 위에 서있다는 사실부터가 문제라는 것이다. '법인 자본주의'와 '국가 관료제'로 대표되는 '거대 조직화의 시대'에 어떻게 자유롭고 평등한 시민권의 원리를 실천할 수 있을까?

국가 관료제는 위계 체제hierarchy를 기본 원리로 하고, 자본주의 시장경제는 '1원 1표의 불평등 원리'에 기초를 두고 있다. 이 위에서, 혹은 이 속에서 민주주의를 그 가치에 맞게 실천하는 일은 결코 간단하지 않다. 제아무리 자유로운 개인으로 이루어진 사회라 해도 개인의 힘만으로 바꿀 수 있는 것은 거의 없다. 시민 개인이 '집단으로 조직되고, 집단으로 투표할 수 없다면 평등한 시민권은 공허한 말에 불과하다.'는 것은 이를 두고 하는 말이다. 그래서 필요한 것이 기본권의 핵심인 '결사의 자유'이고, 그 가운데에서도 가장 중요한 것은 사회를 나눠서 대표하고 경쟁하고 통합하는 '정당의 대표 기능 및 조직적 역할'이다. 현대 민주주의는 시민들이

현대 민주주의에서의 권력 균형

세 권력 가운데 정치의 힘이 강할 때 더 민주적more democratic이라 하고, 경제의 힘이 강하면 더 신자유주의적more neo-liberal이라 하며, 행정 권력이 강하면 더 국가주의적more statist이라 한다.

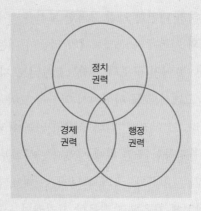

'결사에 기초를 둔 정치의 방법'을 통해 경제 권력과 행정 권력을 제어하고 통합하는, 일종의 혼합 체제mixed polity 내지 권력 균형 체제이다.

과거 정치철학에서는 1인 지배의 원리와 소수 지배의 원리, 나아가 다수 지배의 원리를 결합하는 것을 중시했다. 아리스토텔레스의 혼합 체제 이론은 물론, 집정관과 원로원, 호민관이 중심이 된 로마 공화정 이론이 대표적이다. 근대에 들어와서도 1인 군주의 역할과, 흔히 상원으로도 불리는 귀족원의 역할과 함께 평민원으로서 하원의 역할을 중심으로 한 혼합 체제가 강조될 때가 있었다. 입법부와 행정부 그리고 사법부 사이의 권력분립 및 상호 견제와 균형을 강조하는 현대적 접근 역시 넓은 의미의 혼합 체제 이론의 하나라고 할 수 있다. 이 모두가 가치 있겠지만, 필자는 그것으로는 부족하다고 본다.

현대 민주주의가 발휘하는 사회적 효과는 자본주의에서 발원하는 경제 권력과, 강력한 국가 관료제가 주도하는 행정 권력을 어떻게 견제하고 균형을 맞춰 갈 수 있는가에 달려 있다. 자본주의와 국가 관료제 모두 민주주의가 아닌 원리로 작동하며, 언제든 민주주의를 위협할 수 있는 실체적 권력이다. 자본주의가 만들어 내는 경제 권력과 국가 관료제 중심의 행정 권력을 정치의 방법으로 견제할 수 없다면 현대 민주주의는 그 가치나 이상에 가깝게 실천될 수 없다. 따라서 과거의 혼합 체제 이론과는 달리, 현대 민주주의의 혼합 체제 이론에서는 자본주의 시장경제와 행정 관료 체제가 발휘하는 권력 효과를 견제할 수 있는 '정치의 조직화된 힘'이 그 중심에 위치해야 한다. 시민 권력이 정치적으로 조직된 결사의 힘을 중심으로 기능할 수 없다면 민주주의는 듣기 좋은 말에 불과할 것이다.

사회적 약자들이 모여서 문제를 제기하는 것을 '집단 이기주의'라며 불온시하는 경우가 많다. 집단은 공통의 이해관계를 진작하기 위해 만들어진 시민들의 자율적 결사체를 가리킨다. 그것을 이기적이라고 비난하면 결사의 자유는 빈말이 될 수 있다. 기존의 불평등 구조가 그대로 온존되기를 바란다면 모를까, 집단 이기주의 때문에 큰일이라고 말할 수는 없다. 약자들에게 집단과 결사, 조직은 최고의 민주적 수단이자 가치이다. 이를 통해 공동의 이익을 진작하면서도 사회 전체에 대한 책임감을 익힐 수 있기 때문이다.

'진정한 민주주의자'를 자임하는 사람들이 집단이나 조직의 역할을 부정시하는 모습을 가끔 본다. 그들은 광장에서의 직접 행동을 강조하고 대중의 운동적 참여와 순수한 열정을 강조하곤 한다. 그러나 그것만으로는 충분하지 않으며, 무엇보다도 운동과 열정의 힘은 간헐적으로는 강할지 몰라도 지속적이기 어렵다. 책임감을 공유할 일상적 기반을 가꿔 나갈 수도 없다.

무정형적인 운동의 열정은 민주주의에서라면 다양한 형태로 조직화되어야 한다. 일상적 조직의 문제를 회피하고 현대 민주주의를 제대로 이해하고 실천하기는 어렵다. 막스 베버와 같은 시대에 활동했던 독일의 정치사회학자 로베르트 미헬스는 독일 사회민주당을 분석의 사례로 삼아, "조직을 말하는 자는 과두제를 말하는 것"이라며, 유명한 '과두제의 철칙'iron law of oligarchy을 주창했다. 그러면서 그는 모든 조직의 역할을 부정하고 직접 행동을 강조하는 혁명적 생디칼리스트가 되었고, 자신의 이론에 동조하는 이가 많았던 이탈리아로 건너가 파시스트가 되었다.

현대 민주주의에서 조직과 정당을 말하지 않는다는 것, 선거와 의회, 대의제를 제대로 발전시키는 일을 폄하하면서 뭔가 완전한 민주주의가 있는 것처럼 사람들을 미혹하는 것은, 그것이 아무리 혁명적이고 민중적인 수사를 갖는다 해도 결과적으로는 거대한 조직 체계를 갖추고 있는 행정 국가와 경제 권력에 무제한적 자유를 허용하는 일이 되기 쉽다.

로베르트 미헬스 Robert Michels, 1876~1936

독일 쾰른 출생의 정치사회학자. 귀족 가문에서 태어나 영국·프랑스에서 유학했으며, 마르부르크 대학 강사로서 독일 및 이탈리아의 사회주의 운동에 관여했다. 1913년 베버에게 학문적 재능을 인정받아 『사회과학 및 사회정책 잡지』의 공동 편집자가 되었다. 1914년 스위스의 바젤 대학 교수가 되고, 1928~36년 이탈리아의 페루자 대학 교수로 재직했다. 그의 학문 영역은 정당·조합·대중사회·내셔널리즘에서 우생학, 성 문제에 이르기까지 광범했다. 대표적으로 그의 저서 『정당사회학』(1912)은 독일과 이탈리아의 사회민주당의 실태를 분석해 '과두제의 철칙'을 실증적으로 밝혀 낸 것으로 유명하다. 평등과 민주주의를 표방하는 진보 정당임에도 현실에서는 관료적 엘리트의 지배, 즉 과두제화되고 있음을 비판적으로 분석하면서, 조직을 만드는 순간 민주주의는 불가능하다는 주장을 펼쳤다.

그러나 일종의 '민주주의 불가능론'이라고도 할 수 있는 그의 주장은 '단위 비약의 오류'를 범하고 있다. 민주주의는 정당 체계 혹은 정당들 사이를 규율하는 원리임에도 불구하고, 그는 개별 정당의 문제로 민주주의를 환원해 다뤘기 때문이다. 아무리 민주적인 정당도 하나만 존재하면 민주주의가 아니다. 반대로 복수의 정당들이 경쟁하는 민주주의하에서도 개별 정당은 자신들이 지향하는 가치에 따라 집단지도체제를 할 수도 있고, 최고 지도부 중심의 민주집중제를 할 수도 있다. 정당이 어떤 결정 구조를 갖느냐 하는 문제는 해당 정당이 다룰 몫이다. 그렇지 않고 정당 내부에서 자율적으로 결정할 문제를 외부에서 민주주의의 이름으로 개입하는 것이 오히려 민주주의에 어긋나는 일이 될 때가 많다.

미헬스가 바로 그랬다고 할 수 있다. 그 어떤 제도나 조직, 정당, 의회, 대의제에서도 민주적 평등은 불가능하다고 보았기에 그는 생디칼리스트가 되었고, 만년에는 파시즘에 경도되었다. 정치 조직이나 관료제의 개입 없이 최고 지도자와 노동자 대중이 직접 연계되는 것이 하층 계급의 정부를 실현하는 가장 좋은 방법이라 생각했기 때문이다.

생디칼리즘syndicalism

운동적 열정과 자율적 의지를 강조하는 직접 행동주의의 한 유형이라고 할 수 있다. 정당과 의회, 리더십의 역할을 부정적으로 보면서, 거리에서의 직접 행동과 총파업을 통해 자본주의 체제를 전복하고, 그 뒤 자유로운 결사체들이 공동체를 이끄는 무정부적 조합주의를 지향한다.

갈등에 대한 민주적 이해 방법

많은 사람들이 갈등을 싫어하고 그래서 '갈등 극복'을 앞세우며 갈등 없는 사회를 지향한다. 실제로 내게 이렇게 반론하는 사람도 있었다.

정당이나 집단 때문에 없던 갈등도 커지고 확산된다고 생각한다. 정당에 참여하거나 결사체를 만드는 것이 갈등을 조장하고 부추길 것 같아 꺼려진다. 특정 입장이나 견해를 갖는 것이 사회를 더 분열시킬 수도 있다고 보는데, 그렇지 않은가?

안타깝지만, 인간의 정치에서 싸움과 갈등은 없앨 수 없다. 다만 줄이고 절약할 수는 있다. 갈등을 줄이고 절약하기 위한 접근이 민주주의라고 말할 수 있다. 갈등이 없다면 민주주의는 존재의 이유가 없기 때문이다.

현실주의 정치철학의 냉정한 관점에서 보면, 정치란 인간이 가진 싸움의 본능을 처리해 사회가 내전이나 무정부 상태로 퇴락하는 것을 막는 기능을 한다. 그런 의미에서 정치를 '갈등에 기반을 둔 갈등의 체계' 혹은 '갈등을 둘러싼 갈등의 체계'라고 정의하고, 그것의 민주적 성격을 '갈등과 통합의 변증법'으로 이해하는 것은 분명 설득력이 있다.

오늘날 세계적 비극의 진원지가 되고 있는 시리아를 생각해 보자. 더 이상 정치가 기능하지 않게 되었을 때 결과는 내전이었다. 2015년 기준으로 20만 명 이상이 사망 또는 실종되고 4백만 명 가까이가 난민으로 추정되는데, 사실 제대로 된 통계조차 작성될 수 없다는 것이 더 중요한 일인지 모른다. 실업률이 60퍼센트가 넘는다는데, 이 또한 경제가 작동하지 않는다는 것 이상 아무 의미 없는 수치라 할 수 있다. 수백만의 난민 행렬 역시 정치체제로서 시리아의 해체를 단적으로 보여 준다. 종교·부족·인종 갈등 때문이라고 말하는 것은 정확하지 않다. 그런 사회 갈등은 다른 나라에도 있기 때문이다. 오늘날 가장 살기 좋은 민주주의 국가로 평가되는 덴마크를 생각해 보라. 존재하는 사회 갈등만으로 보면 시리아 못지않다. 고대 문명의 발원지이자 풍부한 석유 자원을 가진 시리아에 비하면 자연 환경 내지 조건도 지극히 열악하다. 요컨대, 타고난 환경이나 종교·부족 갈등 때문에 시리아와 덴마크가 다른 것이 아니다. 중요한 것은 사회 갈등을 다룰 구속력 있는 절차나 과정이 있느냐 없느냐의 문제, 다시 말해 정치의 기능과 역할이 작동하느냐 아니냐의 문제에 있다. 정치가 사라지면 '만인에 대한 만인의 투쟁 상태'가 된다는 홉스의 지적은, 시대와 지역을 가로질러 적용될 수 있는 가장 기초적인 사실이라고 생각한다.

다시 강조하건대, 인간사에서 공적 선택을 둘러싼 갈등은 제거될 수 없다. 모두가 동일한 의견을 갖도록 하거나 모두를 이타적 존재로 바꿀 수도 없다. 보수와 진보가 추구하는 가치는 서로 다를 수밖에 없으며, 그들 사이의 불완전한 상호 이해는 인간의 정치가 갖는 고질적인 요소이다. 그러나 그런 불일치와 불완전한 이해는 그것에 맞추어 살아가는 법을 배워야 할 조건이지 좋은 사회로 가는 길을 방해하는, 극복돼야 할 장애물이 아니다. 갈등을 없앨 수는 없으나 줄일 수는 있다. 해결이 불가능해 보이는 갈등조차 다루기에 따라서는 조정 가능한 공통의 의제로 만들 수 있다. 차이를 없앨 수는 없어도 서로에게 구속력을 갖는 정당한 절차와 과정에 합의할 수는 있다.

많은 사람이 자신과 견해를 달리하는 상대 파당을 '우파 꼴통'이니 '좌파 꼴통'이니 하면서 대화 불능자로 규정하곤 한다. 때로 그것은 의견을 달리하는 동료 시민에게 자기주장을 설득하려고 노력하는 데 게으르다는 것을 의미할 때가 많다. 이른바 '숙의 민주주의'를 발전시키고자 했던 여러 정치철학자들이 강조하듯이, 갈등과 더불어 살아가기 위해서는 민주정치 역시 일정한 규범성을 필요로 한다. 첫째, 반대편의 입장을 규정하는 데 있어 거부감을 최소화하는 주장을 개진해야 한다. 둘째, 자신과 반대의 견해를 가진 상대 파당과 내가 속한 파당이 이해하고 있는 것 사이에 의미 있는 수렴 지점이 있는지를 찾고자 노력해야 한다. 셋째, 논의를

숙의 민주주의 deliberative democracy

참여의 양을 확대하는 접근에서 참여의 질을 높이려는 접근으로의 전환을 강조하는 이론이라 할 수 있다. 시민의 의견과 선호를 사전에 주어진 고정된 것으로 보고 그것을 단순히 집약하는 것으로 공적 결정을 도출하는 것이 아니라, 숙의에 참여하는 과정에서 시민의 의견과 선호가 변화될 수 있다는 전제를 갖는다. 혹은 선출된 대표에게 공적 결정을 전적으로 위임하는 것이 아니라, 결정 과정에서 일반 시민은 물론 관련 이해 당사자와 전문가들이 참여하고 토론할 수 있도록 개방하는 것을 말하기도 한다. 물론 숙의 민주주의를 하나의 독립된 민주주의의 유형 내지 모델이라고 보기는 어렵다. 그보다는 참여와 공적 결정의 내용을 심화하기 위한 실천적 문제 제기로 평가할 수 있다. 숙의적 참여가 평등한 참여를 확장하기보다는 교육 자산을 많이 가진 엘리트들에 편향적이라는 비판도 많고, 반대로 숙의 민주주의를 직접 민주주의의 한 유형으로 보는 오해도 있다. 숙의 민주주의 주창자들 대부분은 자신들을 직접 민주주의자로 보는 것 자체를 '넌센스'라고 말한다.

해도 문제가 남게 되고, 그것이 오해의 산물로 볼 수 없는 차이 때문이라면 그때는 반대편과 조정하고 타협해야 한다. 나의 완전한 승리와 상대의 완전한 절멸은 민주정치가 추구하는 규범이 될 수 없다.

사회 갈등과 정당 정치

갈등이란 현대 민주주의를 움직이게 하는 엔진 같은 기능을 한다. 다만 민주주의는 갈등의 범위를 확대함으로써 갈등의 수를 줄이고, 큰 규모의 갈등 속에서 작은 갈등들을 해결하고 완화하는 것을 추구한다. 사소한 갈등들만 정치화되면 어떻게 되겠는가? 중요한 갈등을 중심으로 사회를 넓게 대표할 수 있어야 한다. 이를 정치학자 샤츠슈나이더는 '갈등의 사회화'라고 정의했는데, 이 과정에서 가장 중요한 역할을 해야 하는 것이 정당이다. 사회 하층의 이익과 열정을 기반으로 하는 정당일수록 갈등을 사회화하는 역할을 해야 민주주의가 좋아진다. 아무리 민주주의 정치체제라 할지라도 정당 정치가 사회 갈등을 폭넓게 조직하고 동원하고 통합하지 못하면, 그때의 '시민 주권'은 온전한 것이 될 수 없기 때문이다.

갈등이란 지역, 종교, 소득, 직업, 성, 고용 형태 등 우리가 서로를 정의하는 사회적 차이를 뜻한다. 나아가 경제민주화나 사회복지와 관련해 국가 개입과 시장 자유의 범위를 어떻게 설정할 것인가 등의 쟁점 사안에 따라서도, 우리는 진보냐 보수냐 등의 의견 집단으로 호명된다. 어떤 형태로든 갈등적 사안을 둘러싸고 개개인의 시민들이 특정 집단의 구성원으로 호명되지 않고는 그 누구도 사회 속에서 존재할 수 없다. 하층 집단이냐 상층 집단이냐, 고학력층이냐 저학력층이냐, 노동자냐 중산층이냐, 서울 출신이냐 지방 출신이냐, 여성이냐 남성이냐 등등, 집단적 갈등을 만들어 내는 차이는 많다. 민주주의는 이런 집단들 사이의 차이와 갈등 때문에 불러들여진 정치체제이고 또 그런 갈등 때문에 존재한다. 갈등이 없다면 민주주의는 존재해야 할 이유가 없다.

필자의 다른 책인 『정치의 발견』에서도 설명한 내용을 다시 보자. 사회적으로 존재하는 갈등의 분포와 정치의 영역에서 존재하는 갈등의 분포가 다르면 어떻게 될까? 특정 인종이 사회적으로 큰 차별의 대상이 되고 있음에도 그들의 집단적 목소리가 정치적으로 배제되어 있다면 어떻게 될까? 고용조건이나 임금에서 큰 차별을 받는 비정규직의 문제가 정치의 영역에서 다뤄지고 있지 않다면, 시민으로서 그들의 주권은 존재한다고 볼 수 있을까? 그렇지 않을 것이다.

시민이나 일반 대중이 자신의 이익을 '직접' 조직하고 정부에 압력을 행사하면 되지 않을까? 그것도 필요하지만, 그러나 그것만으로는 충분하지 않다. 우선 사적 이익집단이든 공익적 시민운동이든 이들 사회집단이 동원할 수 있는 사회 갈등의 범위는 그리 넓지 않다. 사회집단은 각자의 협소한 이익과 관심의 범위를 넘어 갈등을 폭넓게 조직하려고 해도 어느 수준에 이르면, 갈등의 범위를 확대하자니 기존의 참여자가 줄고, 이들의 참여를 유지하자니 갈등의 범위를 축소할 수밖에 없는 상황에 처하게 되기 때문이다. 사회운동은 특정의 단일 이슈에서 강하고, 이익집단은 소속 구성원들만의 배타적 이익을 추구해도 상관없지만, 정당은 다르다. 정당은 노동정책에서 교육, 국방, 경제, 외교, 경제, 문화, 농민, 자영업, 청년, 여성, 장애인 정책 등 공동체와 관련된 전 분야를 다뤄야만 지지도 늘리고 집권도 할 수 있는 특별한 결사체이다. 갈등을 사회화하고 책임 있는 통치 행위를 주관할 수 있는 민주적 조직체가 정당이라는 것은 절대 빈말이 아니다.

사회적 집단 행위만으로 불충분한 또 다른 이유도 있다. 그것은 사회집단들이 정부를 향해 경쟁적인 압력 행사를 최대한 조직한다

하더라도 전체적으로 보면 그 영향력은 사회의 상층에 유리하다는 점이다. 실제로 공익적 목표를 지향하는 집단(우리는 이를 '시민운동'이라고 부른다)을 사례로 봐도 그 구성원들의 다수는 중산층 이상의 계층적 배경을 가질 수밖에 없다. 미국 캘리포니아 지역의 사례에서 보듯이, 주 재정 관련한 정책을 결정함에 있어서 시민들을 주민 투표나 타운홀 미팅에 직접 참여하게 해도 달라지는 것은 없다. 대개는 교육 수준이 높은 중산층이 참여해 감세를 결정하거나 지지함으로써 가난한 주민들의 전기·수도·교육을 지원할 예산을 축소하는 결과를 낳기 때문이다. 정치의 기능을 시민사회로 넘긴다 하더라도, 시민이 직접 정책을 제안하고 만든다 하더라도 결과는 달라지지 않는다. 참여의 비용을 감당하고 자신의 선호를 표출하고 설명할 수 있는 교육받은 중산층에 편향된 사회, 언론 접근이 용이하고 학력과 돈의 가치를 활용할 수 있는 계층 중심의 민주주의가 심화되는 것을 피할 방법은 없다. 그렇다면 어떻게 갈등의 범위와 하층의 참여를 최대한 확대할 수 있을까?

민주주의는 '갈등의 사회화'를 지향한다는 말을 했다. 달리 말하면 민주주의는 최대한 많은 사람이 갈등에 관여할 수 있게 해야 한다는 것, 곧 갈등의 범위를 확대해야 한다는 것이다. 예컨대 비정규직 문제를 개별 사업장의 문제나 노동시장의 문제로 국한하는 것이 아니라, 고용구조나 경제체제의 운영을 둘러싼 갈등으로 확대하는 것이 대표적이다. 상층계급은 갈등의 민영화 내지 사사화 私事化, privatization를 선호한다. 즉 기업이든 시장이든 자신이 관장하는 사적 영역으로 갈등이 국지화되기를 원한다. '노사 자율'과

'규제 철폐'가 그들의 슬로건이 되어 온 이유는 거기에 있다. 왜냐하면 사적 영역에서는 자신들이 강자 집단이기 때문이다.

조직 일반을 혐오하고 민중적 리더십을 싫어하는 중산층들은 교육받은 엘리트의 전문적인 식견을 중시한다. 사회는 이들 비정치적인 전문가 집단에 의해 새롭게 디자인되어야 한다고 믿기에, 이들에게 정당과 노조는 기득권 세력에 불과한 것으로 평가될 때가 많다. 최선의 전문적 대안을 만들 수 있는 싱크 탱크를 중시하는 이들 역시 갈등이 정치화되거나 사회화되는 것을 경멸하고 비난한다. 갈등의 범위가 기업과 시장을 넘어 사회 전체로 확대되기를 원하는 사람들은 당연히 사회 약자들이다. 그들은 갈등의 문제에 더 많은 사람들과 집단이 관여함으로써 사적 영역에서 자신들의 약한 지위가 달라지기를 바란다. 조직과 결사, 리더십은 이들 수의 힘을 중시하는 사람들의 무기일 때가 많다.

민주주의에서 갈등의 범위를 확대하는 최선의 방법은 갈등을 공적 영역으로 옮겨서 다루는 데 있다. 사회 갈등을 공적 영역으로 전달하는 것이 바로 정치의 기능이다. 그리고 현대 정치의 핵심 기구는 정당이다. 갈등이 공적 영역에서 제대로 된 정당에 의해 조직되면 갈등의 규모는 커지지만 갈등의 수는 줄어든다. 민주정치의 비결은 여기에 있다.

필자의 다른 책 『정당의 발견』에서 강조했던 정당의 중요성을 여기서 다시 한 번 말하고 싶다. 정치학에서 말하는 정당은 수많은 정의를 갖는다. 가장 고전적인 정의는 '조직화된 사회적 의견' 혹은 서로 경합하는 '세계관'을 뜻하며, 따라서 그런 세계관이나 의견의 수가 둘이면 양당제, 그 이상이면 다당제라고 한다. 중요한 것은, 정당이 생활 세계에 미치는 영향이 클수록 민주주의는 안정된다는 사실이다. 사회가 정당에 의해 대표되는 의견으로 나뉘어 있으면 정치 갈등이 심해지지 않을까? 그렇지 않다. 우선 정당이 학교와 노조, 가족으로 깊이 내려갈수록 시민들은 넓은 공동의 세계를 이루게 되고 그들의 세계 안에서 공통의 정치적 가치를 덜 갈등적으로 다루게 된다. 비슷한 정치적 의견을 가진 사람들끼리 어울리는 생활 세계가 있어야 하고, 그 위에서 정당들과 정치인이 시민을 대신해 공공 정책을 경쟁적으로 잘 운영하고자 노력하는 정치가 될 때 민주주의도 안정된다. 그럴 때만이 사적 영역의 이슈들이 공적 영역과 평화적으로 접합되고, 그들 사이의 차이가 더 넓은 정치적 가치와 비전 아래에서 통합될 수 있다.

물론 정당이 발전되어 있다 해도 사회 갈등을 공적 영역으로 전환하는 일은 쉽지 않다. 어느 사회든 상층계급은 이를 막으려 하고, 그래서 공적 영역 및 정치·정당에 대한 부정적 편견을 동원하는 데 열심이기 때문이다. 그들은 늘 정치·정치인·정당을 공격하고 비당파성에 찬사를 보낸다. 그렇기에 민주주의의 발전이란 이런 반정치주의의 도전을 넘어 일반 시민들도 정치에 평등하게 접근할 권리를 향유하는 것이라 해도 과언이 아니다.

정당은 '다수의 동원에 적합한 특수한 형태의 정치조직'이다. 갈등에 우선순위를 부여하고 위계화해 가장 큰 규모의 대중을 동원함으로써 '선거에서 승리할 수 있는 유일한 조직'이다. 정당을 통해 갈등의 수를 줄이되 갈등의 규모는 사회화해서, 가장 바람직한 공익이 무엇인지를 정당들이 서로 달리 대표하게 하고, 그렇게 형성된 2~5개 정도의 공익적 대안이 선거에서 경합하게 하는 것, 그것이 좋은 민주주의의 조건이다. 그렇지 않고 정당이 공직자를 선출하는 데 머무를 뿐 대안을 조직하고 정치가 무엇을 둘러싼 것인가를 결정할 힘을 발휘하지 못한다면 시민은 온전한 주권자가 될 수 없다. 적극적으로 지지할 정당을 갖지 못한 시민이 많다면 그것이야말로 그 나라의 민주주의가 뭔가 잘못되고 있다는 가장 확실한 증거라 할 수 있다.

여러분은 어떤가? 자발적으로 참여하고 있는 사회 결사체는 있는가? 특정 정당에 당적이 있는가? 당적은 없더라도 적극적으로 지지하고 싶은 정당은 있는가? 어떻게 하면 사회가 다양한 자발적 결사체들로 넘쳐 날 수 있을까? 어떻게 해야 참여하고 싶은 정당을 만들 수 있을까? 어떻게 하면 정당들이 공익의 증진을 위해 최선을 다하게 할 수 있을까? 이 문제를 회피하고 한국 민주주의를 좋게 만들 전망을 찾기는 어렵다.

안타깝게도 우리 사회의 전문가들이나 지식인들은 마치 국민의 뜻이나 시대정신을 자신들이 대변하고 있는 듯이 말하면서 정당을 경시하거나 스스로 초당적임을 강조하는 경향이 있다. 언론 종사자들 역시 파당적인 효과가 큰 의견을 초당적인 자세로 말한다. 물론 당적을 갖는 일도 꺼린다. 시민운동가는 정치적 중립을 이유로 당적을 기피한다. 법률가들은 정당 가입 경력이 있으면 특검에 참여하지 못하는 등 불이익이 많다며 변명한다. '초당적 중립성'을 금과옥조처럼 여기는 교수와 교사도 마찬가지다. 이런 사례는 수도 없이 많다. 그들에게 정당은 영향력을 행사하기 위한 도구일 뿐, 정당이 사회에 뿌리를 내려야 민주주의가 건강하게 실천될 수 있다는 생각이 자리 잡을 여지는 없는 것 같다.

복수의 정당으로 조직된 그 어떤 의견으로부터도 자유로워지면, 사람들은 정치 전체를 대상화해 냉소적인 말을 쏟아 내기 쉽다. 지식인도 다를 바 없으며, 오히려 더하다. 이견과 차이가 있어야 합의도 조정도 의미가 있다. 처음부터 국민적 합의나 전체 의사를 앞세워 자신의 주장이 옳다고 강변하면, 목소리는 커지고 갈등은 격화될 뿐이다. 민주주의란 의견이 다른 정당이 번갈아 집권하는 체제인데, 당적을 갖는 일을 모두 회피한다면 어떻게 민주주의를 좋게 만들 수 있을까?

모두가 당원이 될 이유는 없지만, 지금보다는 좀 더 자유롭게 당원이 되고 당 생활에서 참여의 보람을 찾을 수 있으면 한다. 어느 정당이라도 좋으니 자신의 생각에 가까운 정당에 참여해 보는 것을 권하고 싶다. 시민 모두가 초당적이 되어야 한다는 생각도 민주주의자의 생각과 거리가 멀 뿐 아니라, 그런 사회가 실현된다면 전체주의가 될 수밖에 없기 때문이다.

현대 민주주의에서 가장 강력한 시민 권력의 조직체는 두말할 것 없이 정당이다. 정당으로 조직된 시민의 의지가 단단할수록, 그런 정당들 간의 경쟁이 사회를 더 넓게 대표할수록, 행정 권력과 경제 권력을 견제할 수 있는 시민 권력의 기반은 강해진다. 그럴 때만이 좀 더 균형 있는 공동체를 발전시킬 가능성도 커진다. 정당이 발달하지 못하는 민주주의에서 가난한 보통 사람들의 이익과 열정은 제

정당이란?

① 특정의 정치적 견해를 공유하는 사람들의 집단으로, ② 그에 맞게 사회 여론을 형성하고, ③ 이를 통해 유권자의 선호 형성에 기여하고, ④ 지지자와 당원에 대한 정치 교육자 역할을 하고, ⑤ 공직 후보자를 지명해 선거 경쟁에 내보내 선출직 공직자 집단의 재생산에 기여하고, ⑥ 공공 정책을 입안하고, ⑦ 갈등의 표출과 매개, 조정 역할을 함으로써 사회 통합에 기여하고, ⑧ 조직 구성원의 이익을 극대화하는 등의 기능을 한다.

현대 민주주의란?

① 복수 정당 체계,
② 야당이 집권할 수 있는 체제,
③ 정당 간 평화적 정권 교체를 제도화한 체제,
④ 정치적 대표 체계를 통해 사회 갈등을 평화적으로 관리하는 체제

대로 실현되기 어렵다. 민주주의란 무엇인가? 그 핵심을 정의하라면 '집권당이 교체되는 체제, 즉 오늘의 여당이 내일에는 야당이 되는 체제, 오늘의 야당이 내일에는 여당이 되는 체제'라고 할 수 있다. 그런데 그런 야당이 잘 조직되어 있지도, 미래의 정부로서 신뢰도 주지 못한다면 어떻게 될까?

민주주의가 평등한 분배 효과를 갖는 것을 좋아하지 않는 사람들일수록 조직을 싫어하고 정당을 싫어하는 경향이 있다. 정치 역시 권력 다툼과 전략적 계산에 의해 지배되는 일이 많고 그 속에서 정당이 기능하고 있지만, 그럼에도 정당이 중심이 되는 정치를 좋

게 만들지 못하는 한 민주주의를 그 가치에 맞게 실천하기는 어렵다. 오늘날 우리 민주주의의 문제는 '대의제 때문'이 아니라 대의제를 민주적 가치에 맞게 제대로 하지 못한 데 있고, '정당 때문'이 아니라 민주적 과업을 수행하기에는 지금 정당들이 제대로 조직되어 있지 못한 데 있다고 봐야 한다.

물론 정당이면 다 된다는 이야기가 아니다. 인간이 만든 그 어떤 제도도 한계가 있으며, 시대와 조건을 초월해 이상적 대안을 말할 수는 없다. 현대 민주주의에서 정당은 끼니에 비유될 수 있다. 민주주의 체제와 그렇지 않은 체제를 복수 정당 체계의 유무로 판단하듯이, 정당은 민주주의를 정의하는 본질적인 기준이다. 아무리 운동이나 휴식, 명상, 영양제가 건강에 좋다고 하더라도 그것이 끼니를 대신할 수 없듯이, 민주주의라면 그 어떤 것도 정당을 대신할 수는 없다. 혹자는 지금 정당들의 모습을 보고도 그렇게 말하느냐고 항변할 수 있겠으나, 기존 정당을 좋게 만들거나 기존 정당보다 더 좋은 정당을 만들지 못한다면 달라질 것은 없다. 지금의 정당들에 대해 냉소하기만 할 일이 아니라, 어떻게 하면 정당정치의 체질을 튼튼하게 할 수 있는가를 고민해야 하지 않을까 한다.

노동의 존엄성에 기초를 둔 공동체

많은 사람들이 말하기 불편해 하는 또 다른 문제를 생각해 보자. 그것은 노동문제이다. 갈등과 민주주의의 관계를 이해했다 해도 노사 갈등은 난제 중의 난제가 아닐 수 없다. 이런 질문을 하는 사람도 있었다.

우리나라에서 가장 큰 갈등은 노사 갈등이 아닌가 한다. 그렇기는 한데 진보파 내지 노동운동을 하는 사람들은 모든 문제를 계급투쟁으로 보는 것 같다. 가끔은 지나칠 정도로 투쟁적인 것 같기도 하다. 취업난이나 실업, 비정규직 문제를 보면 그렇게 싸울 수밖에 없겠다고 이해되지만, 노동운동도 좀 합리적으로 할 수는 없을까. 아무튼 노동문제 앞에서 민주주의는 무기력해 보이는데, 민주정치론에서는 노동문제를 어떻게 보는가?

결론부터 말하면, 그 대답은 노동문제를 계급투쟁적 관점이 아닌 민주주의의 문제이자 공동체의 기초를 튼튼히 하는 문제로 다룰 수 있는 실력에 있다. 이것만큼 정당과 정치가들이 갖춰야 할 소양으로서 중요한 것은 없다고 본다. 그렇기에 노동문제는 진보뿐만 아니라 보수도 중요하게 여기고 잘 다뤄야 한다. 진보, 보수만이 아니다. 학교도 가족도 종교도, 노동의 존엄성이라는 가치 위에 설 수 있어야 한다. 교회도 마찬가지이다. 내가 볼 때 노동문제에 가장 적극적인 가치를 부여한 종교가 있었다면 그건 기독교가 아니었나 싶다. 주일의 경건한 휴식과 예배는 곧 주중의 노동 혹은 자신의 일에 대한 헌신이 허락하는 은총으로 여겼다. 수도사와 선교사들의 가장 중요한 사역 가운데 하나도 노동이었고, 직업의 귀천과 상관없이 일하기를 힘쓰는 것을 중시한 것도 기독교였다. 그런데 일하는 사람들의 삶의 조건이 날로 불평등해지고 나빠지는 문제에는 무감한 채, 그들의 절박한 요구를 '빨갱이'로 몰아붙이는 일부 목회자들의 설교는 많은 사람들을 슬프게 한다.

경제 독트린의 하나로서 신자유주의가 낳은 부정적 영향 가운데 하나는 '일에 대한 헌신이 갖는 가치', '노동의 존엄성이 갖는 의미'를 심각하게 훼손한다는 점이다. '노동 유연성'labor flexibility 이라는 부드러운 말이 실제로 가져온 것은 비정규직 양산과 실업 증가였다. 그로 인한 고용 불안과 빈곤은 해결하지 않으면 안 되는 문제가 아니라, 노동비용을 축소할 수 있게 해주는 정상적 시장 요소로 간주되었다. 이렇듯 상당수의 노동자가 열심히 일할 기회도 갖지 못하는 잉여 인간이 되면서, '일하지 않는 자는 먹지도 말라.' 대신에 '일하는 것이 특권이자 감사해야 할 일'이라는 새로운 노동 윤리가 만들어졌다. 이보다 더 비인간적이고 반사회적인 경제 독트린은 지금껏 없었다.

이를 신자유주의 금융 세계화라는 외적 영향 때문이라고 한다면, 그것은 사태의 절반만 보는 것이다. 나머지 절반은 그간의 정치가 신자유주의의 영향을 제어하고 완화하는 데 매우 무능력했다는 사실에 있다. 김대중 정부에서도 '민주주의와 시장경제의 병행 발전'이라는 그럴듯한 이름으로 신자유주의 정책을 실천했고, 이는 그 뒤의 노무현 정부에서도 크게 다를 바 없었다. 이것이야말로 야당 집권 10년의 비극적 결산이 아닐 수 없다. 집권이 중요한 것이 아니라 집권해서 무엇을 할지를 성실하게 준비하는 것이 훨씬 더 중요하다.

우리는 왜 민주주의를 옹호하는가? 민주주의 자체의 그 어떤 숭고한 뜻을 이야기하는 것으로는 충분치 않다. 오히려 그런 접근이 위험할 때도 있는데, '시대정신론'이나 '민주 대 독재론' 같은 주장이 과도하게 강조되고 맹목의 신화가 되면 현실의 실제 문제를 못 보게 만들기 때문이다. '반이명박 연합'이니 '반박근혜 연합'이니 하는 식으로 구호화된 '민주주의 수호론'이 별 영향력을 갖지 못한 채 많은 시민들을 정치로부터 멀어지게 만든 이유 가운데 하나는, 그런 접근을 통해 물신화物神化된 민주주의가 다수의 보통 사람들이 직면해 있는 삶의 구체적 현실을 생기 없는 모조품으로 만들어 버렸기 때문이다. 그렇다면 민주주의가 어떻게 작동할 때, 보통의 평범한 시민들을 위한 정치체제가 될 수 있을까? 같은 민주주의 국가들 사이에서도 계층 간 평등의 정도가 큰 나라가 있고 그렇지 않은 나라가 있는데, 그 이유는 무엇일까?

가장 강력한 설명의 하나는 기업 운영─노사 관계─정당 체계─정책 결정 과정에서 노동의 시민권이 얼마나 폭넓게 보장되느냐에 달려 있다는 것이다. 노동과 민주주의의 관계를 연구한 여러 학자들이 강조하듯이, 노동자들의 이익과 열정을 대변하는 노조와 정당의 힘이 강한 나라일수록 계층 간 불평등 정도는 작고 빈곤율도 낮다. 투표율은 어떨까? 노동의 정치적 대표성이 클수록 높다. 또한 그럴수록 범죄율도 낮고 사회적 약자 집단에 대한 보호의 수준도 높다. 시장 경쟁에 내몰리는 정도도 낮고 규제 없는 금융 개방에 대한 방호벽은 높으며 그 결과 경제체제도 안정적이다. 하지만 노사분규가 증가하고 급진적인 노동운동이 출현할 가능성은 커

세이무어 마틴 립셋 Seymour Martin Lipset, 1922~2006

미국의 정치학자. 컬럼비아 대학에서 박사 학위를 취득한 후 캘리포니아 대학 버클리 분교, 하버드 대학, 스탠퍼드 대학 등에서 가르쳤다. 미국정치학회 및 미국사회학회 회장을 지냈다. 민주주의를 위해서는 일정한 경제 발전이 있어야 한다는 '근대화론'을 제창했다. 그 밖에도 정당 체계와 노동조합, 사회 갈등 분야에서 대표적인 실증 연구를 주도했다. 젊은 시절에는 스탈린주의에 반대하는 좌파 학생운동을 이끌었지만 말년에는 신보수주의에 경도되었다.

지지 않을까? 그렇지 않다. 서유럽 여러 나라들에서 볼 수 있듯이, 노동의 권리가 폭넓게 인정될수록 전체적으로 높은 수준의 산업 평화가 유지된다. 미국의 정치학회와 사회학회 회장을 역임했던 세이무어 마틴 립셋은 노동의 참여가 확대될수록 노동운동의 탈급진화 경향이 커지는 것을 하나의 법칙적 사회현상으로 설명한 바 있다. 노동의 집단적 영향력이 커지면 오히려 사회적 책임성이 높아진다는 사실이야말로 왜 우리가 노동 배제적인 민주주의가 아니라 노동 참여적인 민주주의를 지향해야 하는지를 말해 주는 것이라 하겠다. 요컨대 노동의 시민권에 폭넓은 기초를 둘 때에만 민주주의는 안정되고 또 인간적인 모습을 가질 수 있다.

잘 알다시피 현대 민주주의는 자본주의라고 하는 생산 체제 위에 서있다. 자본주의의 발전은 역사상 그 어떤 생산 체제보다 경제적 풍요를 가져다주었지만 기본적으로는 계층 간 불평등의 원리에 기초를 둔 것이자 인간 사회의 공동체적 통합을 위협하는 부정적 효과를 동반했다. 그러므로 아무리 이상적인 정치를 구상하고 조화로운 이성적 공동체를 꿈꾼다 하더라도, 현실의 불평등한 계층 질서와 갈등 관계를 어떻게 다룰 것인가 하는 문제를 빼고 민주주의를 말하는 것은 허구이다. 자본주의 체제에서 노동은 가장 중요한 생산자 집단으로, 그 수에 있어서나 조직적 잠재력에 있어서 그에 견줄 만한 세력은 없다. 따라서 이들의 역할이 사회적으로 어떻게 이해되느냐에 따라 그 나라 민주주의의 내용과 질은 크게 달라진다.

노동을 축소해야 할 생산 비용으로 간주하고 참여로부터 배제하려 할 때, 그것은 단순히 노동만 배제하는 것에서 그치는 게 아니라 사실상 사회 전체를 배제하는 것과 같은 효과를 낳는다. 노동을 배제하려는 사람들의 심리가 온전할 수도 없다. 노동자들의 권리 주장을 빨갱이나 좌경으로 몰아가는 비이성적 억압의 논리가 대표적인 예이다. 그런 논리는 노동으로 먹고사는 사람을 멸시하고 천대하면서 못사는 사람을 멀리하는 심리를 만들어 내며, 이런 환경에서는 공동체가 필요로 하는 윤리적인 토양이 척박해질 수밖에 없다.

가끔 "민주주의가 밥 먹여 주느냐"를 따져 묻는 사람들이 있다. 그런데 잘 생각해 보면 민주주의가 밥 먹여 줄 수 있어야 한다. 어느 정당이 집권하느냐에 따라 경제적 분배 효과가 계층별로 달라질 때, 민주주의는 안정된다. 그럴 경우 어느 사회집단이든 정치 참여의 욕구가 자신들의 필요로부터 발생하며, 결과적으로 개인과 민주주의 사이의 결합이 튼튼해지기 때문이다. 유럽의 국가들은 말할 것도 없거니와, 정당정치의 이념적·계층적 분화가 작은 미국조차 민주당이 집권했을 때와 공화당이 집권했을 때 계층별 소득분배는 뚜렷하게 다르다. 오바마 대통령이 연설에 인용해 잘 알려진 프린스턴 대학의 래리 바텔스Larry M. Bartels 교수의 책『불평등민주주의』에 따르면 1947년에서 2005년 사이 미국 인구의 20퍼센트를 차지하는 가난한 빈곤 계층의 소득 증가율은 공화당 집권기에 비해 민주당 집권기 동안 여섯 배나 높았음을 볼 수 있다. 선거 시기 미국 민주당의 정치자금은 어떨까? 노조를 통해 기부되는 노동자들의 돈이 전체 정치자금의 50퍼센트를 넘는다. 일하는 사람들의 권리와 삶에 기반을 두지 못하는 정치는 사실 민주주의라고 말할 수도 없다.

지금 한국 민주주의의 문제는 아직까지 이런 함수관계를 만들지 못했다는 데 있다. 기대했던 김대중 정부, 노무현 정부하에서 비정규직은 크게 늘었고 소득분배는 악화되었으며 사회 하층의 빈곤화도 빠르게 진행되었다. 남북한 사이의 평화 관계를 구축하고 여러 개혁 조치를 취했다고는 하지만 정작 평범한 보통 사람의 삶은 더욱 어려워졌다는 것, 무엇보다도 이 사실이 중요하다. 전체 노동자의 절반에 해당하는 비정규직의 눈으로 볼 때, 누가 정치를 하든 자신들의 삶이 크게 달라질 것이 없다면, '민주주의'는 참여의 열정을 불러일으키는 말이 되지 못할 것이다. 결국 오늘날 한국 민주주의를 위기로 몰고 가는 주범은 다른 것이 아닌, 노동 배제적이고 하층 배제적인 사회 그리고 그 위에 서있는, '노동 없는 정치'가 가난한 보통 사람들을 절망으로 이끌고 있다는 것이다.

어느 사회든 노동문제는 가장 인간적이고 가장 공동체적인 문제이다. 노동 윤리 내지 일에 대한 헌신을 갖지 못하는 공동체가 풍요로워질 수는 없을 것이다.

시민적 삶의 교육적 기초

현대 민주주의를 움직이는 엔진은 갈등이고, 그런 갈등을 민주적으로 통합해 좀 더 자유롭고 평등하고 건강하고 안전하고 평화로운 사회를 만들고자 한다면, 정당 정치와 노사관계라는 양 날개가 튼튼해야 한다는 이야기를 하는 자리에서 이런 질문을 받은 적이 있다.

지금까지 말한 그런 민주주의론을 우리 청소년들에게도 가르쳐야 하지 않을까 싶다. 고등학교를 졸업할 때 담임선생님이, 사회에 나가서 뭘 해도 좋은데 정치는 절대 하지 말라고 당부한 적이 있다. 그런데 오늘 이야기를 듣다 보니 뭔가 잘못된 것이 아닌가 하는 생각이 들었다. 장차 우리나라 민주주의를 이끌어 갈 아이들에게 무엇을 어떻게 가르쳐야 할까?

오래전 독일의 하이델베르크에 간 적이 있었다. 그때 청소년 정치교육 교재를 둘러보면서 얇은 자료집 한 권을 발견했다. 1장은 이런 질문으로 시작했다. "우리가 커피 한 잔을 마시면 브라질 커피 농장 노동자에게 얼마가 돌아갈까?" 커피를 좋아하는 많은 사람들의 취향을 만족시키기 위해서도 수많은 국적의 노동 협력을 필요로 한다며 아이들에게 글로벌화된 노동시장 문제를 생각해 보라는 취지로 던진 질문이었다.

커피 원두를 재배하고 수확하는 브라질 노동자, 배에 원두를 옮기고 내리는 파키스탄 노동자, 영국까지 배로 실어 나르는 영국 노동자, 이를 배달하고 볶고 가는 터키 출신 노동자들로 이어지는 긴 노동 협력의 연관 효과를 어렵지 않게 그림으로 표현했다. 노동운동의 이념은 유사한 노동을 하는 사람들 사이에서 경쟁하지 않는 것, 그보다는 협력과 연대가 더 중요한 가치로 자리 잡게 하는 것이라는 점도 잘 설명해 주었다. 나아가 일국 단위의 사회민주주의 체제의 한계와 더불어 이주 노동자들도 통합할 수 있는 복지국가의 전망을 개척하는 일이 얼마나 중요한지를 설득력 있게 강조했다.

3장은 "정당을 만들어 보자"였다. 예시 가운데 하나가 '숙제하기 싫은 당'이었다. 아이들에게 그런 무책임한 상상을 하게 해도 되나 싶었는데, 내용은 달랐다. 교사들이 자신들의 편의를 위해 방과 후 학습을 일률화해 숙제를 내는 것에 대해 문제를 제기하고, 다양성과 자율성을 높이는 방식의 숙제를 요구하는 정당이었기 때문이다. 그러고는 강령도 써보고 당 대표 선거도 하고 연설문도 작성해 보라고 했다. 사회에 나가서도 가사노동에 대한 사회적 평가가 낮다고 생각하면 주부당을 만들고, 퇴직 이후의 사회적 안전망이 낮다면 노인당을 만들어 보라고도 말하고 있었다. 정당을 만들면 단순히 항의로 끝날 수 없고 자신들의 존재가 공익에 기여할 수 있음을 증명해야 한다. 남편 내지 남자들과 갈등하는 것이 아니라, 기업 운영과 공공 정책의 차원에서 가사 노동의 제도적 가치 평가 기준을 수정하는 것이 공익에도 기여한다는 점을 말해야 하고, 단순히 노인들이 돈을 더 받느냐 마느냐가 아니라 노령연금 관련 정책을 바꿈으로써 전체 사회복지가 좋아질 수 있음을 말해야 정당이 되기 때문이다.

요컨대, 소극적으로 주장하고 요구하고 화내는 것에 그치지 말고, 적극적인 문제 해결자가 되라는 것, 민주주의에서라면 최고의 시민권은 정치조직을 만들어 문제를 제기하고 대안을 만드는 역할을 하는 데 있다는 것이다. 너무나 흥미롭고 인상적이었다.

우리는 어떤가? 아이들에게 노동이 인간 공동체의 기본 문제라는 것을 가르치는가? 정당이라는 것이, 시민이면 누구든 가깝게 다가가고 필요하면 만들 수도 있는, 민주주의의 중심 조직이라는 사실을 가르치는가? 오히려 그런 문제에 관심을 가지면 나쁜 일에 물들지 않을까 걱정하는 것은 아닌가? 아이들이 정치에 관심을 가지면 속된 말로 더 정치적이고 더 권력적이 될까? 노동문제에 관심을 가지면 투쟁적이 되고 저항적이 될까? 그렇지 않을 것이다. 다른 사람들의 삶, 나아가 사회적 문제에 관심을 가져 보는 것, 스스로 그런 문제의 해결자가 되려는 열정을 가져 보는 것이야말로, 아이들로 하여금 더 가치 있는 삶에 대한 상상력을 갖도록 하는 최고의 방법이다.

공익과 사회정의에 대해 관심을 갖게 되면, 시민적 책임과 공동체에 대한 헌신을 더 많이 생각하게 된다. 이런 접근을 경원시하다 보니, 우리의 미래 시민들은 몸이 성장하는 것에 비례해 공익적 열정을 갖게 되지 못하고, 그렇게 성장할 가능성을 억압당하고 있다. 체격은 이미 어른인데 그에 맞는 사회적 인식을 갖게 해주지 못하는 우리의 교육 구조 때문에, 그들의 열정을 책임 있게 표출할 기회를 상실하고 있는지도 모른다.

우리들의 미래 시민, 미래 노동자들이라 할 수 있는 아이들에게 노동의 존엄성과 함께 민주주의와 정치의 중요성을 가르칠 수 있어야 한다. 함께 일하고 땀 흘려 협동하는 것의 가치와 보람을 갖게 하지 못하는 교육이라면 그 가치나 존재 이유는 의심받게 된다. 봉사가 자율적 선택이 아닌 점수가 되어서도 안 될 것이다. 그보다는 시민교육 내지 민주주의 교육에 시간이 배정되었으면 한다. 그것이 사회를 위해서도 아이들의 좋은 심성을 위해서도 훨씬 좋은 일일 것이다.

'시민됨'의 보람을 갖게 하는 정치, 그런 정치에 참여하고자 하는 공적 열망, 견해가 달라도 인간의 존엄성과 평등의 원리 위에서 공동체의 문제를 합리적으로 다퉈 갈 수 있다는 믿음, 이 모든 것이 함양되고 교육되는 사회를 향해 나날이 전진했으면 좋겠다. 그것을 가능하게 하는 좋은 정당, 좋은 대통령, 좋은 교육감, 좋은 국회의원, 좋은 지방의회 의원, 좋은 자치단체장이 많아졌으면 한다.

민주주의가
필요로 하는
정치적 실천 이성

진보-보수 이전에,

혹은 진보-보수의 경합과는 별개로

정치가와 시민 모두 갖춰야 할 민주적 실천 이성이 있다면

그것은 무엇인가?

진보가 반보수일 수 없는 이유

오늘날 우리가 '정치 양극화'라고 부르는 현상은 부적절한 정치 언어에서 비롯된 바 크다. 여야 사이에서 혹은 같은 당의 계파 사이에서 그저 편을 나눠 '하게 되어 있는 말'을 반복하는 것, 마치 자신들만 옳음을 독점하고 있는 듯 내세우는 것, 상대를 마주 보고 차이를 좁히기 위해 대화하고 논쟁하는 것이 아니라 등을 돌려 자신의 지지자를 향해 상대의 잘못을 일러바치고 모욕하는 것, 이런 식으로는 좋은 정치를 할 수 없다. 그렇게 해서는 정치가 사회를 통합하는 기능을 할 수 없다.

필자의 다른 책인 『정당의 발견』에서 힘주어 강조했듯이, 민주적 정당정치란 누가 더 공익에 기여할 수 있는가를 두고 진보와 보수가 경쟁하는 것을 말한다. 진보든 보수든 누가 더 공익적으로 유능한가를 두고 다투어야지, 진보는 반反보수, 보수는 반反진보를 표방하는 것으로 끝난다면 정치는 '유사 전쟁'으로 퇴락하게 된다. 그러므로 상대에게 거부감을 갖게 하는 언어를 앞세워 정치를 하는 것은, 그것이 얼마나 진보적이고 얼마나 보수적이냐의 문제 이전에, '정치적 범죄'에 가까운 일이라는 점을 생각해야 한다.

진보든 보수든 민주정치에 헌신하고자 한다면 생각해 봐야 할 공통의 합리적 기반common ground이 있다. 필자는 이를 '정치적 이성'이라고 불러 왔는데, 민주주의에 상응하는 '정치적 실천론'이라고 해도 좋겠다. 많은 사람들이 필자를 진보의 입장에서 민주주의를 말하는 사람으로 분류한다. 그런데 꼭 밝혀 두고 싶은 것은, 그렇다고 필자가 '반反보수'의 입장을 갖고 있는 것은 아니라는 점이다. 좋은 진보는 좋은 보수를 필요로 하며, 진보의 좋은 역할이 사회적으로 실현되면 그들이 새로운 주류가 되고 보수가 될 것이다. 그리고 그렇게 되는 것이 발전이라고 생각한다. 17세기와 18세기에는 자유주의가 분명 진보의 역할을 했지만 그 뒤 보수가 자유주의를 중시했던 것처럼 말이다.

그런 관점에서 보면 민주주의의 이상적인 모습은, 누가 더 나은 공동체를 만들 수 있는가를 두고 진보와 보수가 좋은 경쟁을 벌이고 진보와 보수가 끊임없이 재구성되는 것이지, 진보를 '종북'이나 '좌경 빨갱이'로 몰아 근절하려는 것, 보수를 망하게 해서 진보만의 정치를 이루는 것이 아니다.

영국의 수상을 지냈고 제2차 세계대전 비망록으로 노벨 문학상을 받은 윈스턴 처칠Winston Leonard Spencer Churchill은 민주주의에 대해 이렇게 말한 적이 있다. "민주주의는 최악의 정부 형태이다. 단, 지금까지 시도되어 온 다른 모든 정부 형태를 제외하고 말이다"Democracy is the worst form of government except all the others that have been tried. 이 말은 민주주의에 대한 과도한 기대를 절제하게 하는 한편, 그래도 민주주의를 해야 하는 이유를 인상적으로 표현한 것이다. 비록 최선이 아니고, 여러 가지로 불만족스러운 점이 있다 하더라도 우리 인간이 감당할 수 있는 정부 형태로서는 민주주의가 가장 낫다는 것이다.

미국 대통령 버락 오바마 역시 2010년 미시간 대학 졸업식 축사에서 같은 생각을 말했다. 그에 따르면 민주주의는 "늘 시끄럽고 뒤죽박죽에다, 논쟁은 끊이지 않고 이해하기 복잡한 것이었다." 과거 반대파의 한 신문은 토머스 제퍼슨이 대통령에 선출되면 "살인, 강도, 강간, 간음, 근친상간이 널리 장려되고 만연할 것"이라는 기사를 버젓이 게재했다. 앤드루 잭슨 대통령의 정적들은 그의 어머니를 '매춘부'라고 불렀다. 집권당을 '독재', '살인 정권'이라고 공격하거나, 정치적 반대파를 '파시스트', '사회주의자', '좌파 꼴통'left-wing nut, '우파 꼴통'right-wing nut이라고 표현하는 일도 다반사였다. 그럼에도 불구하고 민주주의는 살아남았다. "경제·사회적 불안을 극복하고, 노예해방과 여성의 권리를 쟁취해 나가면서 민주주의는 꾸준히, 때로는 고통스럽게, 좀 더 나은 공동체를 향해 발전"해 왔다. "민주주의에서는 정부도 '우리'의 일부"라는 사실이 받아들여졌고, "우리의 손으로 지도자를 뽑을 수 있는 권리와, 우리의 법을 바꿀 수 있는 권리, 우리의 운명을 결정할 수 있는 권리"를 가지고 있음을 실천했다.

민주화 이후 벌써 한 세대가 지나고 있는 오늘의 한국 민주주의는 어떤 상태이고, 어떤 해결 과제를 안고 있는가. 어떻게 하면 보수 역시 민주적 가치의 신봉자가 되고, 진보 또한 책임 있는 정치 세력으로 자리 잡을 수 있을까? 진보와 보수 사이에서 어떻게 하면 지금보다 더 유익한 경합의 체계를 발전시킬 수 있을까? 우리가 고민해야 할 것은 바로 이런 문제들이 아닐까 한다.

진보든 보수든 세상을 좀 더 넓게 보았으면 한다. 서로에 대한 거울 이미지를 통해 상대를 악마화하고 스스로도 악마화되면서 시간을 허비하지 않았으면 한다. 진보는 진보다운 기백을 발휘하고 보수는 보수다운 기품을 발산하며 사회에 경쟁적으로 기여하는 모습을 볼 수 있었으면 한다.

보수 역시 반진보가 아니어야 하는 이유

2015년 4월 유승민 당시 새누리당 원내 대표는 국회에서 좋은 연설을 했다. 필자가 기억하는 한, 한국에서 보수 정치인이 민주주의의 가치에 상응하는 내용을 말한 최초의 연설이 아닌가 싶었다.

첫째, 그는 과거처럼 진보에 반대하는 것이 보수의 노선이 아님을 분명히 했다. 진보를 좌파나 종북으로 몰아붙이지도 않았다. 진보 역시 공익에 기여할 수 있다고 말했다. 보수 역시 공동체를 지키는 것을 최고의 가치로 삼는 정치 노선이 되어야 함을 천명했다.

둘째, 그는 진영을 넘어 합의의 정치를 개척하자고 말했다. 분열과 상처 대신 통합의 정치를 하자고 역설했다. 보수는 성장, 진보는 복지로 나뉘어 대립하는 것이 아닌 진보와 보수 모두 '성장과 함께하는 복지를 하자'는 합의가 어느 정도 존재한다고 말했다. 양극화와 불평등, 재벌의 문제에 대해서도 개선의 노력을 다하겠다고 약속했다. 보수와 진보 가운데 누가 더 공동체를 위해 기여할 수 있는지를 두고 경쟁하자는 의미로 이해되었다. 이 점 역시 좋았다.

셋째로 그는 공무원 연금 개혁, 세금과 복지, 보육 개혁, 성장의 방법 등에서 보수와 진보가 대화와 타협을 이끌 수 있는 정책적 합의의 공간이 넓게 열려 있음을 이야기했다. 진보와 보수가 서로에게 공정하기만 하면, 경제주체들 사이에 공정한 고통 분담의 원칙만 확고하다면, 합의의 공간을 얼마든지 넓혀 갈 수 있다고도 말했다. '공정성의 원리'를 제시한 이 부분도 좋았다.

그의 연설이 인상적이었던 것은 그가 진보적인 이야기를 해서가 아니다. 보수와 진보가 다르지 않다고 해서도 아니다. 필자가 볼 때 그는 보수 정치인이 분명하다. 다만 보수적이되 민주적이고, '정치적 이성'을 갖춘 말을 했기에 설득력이 있었다. 아직 우리 사회 보수파들 대다수가 진보 일반을 불온시하는, 지극히 편협한 생각을 갖고 있는 현실에서, 이 같은 연설은 용기가 필요한 일이었으므로 더욱 좋게 여겨졌다. 정책적 논의가 실제로 시작되면 진보와 보수는 필연적으로 이견을 드러낼 것이다. 그럼에도 불구하고 그처럼 정치를 이해하면, 말로만이 아닌 '실체적인 변화'를 진보와 보수가 함께 만들어 갈 수 있는 민주적 가능성이 커진다. 이 점이 중요하다.

정치란 차이를 없애고 같아지기 위해서 하는 것이 아니라, 불가피한 차이가 존재하고 같아질 수 없기 때문에 하는 것이다. 차이와 다름을, 공존할 수 없는 적대가 아닌 생각의 차이나 이견으로 이해하고, 그 속에서 좀 더 나은 공적 결정에 도달하기 위해 경쟁하고 타협하고 싸우고 조정하는, '종합 예술' 같은 것이 정치라는 점을 다시 강조하고 싶다.

불완전함에 대한 존중

한번은 술자리에 초면인 사람이 있었다. 새누리당 찍는 사람은 인간이 아니라고 본다는 그는, 종편은 말할 것도 없고 일반 방송조차 안 보며 팟캐스트만 듣는다고 했다. 세상은 썩었고, 국민 의식은 낮다는 이야기도 계속했다. 국방비가 얼마나 낭비되고 있는지를 수치를 들어 말하기도 했고, 이명박 대통령이 얼마나 형편없는 인사들만 중용했는지 여러 정보를 들어 설명했다. 그런데도 박근혜가 대통령이 되었다며 우리나라 국민의 절반은 바다에 빠져 죽어야 한다고 했다.

국민이 깨어나지 않으면 안 된다면서 그는 깨어 있는 시민을 모아 사회를 확 뜯어 고쳐야 한다고 말했다. 그러면 야당도 바꿀 수 있으며, 노조 없는 기업에는 비판 여론을 조성해 '1사 1노조'를 만들어 줄 수 있다고 역설했다. '자주성'이라는 노동운동의 기초가 그에게는 별로 중요하지 않은 듯했다. '깨어 있는 적극적 시민'이 민주주의가 지향하는 이상이라 할지라도, 그런 시민성은 민주정치의 좋은 성과를 통해 점차 형성되는 것으로 이해해야 한다. 그런데 그런 시민성이 인위적인 운동의 동원 목표가 되면 실제로는 시민성은 사나워지고 자칫 파시즘적 열정을 자극할 수도 있는데, 이런 사실을 그는 잘 보여 주었다.

또 다른 술자리에서 만난 사람은 좌파적 이념성을 중시하는 사람이었다. 그 역시 듣기보다는 말하는 것을 좋아하고 주장도 강했다. 자본주의를 넘어서려고 노력하지 않는다며 지식인들을 거침없이 비판했고, '반자본 투쟁'을 내걸지 않는 노동운동은 이미 '죽은 운동' 이 되었다고 질타했다. 우리 가운데 한 사람이 자기 단체에서 준비하는 일일 주점에 대해 이야기했는데 그는 회원이 아닌 자신이 가도 되는지 물었다. 그러고는 자신은 '반골 기질'이 있어서 어느 조직에서든 '야당질'을 한다며 호방하게 웃었다.

술이 조금 더 들어가자 그는 모든 사안에 대해 근본주의자로서의 견해를 쏟아 냈다. 비정규직 문제에 대해서는, 그것을 반자본 투쟁으로 승화시키지 못한 채 정규직화와 차별 완화만 요구한다며 성토했다. 일일 주점에 어떤 음식을 준비해야 할까에 대해 우리가 돈이 좀 더 들더라도 먹을 만한 음식을 장만하는 게 좋겠다는 대화를 하고 있을 때, 세월호 문제도 해결되지 않고 있는데 사치스러운 것 아니냐고 핀잔을 주었다.

지나친 자기 확신과 일방적 주장을 앞세우는 사람만큼 피곤한 대화 상대는 없는 것 같다. 무엇보다도 그들은 평범한 인간들이 해낼 수 없는 일을 말한다. '완전함에 대한 숭배 의식'이랄까, 아무튼 현실에 대해 화를 낼 뿐 소소한 변화나 점진적인 개선은 중시하지 않는다. 작은 일이라도 실제로 변화를 성취하려면 얼마나 많은 준비와 노력이 필요한지도 알지 못한다. 그런 준비와 노력이야말로 진짜 현실과 진짜로 싸우는 일이고, 그래야 주변을 밝게 만들면서 새로운 모색과 운동의 확장을 이루어 낼 수 있음을 알지 못한다.

누구도 인간의 완전함을 전제할 권리는 없다. 불완전하기 때문에 노력하고 타인에게 배우려는 것이다. 인간의 삶에서 고통과 슬픔은 피할 수 없다. 시간이 갈수록 몸은 아프고 마음은 지옥 같다.

그런 삶의 비극성과 싸우면서 좀 더 나은 삶과 사회를 개척하는 사람들은 어두운 사람들이 아니라 밝은 사람들이다. 그런 사람들은 늘 주변을 웃게 만든다. 화만 내는 사람을 만나면 삶은 더욱 비극적이 된다. 함께 일하고 싶은 마음도 사라진다.

그런 사람들보다는, 모든 가능성이 닫혀 있다고 느끼는 순간에도 방법을 찾으려는 사람과 함께하는 것이 훨씬 낫다. 그렇게 살다가 시간이 되면 자연스럽게 사라지는 인생이 훨씬 행복하다. 불완전하지만, 우리가 살아야 할 최선의 삶은 그런 것이지 않나 싶다.

진보와 정치 사이의 작은 오솔길

진보든 보수든 정치에서 사회에 유익한 성과를 내고자 할 때, 출발점은 '정치란 무엇인가'를 제대로 이해하는 것이다. 정치를 우습게 알고, '정치, 별것 있나? 초심 잃지 않고 부패하지 않고 양심적으로 하면 되지.' 정도의 태도로는 충분하지 않다. 소명 의식을 갖고 좋은 정치가가 되고자 하는 사람이 있다면, 자신에게 '정치가가 된다는 것은 무엇을 의미하는가?'라는 문제를 자각적으로 이해하는 것이 결정적으로 중요하다.

진보나 보수의 관점 안에서만 정치를 편협하게 다루는 것은 분명 문제가 아닐 수 없다. 그보다는 인간 사회에서 정치가 갖고 있는 보편적 측면이 좀 더 중시되었으면 한다. 정치는 정치 나름의 독자적 논리가 있다. 따라서 시장경제나 사회운동의 부속물로 전락되어서는 정치가 공익에 기여할 수 없다. 정치와 경제, 운동과 정당의 논리는 다르며, 각자는 매우 다른 원리로 움직인다는 사실이 충분히 인정돼야 할 것이다. 나아가 정치의 논리가 있는 그대로 이해될 수 있을 때, 비로소 운동도 경제도 정치와 좀 더 유익한 방향으로 결합될 수 있는 길이 열릴 것이다.

계속해서 강조하지만, 인간을 이해하고 정치의 방법으로 사회를 좋게 만드는 문제와 관련해 가장 중요한 것은, 정치에서 옳음은 하나가 아니라 여러 개라는 생각이다. 민주주의는 여러 부분적 옳음을 말하는 정당들 사이의 경쟁을 통해 공익의 방향과 내용을 결정하는 체제이다. 따라서 정치를 하면서 운동에 대한 헌신을 내세우며 자신의 옳음을 강변하거나 역사·이념·민중을 과도하게 이상화하는 것은 좋지 않다. 그런 접근이 선지자주의 혹은 엘리트주의일 수는 있어도 민주주의와는 양립할 수 없다.

보수는 공동체의 통합과 안정을 이끌 신념에 의해 뒷받침될 때 의미를 갖는다. 보수를 지지하지 않는 시민을 종북으로 몰아붙이는 사람이 좋은 보수 정치가가 될 수는 없을 것이다. 시민의 절반을 적대시하고 불온시하는 사람은 사회를 민주적으로 통합할 시야를 가질 수 없을 것이기 때문이다. 생각이 다르다고 상대를 배제하려는 냉전적 사고가 민주주의 시대에도 영향력을 발휘하는 것은 슬픈 일이다.

자신이 진보적이라는 것을 앞세우고 그것을 도덕적 무기로 과시하는 일 또한 무능력함이나 무책임함을 은폐할 때가 많다. 인간의 현실을 그렇게 다루면 무엇이 더 옳은지를 따지는 데 과도한 열정을 허비하고, 누가 더 진정성이 있는지를 두고 다투게 되는데,

역설적이게도 그런 사람들은 주변을 어둡게 만든다. 가끔 진보만이 옳다고 여기거나 보수를 박멸의 대상으로 말하는 사람을 보게된다. 그런 태도는 자신의 진보성을 과시하는 데는 유용할지 모르나 민주적이고 인간적인 가치와 양립하기는 어렵다.

과거 통합진보당의 대표는, 미국 국무장관을 강간해 살해해도 좋다는 말을 해 논란이 되었던 야권 후보에 대해 '점잖은 새누리당 후보'보다 그를 더 신뢰한다는 생각을 밝힌 적이 있다. 새누리당이나 보수가 싫다고 그들을 폭행하고 강간해도 좋다고 말하는 사람을 우리 편이라서 신뢰한다고 할 수 있는 윤리적 기초는 세상 어디에도 없다. 문제의 그 야권 후보는 자신에 대한 비판을 '조·중·동 프레임'에 따르는 일로 치부했다. 그에 대한 비판과 사퇴 주장 모두를 보수적 주류 언론과 동일시하는 것도 문제지만, 더 큰 문제는 어떤 경우라도 보수 쪽의 비판은 인정할 수 없다는 태도였다. 진보도 잘못하면 보수로부터 비판받을 수 있고 그래야 한다.

민주주의의 가장 기초적인 원칙은, 보수와 진보가 공정하게 경쟁하는 데 있다고 본다. 인간적인 문제에서 진보가 보수보다 특별히 더 낫다고 생각하지도 않는다. 보수에도 상종 못할 사람이 있지만 진보에도 그런 사람이 있다. 진보가 인간적으로 우월하다거나 도덕적으로 특별하다고 보는 것은 사실과도 다를 뿐만 아니라, 무엇보다 평등이라는 민주적 원리와도 부합하기 어렵다.

민주주의에서는 보수의 집권 기간이 좀 더 긴 경우가 일반적이다. 인간은 유기체이고 따라서 병들고 죽는 것에 대한 공포만큼 두려운 것이 없다. 사회도 일정한 균형의 체계를 갖는데, 1997년 외환 위기 때 경험했듯이 체계의 균형이 붕괴되는 것만큼 고통스러운 건 없다. 따라서 유기체로서의 인간이든 인위적으로 만들어진 체계로서의 사회든, 생존과 지속성을 중시하게 되는바, 보수성은 어쩌면 인간에게 생래적인 것인지도 모른다. 마찬가지로 변화와 진보 또한 인간의 삶과 인간 사회의 생래적 측면이다. 누구도 지루한 삶이나 정체된 사회를 좋아하지 않는다. 그렇기에 좋은 민주주의라면 진보와 보수가 경쟁해서 유익한 사회적 결과를 만드는 것이 중요하다. 진보만의 아름다운 세계란 꿈으로는 존재할지 모르나 그것이 현실이 된다면 적어도 민주주의는 아닐 것이다.

2005년 상원 의원이 되어 워싱턴에 입성한 오바마는 얼마 지나지 않아 자신을 지지했던 시카고 진보파들 일부로부터 비난을 받았다. 비난의 주요 내용은 그가 충분히 진보적인 모습을 보여 주지 못했다는 것이었다. 대표적인 사례로 공화당 대통령이 임명한 콘돌리자 라이스Condoleezza Rice 국무장관의 인준을 오바마가 찬성한 것이었다. 그때 오바마는 자신의 블로그에 예외적으로 긴 답변을 올린 적이 있다. 인준에 반대했다면 부시 정부에 비타협적인 진보적 태도를 보여 줄 수는 있었을 것이다. 하지만 인준에 반대한 다음의 선택이 불확실했고, 자신은 부시 정부의 국무장관으로서는 라이스가 최선일 수 있다는 판단을 했다고 말했다. 그러면서 "정치적인 것과 진보적인 것 사이에는 작은 오솔길만이 있다."면서 자신의 선택이 갖는 어려움을 설득력 있게 표현했다.

아마도 오바마가 진보적인 것의 가치만 추구했다면 민주당 안에서 진보파 국회의원의 한 사람으로만 남았을 것이다. 그렇지만 전체 유권자의 12~13퍼센트 정도밖에 안 되는 흑인 유권자들을 대표해서 미국의 대통령이 되는 일은 쉽지 않았을지 모른다. 필자가 말하려는 것은 오바마의 결정이 옳았다는 것이 아니다. 중요한 것은 서로 충돌하는 기준 속에서 자신의 결정을 이끄는 자각적 고민이 가치가 있다는 것, 바로 이 점이다. 진보적인 것과 정치적인 것을 양립시킬 수 있는 그 작은 오솔길에서 뚜렷한 족적을 남기는 일은 쉽지 않겠지만, 그러나 바로 그렇기 때문에 좋은 진보 정치가라면 바로 그 길에서 승부를 봐야 하지 않을까 한다. 진보적 가치를 정치적으로 실현하는 진보파 정치인의 좋은 모델이 많아졌으면 하는 바람이 간절하다. 진보를 위해서만이 아니라 그래야 민주주의가 좋아질 것이기 때문이다.

급진적 점진주의

필자 스스로 이런 생각을 할 때가 있다. 수많은 한계가 있음에도 나는 왜 민주주의 정치체제를 좋아하는가? 분명 민주주의는 시끄럽고 불안정할 때가 많다. 전쟁이나 세계적 경제 위기와 같은 외부로부터의 위기에 취약하며, 무엇보다도 좋은 정치가와 정당 없이는 잘 작동되지 않는 문제도 있다. 자유로운 만큼 이견을 가진 시민 집단과 정치 세력들 간의 감정적 상처가 더 크게 느껴질 때도 많다. 그 점에서 민주주의는 인간이 가진 한계와 가장 닮아 있는 체제가 아닌가 싶다. 흔들리지 않는 삶, 과오 없는 삶을 지향하는 사람이 민주주의를 좋아하기는 어려울 것 같다.

민주주의는 큰 변화를 잘 허용하지 않는다. 20세기 초 혁명을 지향했던 유럽 마르크스주의자들을 괴롭혔던 문제도 거기에 있었다. 대중정당을 만들고 선거에 참여하면서 그들이 발견한 것은, 민주정치에 참여하면 할수록 자신들이 바라는 혁명의 길이 멀어진다는 사실이었다. '민주주의는 혁명의 무덤'이라고 봤던 그들이야말로, 역설적이게도 민주주의의 특징을 가장 예민하게 인식했던 것이다. 마르크스주의가 정치적 실천론에서는 실패했지만 문제를 인식하는 차원에서는 확실히 탁월한 점이 있다.

비권력성과 자유로움, 해방적 사고를 특징으로 하는 문화와 예술과 같은 영역에서 혁명적 발상은 의미가 있다. 자신과 관계된 문제에서도 스스로를 근본적으로 혁신해 보고자 하는 시도는 얼마든지 좋은 일이다. 그러나 국가와 권력의 문제, 폭력과 강제력의 문제를 피할 수 없는 정치의 세계에서 혁명적 접근은 위험하기 짝이 없다. 혁명적인 큰 변화가 아니고 작고 느린 변화라도 그 가치를 충분히 받아들일 수 있어야 하고, 때로는 최악을 피해 차악이라도 기꺼이 선택해야 하는 것이 민주정치라는 점을 받아들이면 일상의 정치 현실에서 무너지지 않을 수 있다. 현실이 될 수 없는 허상이나 냉소적 관점에 괴로워하지 않을 것이기 때문이다. 보수 집권하에서는 어떤 개량도 의미가 없다는 근본주의적 태도에 희생되지 않을 수도 있다. 현존하는 모든 고통과 괴로움은 임박한 파국을 예비하는 것이기에 약간의 개선을 위해 애쓰지 말고 큰 싸움을 준비하라는 종말론의 유혹으로부터도 벗어날 수 있다.

어떤 조건에서도 좀 더 나아지려고 노력하고, 서로의 적극적 에너지를 결집하기 위해 늘 새로워지려는 시도 속에서 민주주의의 가치는 빛난다. 물론 그러려면 일상의 작은 변화 혹은 점진적 변화를, 구조와 체계의 변화라는 중장기적 과제 및 목표와 결합할 수 있는 능력이 있어야 할 것이다. 혹은 그럴 때만이 작은 변화를 성취하기 위한 노력도, 나아가 그런 작은 변화를 누적해 가려는 접근도, 얼마든지 급진적이고 적극적인 실천이 될 수 있다. 일상에서 작고 점진적인 실천을 폄훼하면서, 크고 근본적인 변화만이 의미 있는 것처럼 말하고 행동한다면 그것은 호사가들의 급진주의에 그칠지 모른다. 그보다는 작은 변화를 연결해 구조와 체계의 차원으로 끊임없이 확대하려는 것이야말로 훨씬 더 실천적이고 실체적인 급진주의가 아닐까 한다. 민주주의야말로 그런 급진적 점진주의와 상응하는 정치체제이자 실천 원리가 아닌가 한다.

정치와 민주주의를 이렇게 생각하다 보니 누군가 필자의 이념적 성향을 '좌파'로 단순화할 때면 조금 불편할 때가 있다. 언젠가 어떤 모임에 초대받은 적이 있는데, 초청자는 '좌파들이 참여한다'며 나와의 이념적 동질성을 그렇게 표현했다. 솔직히 이질감을 느꼈다. 가난한 중하층의 시민들에게도 자유가 평등하게 향유되어야 한다고 보며, 지금보다 정의롭고 공정한 사회로 변화되어야 한다고 본다는 점에서, 그간 진보적인 정당의 당원이었고 인간관계의 대부분이 그들 사이에 있다는 점에서 필자가 '좌파'에 가까운 것을 부인할 수는 없다. 그러나 아무런 실체적 내용도 없이 좌파임을 자처하거나 호명하려는 심리는 잘 공유되지 않는다.

굳이 좌우의 이념적 지평 위에서 스스로를 규정한다면 '중도 좌파' 정도일 것이다. 한국의 정치 문법에서 좌파라는 말이 갖는 부정적 뉘앙스를 생각한다면, '온건 진보 노선'이라고 하는 것이 필자로서는 가장 자연스럽다. 여러 한계가 있지만 민주정치 안에서 나날이 사회가 나아지기를 바란다. 좋은 목표를 이루는 것도 중요하지만 과정이 좋은 것을 더 선호하기도 한다. 관련 이해 당사자들의 참여와 갈등 속에서, 지루하지만 오래가는 변화가 만들어지는 것이 더 가치 있는 일이라고 생각한다. 주어진 선택지 안에서 그나마 조금 더 나은 것을 얻는 것, 혹은 그나마 덜 나쁜 결과를 얻는 것에도 한동안은 만족할 수 있다고 생각한다. 불만을 말하고 냉소하면서 현실로부터 멀어지기보다는, 조금이라도 나은 선택지를 가질 수 있도록 꾸준히 노력하는 것이 더 좋다고도 생각한다.

이런 생각이 스스로 좌파라고 생각하는 사람들에게 불만일 수 있다는 것을 잘 안다. 누군가 필자의 책 『정치의 발견』을 읽고 난 뒤 "경청할 대목이 없는 것은 아니지만, 읽고 난 뒤 기분 더럽게 나빴다."고 쓴 것을 보았다. 그의 솔직한 마음이 단박에 느껴져 웃음이 나왔다. 당연히 필자의 정치관, 민주주의관에 견해를 달리 하는 사람이 있을 것이고, 그 때문에 문제가 될 것은 전혀 없다고 본다.

민주주의는 갈등에 기초를 둔 갈등의 체계이다. 차이와 이견 사이의 열정이 민주주의의 원동력이기도 하고, 반대로 그것이 서로에게 깊은 상처를 주는 원인이 되기도 한다. 민주주의와 정치를 둘러싼 이견을 해결할 수 있다고 생각하는 것은 물론 아니다. 다만, 차이가 있다면 그 차이를 더 분명하게 해보고 좀 더 나은 이견을 주고받게 된다면 전보다 좋은 논쟁과 토론을 이어갈 수 있다고 생각하고, 그것으로 충분하다고 본다. 그렇게 해서 각자의 생각이 더 단단해지고 풍부해진다면, 내용 없이 공격성만 드러내는 것 때문에 괴로워하는 일은 줄어들 것이다. 필자와 생각이 다르다 해도 나의 민주주의관에 견주어 자신의 민주주의관을 좀 더 튼튼하고 설득력 있게 만들게 된다면, 그것만으로도 좋은 일이다.

점진적인 접근은 결코 소극적이거나 약한 태도가 아니다. 언제나 가능한 한 최대한 노력하고 준비하는 자세를 갖게 할 수도 있다. 변화는 그런 변화를 감당할 수 있는 내적 조건의 성숙과 함께 이루어지기 때문이다. 스티븐 스필버그 감독의 영화 〈링컨〉에 나오는 인상적인 대사가 있다. "나침반은 정북正北의 방향을 알려주지만 그곳으로 가는 길 어디에 늪이 있고 강이 있는지를 말해 주지는 않는다." 정북을 향한 급진적 선택이 사람들을 늪에 빠뜨리고 강물에 허우적대게 만들 수 있다. 늪을 우회하고 다리를 만들 준비를 갖춰야 하듯이 꾸준히 노력하고 대비책을 성실하게 모색해야 성과를 기대할 수 있다. 목적지인 항구를 향해 일직선으로 배를 모는 선장은 배를 지키지 못할 수 있다. 가장 빠르고 가장 안전하게 항구에 도착하고자 한다면, 암초를 피하고 조류의 흐름과 파도의 방향을 고려해, 때로 속도를 줄이고 때로 방향을 바꾸며 우회로를 찾는 노력을 끊임없이 기울여야 하듯이, 민주정치도 끈기 있게 접근하지 않으면 안 되는 일이다. 가장 급진적인 변화를 위해서도 긴 시간 노력하고 준비할 수 있는 성실한 접근이 필요하다는 것, 민주정치가 필요로 하는 가장 기초적인 규범이 있다면 바로 이것이 아닌가 한다.

민주주의 논쟁:
나는 왜
다른 민주주의론을
비판하는가

대의 민주주의에 대한 직접 민주주의론자들의 비판과 반대는 옹호될 수 있을까? 대의 민주주의 그 자체가 문제인가 아니면 대의 민주주의를 제대로 하지 못하고 있는 것이 문제인가? 직접 민주주의는 대안이 될 수 있는가? 헌법은 어떤가? 헌법을 바꾸면 민주주의가 좋아질까? 헌법과 민주주의의 관계는 어떻게 이해해야 할까? 정당정치를 정치 엘리트들의 기득권 내지 특권으로 보고, 그보다는 제도권 밖에서 운동을 통해 민주주의를 발전시키자는 주장은 어떤가? 민주주의를 정치 영역에서 구출해 시민 내지 시민사회로 가져와야 한다는 주장은 지지할 만한 것일까? 지금까지 살펴본 필자의 민주주의론을 자유롭게 불러들여 반대 토론을 해보겠다. 일부 중복된 논의가 있는 점에 대해서는 깊은 이해를 부탁한다.

직접 민주주의론 비판

/ 직접 민주주의에 대한 착각

많은 사람들이 입법부와 국회, 정당만을 대의 민주주의로 생각하고 그 밖에서의 시민 참여를 직접 민주주의라고 착각한다. 촛불 집회를 직접 민주주의의 승리나 대의 민주주의의 한계를 뛰어넘은 것으로 보는 해석이 대표적이다. 그런 주장을 하는 사람들은, 촛불 집회는 대의 민주주의의 한 요소이자 대의 민주주의이기 때문에 가능한 일이라는 사실, 만약 우리가 직접 민주주의 체제를 채택하고 있다면 촛불 집회는 적법한 것으로 인정될 수 없었으리라는 사실을 생각하지 못한다.

직접 민주주의란 무엇일까? 그것은 시민이 번갈아 공직을 맡는 것을 말한다. 달리 말하면 공직을 맡는 직업적 행위자 내지 독립된 정부 조직이 없는 체제를 말한다. 예컨대 고대 아테네에서는 전쟁 기술자인 장군이나 전문적 회계 능력을 갖춰야 하는 재정 담당자를 제외하고, 모든 공직과 통치의 역할을 시민이 돌아가면서 직접 맡았다. 오늘날처럼 시민으로부터 독립된 정부의 존재는 상상할 수도 없는 일이었다.

행정도 시민이 번갈아 맡았고, 입법도 마찬가지였으며, 법정 역시 시민이 직접 관장했다. 이해관계가 다른 시민 집단들의 자발적 결사체도 존재할 수 없었다. 정당도 이익집단도 직업 관료제도 없었다. 누구의 이익도 중간 집단들에 의해 대표될 수 없었다. 어느 누구도 전체 이익이 아닌 부분 이익을 위해 집단을 만들거나 조직을 동원할 수 없었다. 즉 오늘날처럼 자유로운 결사의 권리에 기초를 둔 다원주의 체제가 아니라, 유기체로서의 전체가 먼저 있고 그것에 맞게 시민의 의무가 뒤따라오는 체제였다.

직접 민주주의 체제에서 촛불 집회가 일어난다면 어떻게 될까? 고대 아테네를 기준으로 말하면, 시민의 의지가 시민 평의회와 민회, 시민 행정관, 시민 법정을 통해 구현되고 있는데, 달리 말해 시민 누구나 원하기만 하면 법률을 제안할 수 있고 다른 누군가를 탄핵할 수 있고 스스로 행정관을 할 수 있는데, 그런 체제를 대상으로 누군가 집단적 반대를 조직해 저항한다면 허용될 수 있을까? 이럴 경우 민주주의에 반하는 행위로 이해될 수밖에 없는 것이 직접 민주주의이다.

개인의 자유로운 의견이라 할지라도 민주주의 체제에 나쁜 영향을 미치는 것으로 여겨지면 처벌을 감수해야 했다. 소크라테스의 사례에서 보듯이, 아고라에서 젊은이들에게 다른 생각을 말하고 다른 가치나 믿음을 설파했다는 이유로도 죄가 되었다. 그와는 달리 현대의 대의 민주주의는 '인간 누구에게나 허용되어야 하고 그 누구로부터도 침해될 수 없는 기본권' 위에 서있다. 대의 민주주의에서 정부가 존재하는 목적은 그런 기본권을 보호하는 것이며, 따라서 합법적으로 선출된 민주 정부라 할지라도 기본권을 침해할 수는 없다. 민주주의에 반하는 의견을 말하는 것조차 자유로운 개인의 권리가 되는 것이 대의 민주주의이다. 사상의 자유와 종교의 자유, 결사의 자유를 기본권으로 보장한 것은 인간의 역사에서 현대 대의제 민주주의가 유일하다.

사회의 그 어떤 권위체도, 개개인의 평등한 기본권의 관점에서 의심될 수 있다는 관념 역시 현대 대의제 민주주의에서 처음 구현되었다. 그 기초 위에서 시민은 자신의 주권을 '공적 영역을 담당하는 선출직 대표 내지 그 조직에 정당한 절차를 거쳐 위임'하는 대신, '자유로운 비판과 반대의 자유'를 행사할 수 있었다. 저항권을 포함해, 집단을 만들고 조직을 결성할 자유는 대의 민주주의에서만 정당한 권리로 허용되는 변화였고, 촛불 집회는 그런 권리의 가장 극적인 표현이라 할 수 있다.

/ 대의 민주주의에 대한 오해

시민이 직접 참여하는 것이 중요하고 이것이야말로 대의 민주주의의 한계를 넘어서는 일이라는 주장은 지나치게 단순한 이해이다. 뿐만 아니라, 때로 심각한 오해와 착각을 동반하는 경우도 많다. 시민의 직접 참여를 허용하는 정도나 규모를 말한다면 직접 민주주의보다 대의 민주주의가 훨씬 더 크고 넓다. 직접 민주주의는 '소득 취득의 압박이 상대적으로 작고, 참여를 위한 시간적 여유가 있으며, 자신의 의사를 스스로 설명할 수 있는 지적 능력을 가진 중산층의 로망'일 수는 있어도 민중적인 정치체제가 될 수는 없다.

사회 구성원 대부분에게 시민권을 부여한 체제는 인간의 역사에서 사실상 대의 민주주의가 유일했으며, 그 때문에 노동자가 노동조합을 만들 수 있었고, 여성이 투표권은 물론 스스로 정치조직을 만들어 참여할 기회를 누릴 수 있었다. 집회와 결사의 자유 또한, 대의 민주주의 이전 그 어떤 인간의 역사에서도 자유로운 권리로 인정했던 적은 없었다. 그런데도 직접 민주주의를 무작정 찬양하는 대신 대의 민주주의는 함부로 비난해도 좋은 일이 된 것은, 반反정치주의라는 지배 이데올로기와 깊은 관련이 있다. 정치와 정치인, 정당을 욕하면서 이들을 시민의 대표가 아닌 특권 계층으로 야유하는 논리의 연장선상에서 대의 민주주의를 '정치가들의 특권적 지배 체제'로 단순화해 말해 왔던 것의 결과라고도 볼 수 있다.

필자의 지론이기는 하지만, 우리 사회의 엘리트 집단 가운데 책임성과 실력, 성실함, 도덕성 등 어떤 기준으로 보아도, 평균적으로는 정치 엘리트 집단이 가장 낮다. 교수든 법률가든, 언론인, 고위 관료, 연예인, 의사든 정치를 우습게 여기는 이들이 정치가의 역할을 대신한다면 거의 비극에 가까운 일이 될 것이다. 대의 민주주의 역시 인간이 만든 체제이자 제도이기에 당연히 한계가 있지만, 아직까지는 그 어떤 체제나 제도보다 진보적이다. 따라서 대의제를 민주주의의 가치에 맞게 제대로 하는 것이 중요하고, 촛불 집회를 포함해 다양한 결사와 자유로운 의사표시가 대의 민주주의를 살찌우고 풍부하게 만드는, '일상에서의 기본권 행사 방식'으로 자연스럽게 이해되어야 할 것이다.

촛불 집회에 참여했던 시민 가운데 다수가 의식적으로 실천했던 것은 대의 민주주의였지 직접 민주주의는 아니었다. 그들이 정당이나 국회, 나아가 정부를 폐지하고 자신들이 직접 사회를 운영하겠다는 생각으로 촛불을 들었을까? 그보다는 정부가 정부답고 대통령이 대통령답기를 바랐으며, 입법부의 역할을 중시하고, 나아가 제대로 된 정당을 만들어 다시는 이런 일이 반복되지 않았으면 하는 생각을 표출했다고 보는 것이 실제 현실에 가깝지 않을까 한다.

/ 참여의 비용을 감수하는 문제

물론 다른 관점에서 대규모 시민 집회의 민주적 의미를 강조할 수 있다. 대의 민주주의의 기본 틀은 인정하지만, 시민이 집회를 통해 '유사 민회'처럼 정부의 운영 방향을 결정했으면 한다거나, 시민/주민이 직접 참여해 정책 제안과 결정 등 다양한 공적 역할을 경험할 수 있게 하면 좋지 않을까 생각하는 사람도 많기 때문이다. 물론 다 좋다. 하지만 그런 참여가 다른 방법의 참여보다 우월하다거나, 나아가서는 정당과 같은 대의 기구의 역할 내지 정부의 역할을 대신할 수 있다고 생각한다면 그건 곤란하다. 제대로 된 정당정치와 입법부의 역할 없이 현대 민주주의가 그 가치에 맞게 기능하는 것은 상상할 수 없는 일이다. 따라서 정당정치를 발전시키는 길이 아닌, 혹은 이를 부정적으로 보면서 시민의 직접 참여를 확대하는 길을 대안으로 말한다면 이것은 제대로 따져 봐야 할 주제이다.

우선 시민의 의사를 모은다고 그것이 민주주의가 아니라는 것, 민주주의란 정치의 과정을 거치면서 공적 결정을 둘러싼 시민의 의사가 형성되고 변화하는 데 있다는 점을 다시 강조하고자 한다.

요컨대 정책 결정 과정이나 예산안 작성에 시민이나 주민이 얼마나 직접 참여하느냐는 핵심이 아니다. 해당 사안을 둘러싸고 '공적 의견을 잘 조직하는 일, 필연적으로 표출될 수밖에 없는 복수의 의견들 사이에서 논쟁의 과정과 결과를 잘 이끄는 일'이 훨씬 더 중요하다. 이런 기초 위에서 시민의 참여가 결합될 수 있어야 참여의 질도 높아질 수 있고, 민주주의가 그 가치와 이상에 가깝게 실천될 수 있다.

우리 사회에서 시민 정치나 직접 민주주의를 말하는 사람들은 대개 정당이나 대표, 의회의 역할을 부정적으로 보거나, 이를 우회해 사회에서 시민이 직접 정책 의제를 다루고 결정하면 된다고 생각한다. 하지만 일반 시민이 참여해 다룰 수 있는 의제들은 비교적 단순하고 이견이 크지 않은 것들이다. 갈등적이고 복잡한 의제일수록 정보를 선별하고 판단을 도와줄 조력자가 필요한데, 사실 이때부터는 '대표와 조직가, 그리고 그들에 대한 신뢰의 문제'를 피할 수 없다. 직접 민주주의를 주장하는 사람들 가운데 자신의 단체나 조직의 '대표'라는 직함을 갖고 있는 경우가 있는데, 이는 그들 역시 조직과 대표 그리고 신뢰의 문제를 안게 되었음을 보여 주는 것이 아닐 수 없다.

시민의 의지를 대행할 조직과 통치, 리더십과 신뢰의 문제를 빼고 현실 속의 민주주의를 실천할 수는 없다. 시민 집단의 이해가 상충할 때 공적 결정 과정에서 다뤄지는 의견은 두 개 이상일 수밖에 없고, 이럴 경우 당연히 그들 사이의 논쟁과 경쟁을 주도하는 정치 조직이 필요하다. 민주주의란 '서로 이해를 달리 하는 시민 집단들과 그들의 의지를 대표하는 복수의 정치 세력 사이의 경쟁과 협력'을 그 중심 내용으로 한다. 따라서 이 과정을 감당할 조직의 역할 없이 민주주의는 이루어질 수 없다.

그런 일들을 시민이 직접 참여해 결정하게 한다고 해보자. 그래도 누군가는 그런 시민 참여를 뒷받침할 수 있는 '조직화의 비용'을 감수해 줘야 한다. 참여하는 개인도 당연히 기회비용을 지불해야 하고, 이를 동원하고 조직하는 사람들에게도 엄청난 시간과 노력의 비용이 든다. 참여만이 아니라 결정을 하는 데도 비용이 든다. 누군가는 정보처리와 판단을 위한 조력자 역할을 해야 한다. 결사나 조직, 정당이 아니라면 필연적으로 전문가 집단과 행정 관료의 영향력이 커질 수밖에 없다.

언론 권력의 역할도 커진다. 직접 민주주의를 강조할수록 실제 현실에서는 시민 참여를 진작하기 위해 수많은 행사와 홍보비를 지출해야 한다. 당연히 언론 매체나 미디어 환경에 대한 의존이 심화되고 결국 여론을 동원하는 활동이 심화될 수밖에 없다. SNS라고 불리는 소셜 네트워크 서비스를 온라인에서 활용한다 해도 이를 만들고 운용하는 것 역시 적지 않은 비용을 필요로 한다. 정당 정치를 반민주적인 것처럼 야유하며 직접 민주주의를 앞세우는 단체들의 활동이 대개 기업의 후원과 지자체의 용역, 나아가 언론 홍보에 의해 뒷받침되는 것은 우연이 아니다. 비非대의적 시민 참여를 강조할수록 행정 권력과 언론 권력, 나아가 경제 권력에 대한 의존이 커지는 것은 피할 수 없다.

/ 참여의 직접성과 참여의 범위 사이의 역설

정당이나 대표의 역할 없이 시민들이 직접 참여해 공적 사안을 다루게 되면 과연 누가 참여하고 또 누구를 위한 결정으로 귀결될까? (앞서 6장에서도 살펴보았듯이) 우선 참여가 가능한 시민 집단, 즉 참여의 비용을 감수할 수 있고 시간적 여유를 갖는 시민 집단은 중상층 이상의 계층인 경우가 대부분이다. 시민사회의 주류적 견해를 반영하거나 고학력 시민 집단의 의사에 좌우되는 경우도 많다. 사회의 다수가 지지하는 쉬운 의제가 아닌, 갈등적이거나 재분배적인 이슈는 차별받기 쉽다. 노동 운동적 의제나 사회 하층의 격렬하고 원초적인 문제 제기가 관심 밖으로 밀려날 때도 많다.

정책 결정 과정에 주민이 참여할 수 있도록 개방해도 지역민의 다양한 의사나 이익이 고르게 반영되기는 어렵다는 점은 많은 사례에서 나타나고 있다. 앞서도 언급한 바 있지만, 재정 문제에 대한 미국 캘리포니아 주민 투표나 타운 홀 미팅의 결과는 많은 경우 감세, 즉 세금을 축소하는 쪽으로 진행되었다. 공공 예산이 줄고 공립학교 및 세금, 전기 등에 대한 공적 지원이 삭감되어 중하층 시민들의 삶이 위태롭게 된 경우도 적지 않았다. 동성혼 인정 같은 소수자를 위한 사안은 주민 투표에서 부결되곤 했다.

정치의 역할을 개입시키지 않은 채, 시민들의 의견을 다 모은다고 해도 달라지는 것은 거의 없다. 인권 문제나 도덕적 이슈처럼 판단하기가 비교적 쉽고 분명한 경우라면 주민 투표나 여론조사의 결과가 나쁘지 않을 수 있다. 하지만 그 이상의 이슈에서는 해당 사회의 지배적 의견에 가까운 결정이 내려지는 경우가 많다. 예를

타운 홀 미팅Town Hall Meeting

과거 미국 뉴잉글랜드 지역을 중심으로 주민이 직접 참여해 정책과 예산, 공무원 선출을 했던 타운 홀 미팅의 전통이 있었다. 그 뒤 관료제가 들어서고 대의 민주주의가 자리 잡으면서 타운 홀 미팅은 정책 설명회에 주민을 초청해 의견을 듣는 형식으로 변형되었다. 기업 역시 지역 주민으로부터 의견을 구하는 자리를 타운 홀 미팅이라는 이름으로 개최하곤 한다. 비록 정책 결정권을 행사하는 자리는 아니지만, 주민의 의사를 청취하는 것을 통해 정책의 정당성을 확보하는 기능을 하고 있다. 때로 해당 정책을 반대하는 이익집단이나 다른 정당 지지자들이 동원되어 소란이 발생하는 경우도 있다.

들어 이민자들에게 투표권을 주자는 제안이나, 무슬림들의 종교 생활에 필요한 지원을 하자거나, 여성주의자들의 요구에 맞게 기존 제도를 고친다거나, 장애인을 위해 편의 시설을 확대하는 문제 등에서 관용적이지 않은 시민들이 다수일 때가 많기 때문이다.

주민 내지 국민의 여론을 모아 공적 결정을 하게 되면, 오히려 사회적 약자들의 처지가 위협받기 쉽다. 2016년 영국의 브렉시트 국민투표 역시 대표적인 예이다. 인종 문제가 의제가 될 때 일반 시민들이 어떤 태도를 드러내는지를 잘 보여 주었기 때문이다. 멕시코 이민자에 대한 반감을 동원해 백인 저학력 저소득층의 지지를 얻은 미국의 트럼프 현상도 유사한 면이 있다. 정치의 조직적 역할이 약하거나 정당정치가 나쁜 조건에서 시민의 의견에 의존해 결정을 내리게 되면, 합리적이고 이성적인 판단보다는 소수 인종에 대한 혐오, 이민자에 대한 두려움, 무슬림에 대한 기피, 여성주의나 사회적 약자의 도전에 대한 적대와 같은 비이성적 태도가 강화되기 쉽다는 사실을 깊이 생각해야 한다.

/ 대의 민주주의가 더 진보적이고 민중적이다

1980년대 초 프랑스에서 사형제가 폐지될 때를 돌아보는 것은 흥미롭다. 당시 사회당 정부는 '인간에게 다른 인간의 존재를 절멸시킬 권리는 없다.'라는 생각과 '사형제가 범죄를 줄이는 효과도 없다.'라는 판단에 따라 사형제 폐지를 추진했다. 하지만 시민사회의 여론은 몹시 부정적이었다. 사형제가 폐지되면 흉악 범죄가 늘 것이라는 두려움 때문이었다. 논란 끝에 사형제 폐지 법안은 사회당이 주도해서 의회를 통과했다. 요컨대 시민 다수의 의견이나 시민사회의 반대에도 불구하고 대의 정치의 한 영역에서 내려진 결정이었다는 말이다.

그 뒤 10년이 지나 사형제 폐지에 대한 의견을 묻는 여론조사가 다시 실시되었다. 이번에는 사형제 폐지를 잘했다는 의견이 절대 다수로 나타났다. 우려와는 달리 흉악 범죄는 늘지 않았고, 인간이 다른 인간의 실존 여부를 심판하는 일을 하지 않는 것으로부터 오는 윤리적 충족감도 실현되었기 때문이다. 이처럼 시민사회나 여론이 아니라, 시민의 주권을 정당하게 위임받은 정치의 세계에서 공적 사안을 둘러싼 의견의 형성과 변화 그리고 구속력 있는 결정을 이뤄 가는 것, 이것을 정치학에서는 민주주의라고 부른다. 정치의 역할과 무관하게 시민사회에 존재하는 시민의 여론 내지 민심을 모아 공적 결정을 하게 된다면, 아마도 그것은 '시장에서의 소비자 결정'과 유사해지고 말 것이기 때문이다.

시민의 참여를 강조하는 사람들은 촛불 집회와 같은 '광장에서의 민주주의'를 과도하게 이상화하는 경향이 있다. 물론 민주화 이후 한국 사회에서 촛불 집회는 잘못된 통치 혹은 자의적 통치를 견제하는 굳건한 '시민 전통'으로 자리 잡았다. 아마도 한국 민주주의가 자랑스럽게 여길 만한 것이 있다면 단연 촛불 집회가 아닐까 한다. 그러나 촛불 집회만으로는 충분하지 않다. 시민의 절대 다수가 동의할 만한 사안에서는 효과적이지만 복잡한 의제나 갈등적인 재분배 이슈가 들어오면 감당할 수 없다. 광장에서의 민주주의로 정부를 운영할 수도 없고, 법을 만들 수도 없다. 시장경제를 움직이고 국방과 외교 문제를 감당할 수도 없다. 사안에 따라 '시민적 압력'을 행사할 수는 있어도, 그것으로 정치와 경제, 법의 지배 등 체제 운영을 대신할 수는 없다는 말이다.

시민적 열정과 에너지는 촛불 집회와 같은 저항권의 표출로도 나타나야겠지만, 동시에 그 에너지를 다양한 형태로 담아내는 정당과 대의제, 정부의 역할을 통해서도 실천될 수 있어야 한다. 촛불과 광장에서의 민주적 열정이 어떻게 하면 정당정치를 좋게 만드는 문제로 연결될 수 있는지를 고민하지 않고, 광장 안에 시민 참여의 에너지를 가두어 두려는 것은 결코 좋은 결과를 낳지 못한다.

아무리 그래도 시민이 직접 참여하는 것이 교육적인 차원을 포함해 시민적 효능감 내지 권능감efficacy/empowerment의 확대를 위해 필요한 일이 아니냐며 반론할지도 모르겠다. 물론이다. 참여가 갖는 최고의 가치야말로 그런 효능감과 권능감을 공유하는 데 있다고 할 수 있다. 그런데 왜 정치에 참여하는 것은 시민 참여로 잘 인정되지 않을까? 왜 정당에 가입하고 활동하는 것은 시민 참여와는 무관한 것처럼 여겨지는 걸까?

이와 관련해 시민 정치, 시민 단체, 시민 의회 등 시민이라는 용어가 과용되는 것도 생각해 볼 일이다. 사실 '시민 정치'란, 문자 그대로 하면 민주주의와 같은 말이다. 그런데 우리 사회에서 이 말은 '정당이나 대의제가 아닌 정치'를 뜻하는 말로 사용된다. '시민 단체'라는 표현도 그렇다. 민주주의에서라면 최고의 시민 단체 내지 가장 강력한 시민 단체는 정당이다. 그런데 우리의 경우 시민 단체는 '정당과는 무관한 단체', '정치 중립적인 단체'라는 의미로 사용된다. 이런 접근이 정치를 시민과 무관한 세계로 대상화하고 또 분리시키는 데 일조하고 있는 것은 아닌지 돌아볼 일이다.

나아가 참여는 직접 민주주의에서 가장 잘 실현되며 대의 민주주의에서는 그렇지 못하다고 생각하는 사람도 많은 것 같다. 이 점도 생각해 볼 일이다. 고대 아테네에서 실천된 민주주의를 직접 민주주의의 원형이자 구현태라고 해보자. 그런데 그때의 시민 참여 특히 시민의 직접 참여는 생각보다는 소수에 국한된 현상이었다. 직접 참여에 필요한 시간적 여가와 소득의 기회를 대체할 만한 여력을 가진 시민을 위해, 사회 구성원의 절대 다수가 생산과 재생산의 역할을 전담해야 했기 때문이라는 점은 앞에서도 강조한 바 있다. 노예로 불린 노동자는 물론 재생산을 담당하는 여성이 시민권을 누릴 수 없었다는 말도 했다. 그럼 공적 역할을 위한 여가를 향유할 수 있게 된 시민들의 참여는 실제로 어땠을까?

아테네의 경우 전체 사회 구성원 가운데 남성 중산층 가부장들만 시민권을 가질 수 있었는데, 그들 모두가 참여했던 것은 아니다. 참여는 자원한 시민에게만 허용되었고, 참여한 이후 그가 한 모든 공적 행동은 사후적으로 엄격하게 심사받았다. 시민 개인의 입장에서 볼 때 참여에는 매우 무거운 책임이 따랐다는 말이다. 그렇기에 시민들의 실제 참여는 생각보다 많지 않았다. 시민이라면 모두가 참여할 자유가 있었던 민회를 기준으로 보면, 전체 인구의 15퍼센트 안팎이었던 시민 가운데 참여한 규모는 6분의 1에서 7분의 1 정도였다. 전체 사회 구성원 가운데 직접 참여한 비율을 굳이 계산하자면 2퍼센트에서 4퍼센트 안팎에 불과했던 셈이다.

민회에서 모든 것이 논의되고 결정된 것처럼 말하는 사람도 가끔 있는데, 그것도 오해다. 민회는 일 년에 40회 정도 열렸으며, 회기는 하루였다. 그날그날 선출되는 의장의 임기 역시 하루를 넘을 수 없었다. 사실 좀 더 정확히 말하면 민회가 지속된 시간은 반나절 정도에 불과했다. 민회에서 다룰 의제는 5백 명의 시민 대표들로 구성된 평의회에서 사전에 결정되었다. 그것도 5백 명 모두 모여 결정한 것이 아니라 50명씩 호선으로 돌아가면서 맡았다.

민회에서는 원한다고 해서 누구나 의제를 제시할 수가 없었다. 안건을 제안할 수 있는 시민의 자유는 시간이 갈수록 제도적으로 제한되었다. 설령 자유로운 토론이 허용되었다고 해도 참여자의 절대 다수는 단 1분도 발언할 기회를 가질 수 없었다. 민회의 회기는 반나절인 4시간 정도였으니 정족수인 6천 명의 시민이 1분씩 발언한다는 것은 애초부터 불가능한 일이다. 만약 6천 명이 1분 동안 발언한다면 단순 계산으로도 26일 가까이 필요하고, 5분씩 발언한다면 120일이 넘는 시간이 필요하기 때문이다.

의견 집단이나 결사체를 만들어 그들과 그들의 대표를 중심으로 공적 토론의 밀도를 높이는 방법은 없었을까? 불가능했다. 자유롭고 평등한 개인이 아닌 집단적 목소리는 인정되지 않았으며, 민주주의 이전에 정치를 주도했던 귀족 집단이나 가문의 개입 역시 인정되지 않았다. 정당을 조직할 수 있었던 것도 아니고 노동조합 등 이익 결사체를 만들 수도 없었다. 이상 살펴본 여러 점들을 생각한다면, 시민이 체제 운영에 참여할 수 있었던 범위나 강도, 직접성의 정도는 과장되지 않아야 할 것이다.

설령 참여의 직접성을 기준으로 생각해 보더라도, 현대 대의제 민주주의가 훨씬 더 직접적이다. 시민 누구나 다양한 결사체를 직접 만들 수 있다. 집회의 자유를 통해 의사를 직접 표출할 폭넓은 기회를 갖는 것도 대의 민주주의에서만 가능하다. 직업 집단이든 이익집단이든, 공익집단이든 수많은 조직을 직접 만들 수 있으며, 혹은 그런 집단을 통해 자신들에게 유익한 정책을 만들도록 조직적인 압력을 직접 행사할 수도 있다. 정당을 포함해 다양한 정치조직을 만들어 정책 결정 과정에 직접 참여할 수 있는 것도 현대 대의제 민주주의이다. 따라서 현대 민주주의의 여러 정치 원리를 잘 이해하고 그것의 가치에 맞게 대의제를 더 잘하고 참여의 조직적 기반을 확대할 생각을 해야지, 누구도 시민을 대신할 수 없다며 현실이 될 수 없는 낭만적 직접 민주주의관을 무책임하게 앞세울 일은 아닌 것이다.

직접 민주주의는 제아무리 기술적으로 잘 디자인한다 해도, 소득의 압박이 적고 여가를 향유할 수 있으며 자기 의견을 말할 수 있을 만큼의 교육을 받은 중산층에 편향적일 수밖에 없다. 현대 대의제 민주주의는 여성이든 노동자든 특정 지역 출신이든 상관없이 누구나 시민권을 갖게 했다는 점에서 역사상 가장 진보적인 정치체제라고 할 수 있다. 잘만 활용하면 꽤 쓸 만하고 역동적이고 민중적인 정치체제이다. 대의제를 제대로 민주적으로 운영하는 것이 정말이지 훨씬 더 중요하다. 자유롭고 평등한 참여를 질적으로나 양적으로 확대, 심화할 수 있는 길은 대의 민주주의에서 훨씬 더 넓게 열려 있다.

결론적으로 말해, 직접 민주주의를 앞세워 대의제를 야유의 대상으로 삼는 일은 반정치주의의 격조 높은 버전은 될 수 있을지언정, 그렇게 해서 달라질 것은 없다. 대의 민주주의의 참여 기반을 어떻게 질적으로 심화하고, 정당정치의 이념적·계층적 기반을 어떻게 확대할 것이며, 나아가 선출직 대표와 비선출직 행정 관료제로 이루어진 정부의 책임성을 어떻게 더 잘 실현할 것인지와 같은 실체적 문제를 제기하는 것이 훨씬 더 중요하다. 그것이 오늘날 우리가 당면한 진짜 민주주의 문제라는 점을 다시 강조하고 싶다.

헌정적 민주주의론 비판

많은 사람들이 개헌론을 말하거나 그것에 반대한다. 물론 헌법도
필요하면 얼마든지 바꿀 수 있다. 다만 헌법을 바꿔서 할 수 있는
일과 할 수 없는 것을 구분해야 하고, 개헌을 한다면 정당한 절차
에 따라 해야 한다. 새로운 헌법이 잘 작동할 수 있는 조건도 살펴
야 한다. 개헌은 민주적 정치과정을 통해 이루어져야 하며, 소수
엘리트들의 전문가주의에 의해 이루어져서도 안 된다.

  헌법 조항을 새로 쓰는 것이 개헌이 아니다. 그것은 단지 개
헌의 긴 정치과정 끝자락에서 할 일이다. 개헌은 빨리 하는 것보
다 제대로 잘하는 것이 중요하다. 그럴 때 개헌은 절차적 정당성
은 물론 실체적 내용을 갖고 진행될 수 있다고 본다. 이런 관점을
바탕으로, 헌법과 민주주의의 관계를 이해하는 문제에 대해 필자
의 생각을 조금 폭넓게 이야기해 보고자 한다.

/ 헌정주의 혹은 입헌주의?

  현대 민주주의가 입헌주의constitutionalism의 기초 위에 서있다
는 것을 부정할 수는 없다. 이는 고대 아테네 민주주의와 비교해
현대 민주주의가 가진 큰 특징 가운데 하나이기도 하다. 그 핵심은
헌법이라는 형식이 아니라 그 누구에 의해서도 침해될 수 없는,
'개개인의 시민이 가진 기본권'에 있다.

  고대 아테네 민주주의나 근대 이전의 공화정이 '법의 지배'rule

of law 내지 법치의 원리는 가졌을지라도, 정치체제를 정당화하는 기본권의 원리는 없었다고 할 수 있다. 고대 아테네의 경우 법 앞의 평등(이소노미아)이나 평등한 발언권(이세고리아) 등의 원리가 있었다 해도, 어디까지나 그것은 민주주의라는 정체政體, politeia의 운영 원리 내지 그 하위 원리였을 뿐, 오늘날처럼 입헌주의에 의해 보호되는 기본권의 원리는 아니었다. 노르베르토 보비오Norberto Bobbio가 강조하듯이, 개개인이 가진 입헌적 기본권 위에 정치체제를 세운다는 원리는 근대 자유주의가 가져다준 혁명적 전환이 아닐 수 없다. 그 어떤 공적 권위체도 개인의 관점에서 합리적으로 의심될 수 있는 것은 바로 이 때문에 가능했다. 문제는 그다음이다. 즉 입헌주의냐 아니냐가 아니라, 입헌주의와 민주주의의 관계를 어떻게 볼 것인가가 더욱 중요한 문제라는 말이다.

'constitutionalism'을 우리말로 어떻게 번역하면 좋을지 늘 고민한다. 헌정주의憲政主義로 표현하는 사람도 있고 입헌주의立憲主義라고 옮기는 사람도 많다. 헌정주의는 '헌법에 의해 계도되는 민주주의'에 가까운, 매우 강한 관점을 갖는다. 그에 비해 입헌주의는 '헌법에 의해 뒷받침되는 민주주의'를 뜻하는, 다소 약한 관점으로 이해된다. '헌법을 통한 민주주의'의 의미에 가까울수록 헌정주의를, '민주주의를 위한 헌법'의 관점을 중시할수록 입헌주의를 선호한다고 말할 수도 있겠다.

용어의 문제를 좀 더 선명하게 다루기 위해 'constitutionalism'을 '헌정적 민주주의'constitutional democracy와 '민주적 입헌주의' democratic constitution로 구분해 볼 수 있다. 헌정적 민주주의는 민주적 결정이 가진 불완전함을 전제하면서 민주적 결정이라 할지라도 헌정적 제약 아래 두어야 한다는 점을 강조하는 접근으로 해석할 수 있다. 반면 민주적 입헌주의란, 민주주의나 정치의 방법으로 헌법을 현실에 맞게 해석하고 운영해 가는 접근이라 할 수 있다.

예를 들어 특정 정당이 문제가 있다고 여겨질 경우, 헌정적 민주주의자라면 헌법재판소를 통해 해산 결정을 추진할 것이다. 반면 민주적 입헌주의자는 그런 정당이라면 다음 선거에서 유권자의 투표 행위를 통해 존속 여부가 결정되어야 한다고 강조할 것이다. 입법부에서 내려진 민주적 결정을 두고도 폭넓은 위헌 청구 및 판결의 대상으로 삼아야 한다는 것이 헌정적 민주주의자의 접근이라면, 입헌적 민주주의자는 가급적 사법부나 헌재가 입법부의 결정을 존중해야 한다고 볼 것이다.

넓게 보면 개헌 문제에 대한 접근도, 새로운 헌법을 통해 민주정치를 이끌겠다는 관점이 강할수록 헌정적 민주주의에 가깝고, 민주정치의 역할을 우선시하면서 헌법의 조항을 수정하는 문제를 마지막 절차의 문제로 다룬다면 민주적 입헌주의에 가깝다고 할 수 있다. 필자는 민주적 입헌주의의 입장을 갖고 있으며, 정치에 대한 헌법의 개입을 부정하지는 않으나 가능한 한 최소화되고 절제되어야 한다고 생각하는 편이다.

/ 개헌, 당론부터 정하는 것이 먼저다

절차적인 문제부터 생각해 보자. 필자가 기억하는 한, 민주화 이후 지난 30년 동안 어느 한 해도 개헌론이 제기되지 않은 적이 없었다. 20대 국회에 들어와 그 주인공은 정세균 국회의장이었다. 개헌은 "논의의 단계를 지나 이제 하느냐 마느냐의 의지의 단계로 들어섰"고 "1987년 헌법이 제정된 지 30주년이 되는 내년[2017년]이 적기"라며 이 기회를 놓칠 수 없다고 했다. 2016년 당시 야당 내 대표적인 개헌론자로 알려진 우윤근 신임 국회 사무총장은 2017년 4월 재보선 시기에 국민투표를 하자며, 아예 시기까지 못 박고 나섰다. 손학규 전 의원은 정계에 복귀하면서 "개헌을 통한 7공화국 건설"을 내걸었고, 그러자 박근혜 대통령은 기다렸다는 듯이 "임기 내에 개헌하자"고 선언하고 나섰다. 개헌론의 압박이 커지자, 당시 문재인 민주당 대선 후보는 2018년 지방선거 때 국민투표를 하자는 입장을 개진했고, 다른 경쟁 후보도 같은 입장을 말했다. 그런데 개헌으로 정치가 좋아질까?

헌법은 위험한 사안이다. 그렇기에 헌법 문제를 갖고 이렇게 저렇게 함부로 실험할 수는 없다. 개헌을 정말 진지하게 생각한다면, 먼저 각 정당이 내부적으로 당론을 정하는 노력부터 해야 할 것이다. 민주정치에서 중대 사안의 출발점은 바로 책임 있는 당론의 제정에 있다. 자신의 정당 내부에서부터 개헌안을 만들기 위해 충분히 노력하지 않으면서 무책임하게 개헌을 앞세워 여론을 동원하는 것은 곤란한 일이다.

대부분의 개헌론자들은, 자신의 정당이 헌법과 헌법 개정을 어떻게 다루어야 하는지에 대해 당내에서 토론을 벌이려 하지 않는다. 그들은 여론이나 언론에 대고 개헌을 이야기하지, 돌아서서 자신의 정당에 논의를 제기하지는 않는다. 혹자는 "개별 의원들 하나하나가 헌법 기관이나 다름없기에 당론과는 무관하게 국회에서, 오로지 나라의 장래만을 생각하며 논의를 이끌어 결정하자."라고 말하는데, 놀라운 주장이 아닐 수 없다. 이는 '귀족정적인 의회주의'의 원리일 뿐, 민주정과는 거리가 멀다.

민주정은 정치인이 그를 대표로 뽑아 주고 권력을 갖게 한 시민에게 책임지는 것을 말한다. 시민은 서로 다른 정견을 가진 정당과 소속 의원 후보들에게 투표를 통해 권력을 위임한다. 따라서 지난 선거에서 특정 정당의 후보로 국회의원에 선출되었다면, 자신을 공천한 정당과 그때의 공약에 책임성을 가져야 하는 것이 민주주의이다. 그런데 국회에서 의원 개개인의 자율적 의사를 모아 결정하면 된다는 식은, 정당의 후보로서 선거에서 당선되고 국회의장이 되고, 특정 정당의 추천에 의해 사무총장이 되었으면서도 이제 그런 책임은 끝났고 헌법 제정 권력은 온전히 의원들 개개인의 소관이라고 보는 것과 다를 바 없다. 정당이 책임정치의 기반으로 제 역할을 하지 못하는 의회주의는 민주주의가 아니다. 프랑스 출신의 정치학자 베르나르 마넹의 개념을 빌려 말한다면, 그것은 ('정당이 중심이 되는 민주주의'에 대비되는 개념이자, '명망가 의원 개인들이 주도하는 의회주의'를 뜻하는) '의원 지배 체제'parliamentarism에 가까운 것일 뿐이다.

/ 선거 공약으로 시민의 위임을 받아야 한다

개헌안이 당론으로 확정된 다음에는, 정당의 선거 공약으로 제시되어야 한다. 정당이 공약을 제시하는 것은 주권자인 시민에게 판단을 요청하는 단계의 시작을 의미한다. 그로부터 '정치적 의제의 형성과 이를 중심으로 한 공적 논쟁'의 과정이 뒤따라야만, '시민이 최종적 결정권자로서의 역할을 하는 민주주의'가 의미를 가질 수 있다. 로버트 달이 민주주의의 절차적 조건으로 "효과적인 참여, 투표의 평등, 계몽된 이해의 획득, 의제에 대한 최종적 통제권"을 꼽았다는 사실은 중요하다.

이런 과정 없이 국민투표로 결정하자는 개헌론자들의 발상은 사실상 '중우정치'를 하자는 것과 다르지 않다. 국민투표는 여론 동원 정치를 대표하는 결정 방식이지 결코 민주적인 결정 방식이 아니다. 과거 군사독재 정권의 경험에서도 보았듯이, 그들이 즐겨 향유한 것은 국민투표였고 야당을 협박할 때도 늘 "그럼, 국민투표로 하자!"였다. 극우 선동 정치에 휘둘리고 만 영국의 브렉시트 역시 국민투표의 부정적 효과를 잘 보여 준다. 유럽의회에 참여하고 있는 대표적인 극우 정당들인, 독일의 '독일을 위한 대안', 체코의 '자유시민당', 이탈리아의 '북부동맹', 리투아니아의 '질서와 정의', 폴란드의 '자유와 희망의 갱신을 위한 연합', 스웨덴의 '스웨덴민주당', 영국의 '영국독립당' 모두 직접 민주주의 내지 국민투표를 강령으로 내세우고 있다.

한발 더 나아가 개헌론자들은 여론조사 결과를 들며 개헌에 찬성하는 의견이 많다고 주장한다. 그러나 필자가 보기에 일반 여론조사에서 개헌에 찬성한다는 대답은, 지금과 같은 정치가 바뀌었으면 하는 바람을 다른 형태로 표출한 것일 뿐이다. 시민들이 개헌을 열망한다고 주장하지만, 개헌에 대해 정당들이 결정한 당론도 없고 제대로 된 공적 논쟁도 없는데, 개헌에 대한 찬성 여부를 묻는 여론조사가 얼마나 신뢰성을 가질 수 있을까?

민주주의에서 정치가란 어떤 사람인가? 선출된, 시민의 대표들이다. 시민은 모든 일을 직접 할 수도 없으며, 직접 하고자 할 만큼 어리석지도 않기에, 선출된 정치가들에게 민주적 과업을 일정 기간 맡긴 것, 그것이 민주주의이다. 그런데 그들이 책임 있게 정치를 하지 않아서 문제라고 생각하는 시민들에게 개헌론자들은 "그건 내 잘못이 아니라 헌법 때문"이라고 대답한다면, 이를 어떻게 생각해야 할까? 현재 국회의원들은 제헌의회 선거를 거쳐 뽑히지 않았을 뿐만 아니라, 개헌안에 대한 공약도 없이 당선되었으므로 헌법 개정 권력을 시민으로부터 위임받았다고 보기는 어렵다. 대통령답지 못하고 여당답지 못하고 야당답지 못하다는 것이 시민들이 제기했던 비판의 핵심인데, 그런 비판에 대해 "개헌하자!"라고 응수하는 것이나 다름없는 일이다. 개헌이 중요하다면, 우리 현실에 맞는 내실 있는 개헌안을 만들기 위한 충분한 준비와 노력을 책임 있게 하는 것이 먼저다.

/ 헌법은 특별한 문서이다

개헌의 절차적인 문제를 넘어, 이제부터는 헌법이 갖는 의미와 역할에 대해 살펴보자. 헌법은 일반 법률과는 다른 특별한 문서이다. 조항보다 규범성이 훨씬 더 중요하다. 공식적인 법과 제도들의 기반이 된다는 의미에서 근본규범Grundnorm이라고 불린다. 그렇기에 영국의 사례에서 보듯이 불문헌법으로도 얼마든지 작동할 수 있다. 시간적으로 보면, 아무리 좋은 헌법도 낡게 마련이다. 오래되고 낡았다고 해서 나쁜 헌법이라고 말할 수는 없다. 여러 환경과 기술적 조건이 변할 때마다 헌법을 바꿀 수도 없다. 따라서 '개헌하자'가 먼저가 아니라, 기존 헌법의 규범과 정신을 해석/재해석해서 해결하는 접근, 즉 '정치적 접근'을 헌법 문제에서도 먼저 생각해야 한다.

많은 사람들이 언급하는 프랑스의 이원집정부제는, 헌법에 그런 내용이 있어서 하게 된 것이 아니다. 국회의원 총선에서 야당이 다수당이 되었고, 대통령의 권한으로 의회를 해산하고 총선을 다시 한다 해도 상황이 달라질 수 없다는 사실이 분명해지자, '사회주의자이자 의회주의자'를 자처했던 프랑수아 미테랑Francois Mitterrand 대통령이 야당에게 정부 구성권을 넘겨주는 정치적 결정을 단행했기 때문에 시작되었다. 헌법에 의한 것이 아니라 대통령의 정치적 결정에 의해, "대통령의 소속 정당이 의회에서 다수당이면 대통령제가 되고, 야당이 다수당이 되면 의회중심제로 운영되는 독특한 프랑스식 준대통령제 내지 이원집정부제"가 시작되었다.

당대 최고의 지식인들이 모여 작성한 헌법으로 연방 정부를 건설한 미국의 사례도 흥미롭다. 최종적으로 그들이 만든 미국 헌법은 기대와 달리 이성적이고 합리적인 문서가 아니었다. 실제로는 불완전한 이해나 오해에 기반을 둔 것들도 많았고, 참여자들 간의 수많은 이견과 이해관계를 둘러싼 불가피한 타협의 결과였으므로 혼란스러운 내용도 많았다. 행정부와 입법부, 사법부가 서로를 극단적으로 견제만 할 수 있는, 한마디로 말해 작동할 수 없는 모순적이고 갈등적인 헌법이었다고 할 수 있다. 그러므로 이후에 미국 정치가 헌법의 내용 그대로 운영되었더라면 아마도 대혼란 그 자체였을 것이다. 그러나 미국의 헌법과 민주주의가 붕괴되지 않을 수 있었던 것은, 정치인들이 '그런 헌법에도 불구하고' 연방 정부를 운영할 정치적 방법을 찾아 적응했기 때문이다.

우리의 사례도 다르지 않다. 헌법상 괴뢰정부인 북한과의 '남북한 정상회담'은 헌법 때문이 아니라 '헌법에도 불구하고' 이루어진 정치 행위였다. 정반대의 사례도 있다. 유신 체제나 5공화국 같은 독재 정권 시절에도 헌법 제1조는 변함없이 "대한민국은 민주공화국"이었지만, 그런 헌법에도 불구하고 남북한 대치와 북한 정권의 위협을 앞세워 권위주의 독재를 정당화했다. 헌법과 배치되는 정치가 비단 독재 정권 때만 존재하는가? 그렇지 않다. 지난 60년간 미국 정부는 이러저러한 전쟁에 개입하면서 헌법을 준수한 예가 거의 없다. 긴박한 전쟁의 위험과 테러의 두려움 같은 비상사태론 내지 '예외상태론'을 앞세워 헌법에 적시되어 있는 '의회의 전쟁 선포권'을 무시하는 일이 다반사였다. '비미국적'un-American 행위를 처벌하겠다는 초헌법적 조치를 자유롭게 취하기도 했다. 요컨대 헌법의 문제는 헌법 외적인 조건에서만 조명될 수 있는 특별한 사안이며, '헌법으로'가 아니라 '헌법에도 불구하고' 할 수 있는 폭넓은 가능성의 공간을 가진 것이 민주정치다. 이 문제를 좀 더 살펴보자.

/ 헌법이 아닌 헌법 외적인 조건이 더 중요하다

좋은 헌법은 좋은 정치의 조건을 만드는 문제 속에서 접근되어야 한다. 프랑스식 헌법을 갖게 되었다고 해서 프랑스처럼 민주주의를 하게 되는 것이 아니다. 독일식 의회중심제를 한다고 한국 정치가 독일 정치처럼 합의제 민주주의가 되는 것도 아니며, 미국처럼 대통령 중임제가 된다고 한국 정치의 문제가 해결되는 것도 아니다.

중앙집권은 무조건 나쁘고 지방분권은 다 좋은가? 그렇지 않다. 중앙집권이냐 지방분권이냐보다 통치 행위에 수반되는 책임성의 원리가 어떤 방법으로 실천되느냐가 더 중요하다. 독일과 미국의 사례에서 보듯이, 강력한 지방분권 체제라 하더라도 독일처럼 전국적 차원의 사회정책을 시행할 수 있고 미국처럼 그렇게 하지 못할 수도 있다. 정당과 의회를 통해 책임 정치의 내용을 어떻게 실현하느냐에 따라 지방분권의 사회경제적 결과는 전혀 달라질 수 있다. 지방분권도 정당이 책임 정치의 기반으로 작동할 때라면 모를까 그렇지 못하면 얼마든지 나쁠 수 있다.

인간이 만든 모든 제도는 장단점을 나눠 갖는다. 그것의 좋은 효과는 제도의 법-형식적 측면에서 발원하는 것이 아니라 '제도

외적인 조건'에 달려 있다. (문화연구cultural studies 분야에서 중시되는 '담론 분석'discourse analysis에서도 강조하듯이) 담론의 권력 효과는 담론 안에 있는 것이 아니라 '담론과 담론 외적인 것 사이의 접합'이 어떠한가에 있듯이 말이다. 그런 의미에서 시민의 의사를 나눠 대표해 경쟁하는 정당정치가 체제나 제도를 뒷받침할 만큼 사회 속에 잘 뿌리내리고 있는지, 경제를 움직이는 주요 생산자 집단들 사이의 상호작용이 얼마나 공동체적인지 등에 의해 영향 받는 바가 더 크다는 사실은 중요하다.

앞에서도 말했듯이, 20세기 초 제정된 독일의 바이마르 헌법은 당시 최고의 공화주의/민주주의 헌법으로 평가되지만 그 최상의 헌법도 헌법 외적인 조건이 뒷받침되지 않았기에 (나치의 집권을 가능케 하는) 최악의 결과로 이어졌다. 반대로 전후 독일 '본Bonn 헌법'은 불완전했지만, 그 위에서 독일 민주주의는 발전했다. 일반 법률처럼 의회에서 특별 과반수로 국민투표 없이 자유롭게 고칠 수 있도록 할 만큼 헌법으로서의 권위를 제대로 인정받지 못했지만, 그 때문에 문제는 없었다. 요컨대, 헌법 덕분이 아니라는 것이다. 기민당과 사민당이 중심이 된 정당정치 혹은 기업 내 공동 결정과 직장 평의회에서 보듯이 좋은 노사 관계가 뒷받침되지 않았다면, 전후 독일 민주주의의 발전은 상상할 수 없는 일이다.

로버트 달의 미국 헌법 이야기(『미국 헌법과 민주주의』)는 참고할 만하다. 미국 헌법이 얼마나 비민주적인지, 그리고 그것이 결코 해결하기 어려운 갈등적 요구들의 혼합물에 불과하다는 사실을 로버트 달처럼 급진적으로 비판한 사람도 드물다. 그렇다면 미국 헌법을 폐지하고 새 헌법을 만들어야 한다고 했을까? 그렇지 않다. 기존 헌법에 문제가 있다고 해서 '다른 헌법 만들기'가 대안이 될 수는 없기 때문이다. 헌법은 누군가가 쓰고 작성하는 것이 아니다. 사회적 힘의 관계는 물론 여러 정치 세력들 사이의 수많은 갈등과 투쟁을 피할 수 없는 것이 헌법의 문제이다. 미국 민주주의가 직면하고 있는 지금과 같은 정치·사회적 조건에서, '개헌의 정치'를 시작한다면 그것이 가져다줄 파괴적인 결과를 누가 책임질 것인가?

/ 좋은 정치의 기반 위에 좋은 헌법이 있다

헌법 문제를 제대로 논의하려면, 우선 지금 우리 정치가 안고 있는 문제 가운데 어떤 것이 얼마나 '헌법 때문'인지, 그리고 '헌법 이외의 문제'는 또 어떤 것들인지를 구분해서 말해야 한다. 그리고 가능하다면 법치 내지 입헌주의의 힘을 빌려 문제를 해결하기보다는 정치의 방법으로 개선할 수 있는 여지를 더 중시해야 한다. 그것이 민주주의이다. 물론 헌법을 바꾸지 않고는 해결되기 어려운 분명한 사안이 있다면, 당론으로 개헌안을 확정하고 선거에서 시민의 위임을 받아 개헌을 추진하는, 아주 기초적인 민주적 절차를 준수해야 한다.

그렇지 않고 지금처럼 모두 자신의 진정성을 강변하고 자신이 원하는 제도만을 일방적으로 주장하는 상황에서 개헌을 하게 된다면 정치가 좋아질 것인가? 개헌 정치의 국면에 실제로 들어서게 되면 어떻게 될까? 누군가는 대통령 4년 중임제가 답이라고 하고,

누군가는 이원집정부제를 해야 한다고 말하며, 또한 누군가는 의회중심제 아니면 안 된다고 하는 등, 제각각일 것이다. 뿐만 아니라 누군가는 통일 헌법을 만들자고 하고, 재벌들은 헌법 119조의 경제민주화 조항을 폐지하자고 할 것이다. 누군가는 양원제 개헌, 연방제 개헌을 하자고 하거나 지방분권화 개헌을 하자고 할 것이다. 우리 사회의 주요 세력과 영향력이 모두 동원되어 자신들을 위한 권력 구조를 만들고자 할 것이며, 학계와 언론 역시 편을 나눠 맹목적 주장을 반복할 텐데, 지금의 정당들에게 이처럼 무한정 갈등이 확산되는 상황을 통제할 능력은 없어 보인다. 그보다도, 개헌안 당론조차 만들 의지나 능력이 있는지 알 수가 없다.

한국의 87년 헌법은 졸속으로 만들어진 헌법치고는 꽤나 탄력적이라는 특징을 갖는다. 지금의 헌법을 가지고도 의회중심제를 할 수 있고, 합의 민주주의도 할 수 있으며, 이원집정부제도 할 수 있다. 의원들이 장관이 될 수 있고 책임 총리가 내각을 이끌 수도 있다. 대통령중심제인데도 부통령제는 없다. 어떻게 운용하느냐에 따라서 다양한 정부 형태를 정치의 방법으로 얼마든지 할 수 있다. 따라서 의회중심제나 이원집정부제를 하려는 정치 지도자라면, 자신이 대통령이 되어 집권할 경우 그렇게 운영하겠다고 공약을 하면 된다. 집권당에게 책임 총리와 내각 형성권을 실제로 주면 된다. 다른 것들도 지금 헌법을 통해 할 수 있다. 남북한 평화 체제를 진전시킬 수 있고, 노-사-정 사이에 좋은 경제를 위한 타협도 추진할 수 있으며, 심지어 통일도 할 수 있다. 통일 헌법이 필요하다면 그에 맞는 정치적 협약의 내용을 만들고 합의하는 것이 먼저이고, 헌법 조항을 작성하는 일은 그 뒤에 하면 된다.

정치적으로 좋은 성과를 만들어 가는 것이 중요하며, 그런 성과와 양립할 수 있는 방향으로 헌법의 정신을 해석/재해석하면서 우리에게 맞는 변화를 이뤄 나갈 수 있다. 그것이 정치의 역할이기도 하다. 부득이하게 정치·사회·경제적 발전이 헌법 조항과 충돌하는 상황을 만나게 되면 (영토 조항을 사문화시킨 과거 남북 정상회담 때처럼) 낡은 조항을 사문화시키면 된다. 반드시 개헌하지 않으면 안 될 상황이 도래하면 그때 충분한 준비와 논의를 거쳐 실효적인 내용의 개헌안을 만들고 합의해 갈 수 있을 것이다.

가끔 분권형 대통령제나 의회중심제로의 개헌을 말하는 정치가들이 있는데, 정말 그렇게 생각한다면 다른 무엇보다도 그런 변화를 뒷받침할 수 있는 실효적 조건을 먼저 말했으면 한다. 예컨대, 그간 실질적으로 내각을 지휘해 온 청와대 권력을 먼저 축소·재편해야 한다. 정당이 내각을 구성하고 이끌 수 있도록 예비 내각의 실력을 갖추는 것도 중요하다. 좋은 정당, 좋은 정당정치의 기반을 닦는 과정과 개헌을 준비하고 추진하는 과정이 병행될 수 있는 길을 생각하는 것이 중요하다는 말이다. 그러면서도 좋은 경제와 좋은 노동시장, 좋은 교육·문화적 조건을 발전시키는 일을 게을리 해서는 안 된다. 헌법은 형식적 제도 조항이 아니라 정치체제의 가치와 정신을 가리키는 근본규범이자, 정치체제 내지 권력 구조가 작동할 수 있는 사회·경제·문화적 복합체라는 점이 이해되어야 한다. 그런 여러 차원의 내용 변화가 성과를 누적해 간다면 그것에 비례해 우리에게 맞는 헌법을 만드는 문제는 (누가 작위적으로 개헌론을 동원하지 않더라도) 빠르게 제 길을 찾아갈 것이다. 앞선 민주주의 국가들의 역사에서 우리가 배울 수 있는 것이 있다면, 바로 이것이다.

민주주의는 '법치'가 아니라 '정치'를 잘하는 데 그 매력이 있으며, 그 핵심은 좋은 정당을 만드는 것이고, 좋은 헌법은 그것의 덤으로 갖게 될 것이다.

운동 정치론 비판

/ 순수한 운동 정치 vs 제도 정치의 한계?

사회운동을 강조하는 지식인들과 민주주의에 대해 토론할 때가 있다. 대개 필자는 토론 모임의 주최자에 의해 '정당주의자'로 분류되어, 운동을 중시하는 입장의 토론자로부터 '정당이냐, 운동이냐'라는 공세적 질문을 받곤 한다. 물론 필자의 입장에 반대하는 사람들은 정당이 아니라 운동이 민주주의의 중심이라고 말한다. 정당의 역할을 인정하지만 그것으로는 안 된다고 말하는 사람들도 많다. 대부분은 정당을 '제도 정치'로 규정하면서, 제도 밖의 '운동 정치'가 없다면 제도 정치는 타락할 수밖에 없음을 강조한다. 운동 정치만이 중요하다는 입장을 가진 사람들은 점차 줄고, 정당도 운동도 중요하다고 말하는 사람들이 많아졌지만, 그럼에도 정당정치는 마지못해 인정하는 경우가 많다.

우선, 그들이 말하는 제도 정치라는 개념 자체가 부정적인 의미를 갖는다. 대개는 '협소하고 엘리트 중심적이고 정당·선거·의회 이외의 영역을 배제하는 정치'라는 뜻으로 사용되기 때문이다. 그렇게 정의하면 제도 정치를 옹호할 수 있을까? 그에 비해 운동 정치는 '사회 속에서 시민들이 주체가 되는 정치'로 정의한다. 정의 자체가 좋은 것, 도덕적으로 우월한 것이 된다. 필자는 이런 식의 이분법이야말로 유해하다고 생각한다. 민주정치를 제대로 이해하지 못하게 방해할 뿐만 아니라, 더 큰 문제는 운동 정치에 대한 우월 의식을 부추기기 때문이다.

2016년 촛불 집회 과정에서도 운동 정치를 강조하는 사람들은 '국회에서의 탄핵이 아닌 광장에서의 퇴진 투쟁'을 주장했다. 탄핵은 곧, 운동 정치에서 정당과 국회가 중심이 된 제도 정치로 퇴락하는 것을 의미한다며 노골적인 반감을 드러내기도 했다. 제도 정치를 '믿을 수 없는 특권 집단들의 여의도 정치'로 보는 관점에서는 광장에서의 운동이 지속되고 확장되는 것만이 민주주의의 희망처럼 여겨진다. 운동 정치의 순수함과 제도 정치의 한계를 대비하는 이런 생각을 어떻게 이해해야 할까?

인간의 모든 노력과 활동에는 한계가 있다. 민주주의도 정치도 그렇다. 그것이 인정되지 않는, 어떤 완전한 민주주의나 완전한 정치를 꿈꾸는 것은 낭만적이다 못해 위험하다. 제도 정치라 부르든 대의정치 내지 정당정치라 하든, 모두가 완전하지 않고 한계가 있으며, 그렇기에 고민과 갈등 속에서 끊임없이 나아지려고 노력할 수 있다. 이론적으로도 완성론 내지 종말론이 아닌 발전론 내지 변화론이 더 가치 있는 것은 그런 한계 때문에 가능한 일이다.

그런데 그런 한계를 자연스럽게 받아들이면서 더 나아지려고 노력하는 대신, 어떤 순수하고 완전한 민주주의를 말하거나 사람들의 상상력을 운동에 묶어 두고, 선거나 대의제·정당·의회 등을 손쉽게 경시해도 괜찮을까? 촛불 집회에 참여하는 사람들의 숫자가 줄어드는 것을 불안해하고, 사람들이 대통령 선거에 관심을 갖는 것을 제도 정치에 대한 헛된 기대 때문이라고 비판하면서, 그보다는 운동 정치나 사회 정치라는 개념을 동원해, 뭔가 더 낫고 새로운 민주주의의 길이 있는 것처럼 말하는 것은 좋은 일일까?

/ 정치체제로서의 민주주의라는 기준

운동 정치를 강조하면서 대의정치나 정당정치를 도덕적으로 저열한 사람들의 선택처럼 말하는 이야기를 들으면 '복고적'이라는 생각이 든다. 좋게 말하면 복고적이고 냉정하게는, 과거 독재 정권의 권위주의적 태도와는 다른 의미에서 운동권적 권위 의식을 시대착오적으로 말하고 있는 것은 아닌가 싶을 때가 많다. 아무리 기대보다 부족하다고 해도 정당정치는 시민 참여의 민주적 결과이다. 엄밀한 의미에서, 정당정치에 복무하는 사람들은 합법적이고 정당성을 갖춘 민중의 대표들이다.

사회 정치가 중요하고 운동 정치가 중요하다 해도, 그것을 민주주의의 중심이라고 할 수는 없다. 입법이든 사법이든 행정이든 민주주의의 중요 기능과 역할을 정치가 아닌 사회로 넘겨줄 수 있을까? 사회 누구에게? 광장에서? 시민 모두에게? 생각하기 어려운 일이다. 운동으로 정부를 운영할 수 있을까? 운동으로 법을 만들고 정책을 결정할 수 있을까? 운동으로 관료제를 지휘하고 시장경제를 이끌고 이해 당사자들 사이의 요구를 조정할 수 있을까?

정당 중심의 민주주의를 말한다고 해서 민주주의를 정당정치와 동일시하는 사람은 없다. 정당정치를 선거와 의회 등 '제도 정치'에 국한된 것으로 이해하는 사람도 없다. 게다가 대의제나 정당정치만이 민주주의이고 그 이외는 민주주의와 무관하다고 주장하는 사람도 없다. 다만 민주주의냐 아니냐를 가리킬 때 우선은 그것이 '정치체제의 문제'라는 사실을 전제해야 논의의 기반을 공유할 수 있을 것이다. 민주주의와 민주주의가 아닌 정치체제를 구분하는 데 있어서 '유형론적 핵심'은 오늘의 여당이 내일은 야당이 되고, 오늘의 야당이 내일은 여당이 될 수 있는 복수 정당 체계에 있다. 그런 민주주의의 발전을 설명할 수 있는 '인과론적 핵심'은 집권해서 정부를 책임 있게 이끌 수 있는 대안 정당의 유능함에 있다는 것도 부정하기 어렵다.

이상 말한 것이 '민주주의 문제'의 모든 것은 아니지만, 최소한 정치체제로서의 민주주의를 논의함에 있어서 '합리적 핵심'이라는 사실을 무시할 수는 없다. 세상의 그 무엇도 모든 것을 설명할 수도 책임질 수도 없는바, 그래서 필요한 것이 이론이고 개념이며 '이념형'ideal type적 기준이다. 요컨대 중요한 것은 "정당(의회/대의제/선거/제도 정치……)이면 다 되느냐."고 말할 것이 아니라, '민주주의라고 할 때, 그 합리적 핵심이 무엇인가'를 기초로 논의하는 데 있다.

민주주의는 사회운동을 포함해 많은 것들로 이루어지지만 '정당이 없는 민주주의'는 상상할 수 없다. 그렇기에 민주주의를 '운동이냐 정당이냐'라는 질문으로 접근하는 것 자체가 잘못이라고 비판해 왔던 필자의 입장에서는, 애초의 이분법적 접근도 잘못되었고, 그런 이분법을 기초로 해서 정당의 중요성을 부분적으로 인정하겠다는 태도 역시 같은 문제를 안고 있다고 생각한다.

/ '운동' 개념의 분석적 가치에 관하여

민주주의에서 운동은 어떤 의미를 가질 수 있을까? 아마도 정당 활동가의 길과 시민운동 혹은 사회운동 활동가의 길 사이에서 고민하는 한 개인의 실존적 선택의 문제라면, 운동도 정당도 민주적으로 다 중요하니 어떤 선택이든 좋다고 말할 수 있을지 모른다. 그러나 그런 차원의 문제라면 운동과 정당만이 아니라 그 이상도 모두 의미 있다고 해야 할 것이다.

좋은 기업가나 경영자의 역할도, 민주주의 정치체제를 뒷받침하는 좋은 경제체제를 위해 중요할 것이다. 자신의 직장에 헌신하는 평범한 직장인의 삶도 중요하고, 가정을 건사하면서 미래의 시민과 미래의 노동자를 길러 내는 전업 주부의 역할도 중요하다. 어디 그뿐이겠는가. 타인의 영혼을 돌보는 일에 헌신하는 종교인의 역할도 필요하고, 교사도 의사도 법률가도, 그리고 그 어떤 직업도 중요하다.

물론 개개인의 사적인 직업 활동을 넘어선 집합적이고 사회적인 행위로서 운동을 말한다고 반론할 수도 있다. 정치학에서는 이를 '자율적 결사체'라는 개념을 통해 접근한다. 노사 관계를 중심으로 한 이익집단이 대표적이지만, 그밖에도 다양한 쟁점과 정체성, 공익적 대의를 추구하는 집합행동 역시 여기에 속한다. 이들의 활동 양식을 기준으로 말하면, 일종의 '사회적 압력의 조직화'를 특징으로 한다.

정당이 아닌 사회집단의 역할을 강조한다면, 자율적 결사체 내지 다양한 중간 집단을 다루는 이론으로도 충분할 것이다. 그렇지 않고 여전히 운동이라는 개념을 통해 민주주의를 말하고자 한다면, 자율적 결사체 가운데 운동이라고 따로 유형화할 만한 영역을 구별해 내거나, 자율적 결사체로 포괄될 수 없는 무엇인가로 운동을 개념화해야 할 것이다. 그것이 가능하고 또 현실적인 일일까?

그런 운동에 대해 누군가는 (임금과 소득, 직업안정과 적성, 승진과 같은 일반적 성취 기준에 따른 것은 아닐지라도 가치 있다고 여겨지는) '어떤 대의에 헌신하는 이타적이고 자기희생적인 인간 활동'이라고 정의할지 모르겠다. 혹은 '가치 증진 내지 촉진promotion'을 주요 활동 양식으로 삼는 사회 행동이라고 정의하는 사람도 있겠다. 그러나 뭔가 특별해 보이는 이런 인간 활동들은 비단 운동가라고 불리는 유형에만 고유한 것이 아니다. 일상적 인간 활동에서도 그런 기여를 하는 사람들이 필요할 뿐 아니라, 좋은 조직이라면 그것이 가장 핵심적인 역할이기도 하다.

경제학에서는 이를 '혁신'innovation 내지 '혁신적 기업가 정신'entrepreneurship이라 부르고, 정치 분야에서는 리더십leadership이 대표적이지만, 그밖에도 조직가organizers 내지 활동가activists 등으로 불리는 역할 역시 그런 측면을 갖는다. 이들의 희생적 노력과 헌신이 없는 인간 조직의 발전은 상상하기 어렵다.

운동이란 모든 인간 활동의 한 요소이고, 그것이 없다면 인간도, 인간이 만든 조직도 생명력을 가질 수 없다. 그렇기에 정당을 만들려는 사람들은 '정당 운동'을 한다고 말하며, 정당들이 정책을 약속대로 집행하는지를 따지는 것을 '매니페스토 운동'이라고 하고, 정당들이 지역의 생활공간에서 지지를 조직할 때는 '풀뿌리 운동'grassroots movement이라고도 한다. 교회도 운동을 하며 봉사 단체도 운동적 방식으로 동원을 한다.

전체주의나 권위주의 역시 운동의 방식을 체제 운영의 중심으로 삼는다는 것은 잘 알려진 사실이다. 역사상 최고의 대중운동은 비단 사회주의자들의 반체제 혁명에서만이 아니라 나치의 집권에서도 중요한 역할을 했음을 부정하는 역사학자는 없다. 과거 군부 정권 시절을 살았던 사람들이라면, 정부가 동원했던 그 수많은 이름의 운동을 잊을 수 없으며, 지금 북한 체제를 지탱하는 힘 역시 운동이라는 사실을 부정하기 어렵다.

이처럼 모든 것을 운동으로 말할 수 있다면, 그것이 정치체제의 유형론 내지 인과론에 대해 갖는 가치는 무의미한 것이 될 것이다. 그렇다면 민주주의 체제에 특별한 운동의 위상과 역할이 있다고 할 수 있을까? 민주주의 체제에서 운동을 가리키는 다양한 인간 활동 내지 사회 활동 가운데 대부분은, 자율적 결사체들의 다양한 압력 활동, 신사회운동을 포함한 다양한 가치 증진 활동으로 포괄

할 수 있다. 그러나 이런 활동 역시 그들만의 독점적이고 배타적인 역할인 것은 아니다.

정당과 정부, 지자체 역시 운동론을 강조하는 사람들이 주장하는 '운동의 역할' 가운데 많은 부분을 감당하고 있고 더 잘할 수도 있다. 민주화 이후 중앙정부는 물론 지방정부 역시 다양한 사회사업과 주민자치 운동을 해왔고, 경제민주화는 물론 복지국가 운동에 나선 정당도 있었다. 그렇게 하지 않는다면 왜 민주화를 했겠는가? 정당이나 정부가 그저 형식적인 제도일 뿐이라면, 민주주의가 무슨 의미를 가질 수 있을까?

결론적으로 말해, 운동이라는 애매하고 모호한 용어에 과도하게 도덕적인 권위를 부여하는 것은 설득력을 갖기 어렵다. 운동이 민주주의를 이해하고 분석하는 데 가질 수 있는 가치는 생각보다 크지 않다. 운동은 사회뿐만 아니라, 정치·문화·교육·종교 등 어느 인간 활동의 분야에서건 자연스러운 집합행동의 한 차원이나 부분으로 이해되어야 하며, 그렇지 않고 운동의 역할에 민주주의 체제의 운명을 맡기려는 것은 이론적으로 가능하지도 않고, 현실적으로도 크게 유익하지 않다는 것이 필자의 생각이다.

만약 다른 어떤 것들로도 대신할 수 없는, 운동의 특별한 지위와 역할, 제도, 조직, 활동 형태가 있다고 할 만큼 적극적인 운동론이 있다면 그것은 '반체제 혁명론'일 것이다. 지금의 민주주의 체제를 넘어서고자 한다면, 기존의 가치, 제도, 절차, 행동 양식 등 대부분을 근본적으로 바꿔야 하고, 그럴 경우라면 운동이 가진 독보적 지위와 역할이 강력할 수 있다. '존재하는 모든 것들과의 적대'라면 운동은 유일한 도덕적 행위일 수밖에 없을 것이기 때문이다.

물론 반체제 혁명론이 좌파에 고유한 것은 아니다. 이민자에 대한 공격성 내지 반反이민 정책을 노골적으로 동원해 온 극우 반체제 포퓰리즘 역시 '종류가 다른 운동론'의 사례라 할 수 있다. 적어도 이런 운동론을 제외하면, 굳이 운동론이 아니어도 민주주의론의 다양한 개념과 방법론으로 얼마든지 말하고 분석할 수 있다.

운동은 개념적으로 과용되지 않아야 하고, 타인을 도덕적으로 강박하는 무기가 되지 않아야 한다. '운동이 아니면 민주주의는 어렵다.'는 식의 주장 또한 절제되어야 한다.

/ 운동론적 민주주의와 '반정치의 정치'

이쯤에서 필자의 관점을 다시 강조해야겠다. 민주주의에서라면 가장 강력한 형태의 정치 동원 내지 가장 민중적인 참여는 정당을 중심으로 이루어진다. 정당은 다수 동원에 가장 적합한 형태로 발견된 '현대 민주주의 최고의 발명품'이다. 인구 구성의 다수를 이루는 가난한 중하층 시민들이 감당하기 어려운 참여의 비용을 제공할 수 있는 조직이기도 하다.

그에 비해 시민운동이든 사회운동이든, '운동이 갖는 중산층적 편향성'에 대해서는 이미 충분한 조사와 이론이 있기도 하다. 운동이 강할 수 있는 상황 역시 '단일 이슈'에 있으며, 다뤄야 할 이슈가 늘어나고 복잡해질 때마다 운동의 한계는 급격히 커진다. 요컨대 권위주의에서라면 몰라도, 민주주의에서라면 운동이 정당을 대신할 수는 없다. 기존 정당을 좀 더 민주적 가치에 맞게 바꿔 가거나, 그것이 어렵다면 더 좋은 정당을 만들어 가는 것, 그것을 빼고 민주주의의 오늘과 내일을 말할 수는 없다.

정당 없이 선거에서 당선되고 승리하기 어렵다는 것을 부정하는 사람은 거의 없다. 시민운동이나 사회운동의 리더급 활동가라 해도 정당 없이 선거를 치르기는 어렵고, 그렇게 하려고 하지도 않는다. 그런데 그들 가운데 정당의 도움으로 선출직 공직자가 되었음에도 불구하고, 정당이 아닌 다른 민주주의가 있는 것처럼 말하거나 소속 정당과는 무관한 무소속 공직자처럼 행동하는 경우가 있다. 이런 일이 가능한 것은, 민주주의라 할 때 많은 사람들이 자연스럽게 운동을 연상하기 때문일 것이다.

과거 출판사를 운영하면서 겪은 일이지만, 제목에 '민주주의'라는 말이 있으면 표지 디자이너는 으레 시위하는 이미지를 사용하곤 했다. 반면 토론, 협의, 조정, 타협 등은 민주주의의 중심이기보다는 부도덕한 일이나 의심스러운 거래로 이해하는 사람도 많다. 이 모든 일은 한국에서의 민주화가 말 그대로 '민주화 운동'에 의해 추동된 바가 크다는 점에서 비롯된다.

이 대목에서 말해야 할 것이 있는데, 그것은 일종의 '반정치의 정치'라 부를 만한 독특한 정향이다. 운동론의 공식 담론에서 시민운동 내지 사회운동은 비정치적이고 또 그래야 했지만, 실질적으로 그들은 '사회 속 야당'의 역할을 해왔다. 야당을 비판하면서도 같은 전선에 나란히 서고, 시민/사회운동의 이름으로는 안 되지만 개인적으로는 자유롭게 야당에 참여했다. 사회운동 단체든 시민운동 단체든 중립적이기보다는 지극히 정치적이고 파당적임에도 불구하고, 운동이나 단체의 이름으로 정치적 선택을 하지는 않는다. 그러나 그들 가운데 누군가 개인적으로 정치에 참여하는 것을 반대하거나 말리지도 않는다.

집단적으로나 공식적으로는 비정치적이지만, 어느 순간 시간이 흐른 뒤 돌아보면 운동권 엘리트 개개인들이 정치의 공간 안에 이미 상당수 진입해 있는 현상은 어느덧 우리의 일상이 되고 말았다. 정치학에서는 이를 '변형주의'trasformismo라고 부른다. 요컨대 집단적으로는 비정치적인 운동의 대의를 내세우면서도 개별적으로는 기성 정치 안으로 영입되고자 하는, '변형된 방법의 체제 내화 현상'을 뜻하는 것이라 할 수 있다.

'386', '486'이라는 정치 담론이 조롱조로 불리게 된 것은 그런 점에서 흥미롭다. 그것은 정치에 들어간 운동권의 '빈약한 성과와 그럼에도 갖는 도덕적 우월주의'를 가리키는 의미를 갖는다. 공식 담론은 과거 민주화 운동론의 연장에 있지만, 정치에서 그들이 이룬 것은 빈약하기 짝이 없음을 비판하기 위한 담론이라고 할 수도 있다. 대개 그들은 집권 세력을 비민주 세력으로 규정하거나, 우리 사회의 중심적 갈등 축을 '민주 대 독재'로 정의함으로써 자신들의 존재감을 부각해 왔는데, 그런 주장이 진짜였다면 그들은 정치가 아니라 사회 속에서 운동을 계속했어야 할 것이다.

잘 알다시피 그들은 정치의 영역에 기회가 있을 때마다 들어갔고, 당시 야당은 그들의 참여를 환영했다. 야당으로서는 자신들의 약한 지지 기반을 뒷받침할 사회운동의 도덕적 지원이 필요했을 것이다. 하지만 야당에 그 많은 사회운동가들이 들어가고 집권도 하고 통치 엘리트의 경험을 갖게 되었음에도 불구하고, 당시에 야당이 더 운동적이 된 것도, 더 진보적이거나 민중적이 된 것도 아니다.

정치에 들어간 운동권 출신들의 이야기 가운데 가장 듣기 괴로운 것은, 자신이 정치에 맞지 않는 사람이라거나 자신이 몸담고 있는 정치권에 대해 국외자처럼 비판하는 일이다. 그렇다면 들어가지 말아야 했을 텐데, 그들은 정치가의 역할을 계속하기 위해, 재선을 위해 누구보다 최선을 다한다. 도덕성은 기존의 운동론적 언어로 말하고, 권력과 이해관계는 기성 정치식으로 추구하는 것이다.

운동론의 관점에서 보면 도덕적으로 정당화될 수 없는 정치가의 길을 왜 가는지, 그리고 이를 어떻게 정당화할 것인지와 같은 문제 자체를 자각한 적이 없을 가능성이 높다. 자신들은 기성 정치인들과는 다른 존재들이고, 지금 정치가 안고 있는 여러 문제들에서 자신들은 책임이 없거나, 혹은 피해자라고 여기기 때문이다. 역설적으로 그들에게 민주주의에 대한 운동론적 언어는 자신들의 도덕적 우월성을 정치 영역이나 정치 밖 영역 모두에서 내세우는 '또 다른 기득권 담론'처럼 사용된다. 민주주의에서라면 그들이 어떤 출신이나 경로로 정치 영역에 들어왔든, 정치가로서의 제 역할을 통해 평가받아야 함에도 불구하고 말이다.

주류 정당에 대한 사회운동가들의 태도 역시 지극히 관용적이고 점점 더 그렇게 되고 있다는 사실도 흥미롭다. 그들은 큰 규모의 야당에 들어가는 것을 선호하는 반면, 규모가 작은 군소 진보 정당에 들어가 헌신하는 일은 잘 하지 않는다. 진보 정당 활동가로서의 삶이 사회운동 못지않게 대의에 충실하고 박봉에 장시간 노동을 감수해야 하는 자기희생적인 일임에도 불구하고, 사회운동과 진보 정당 사이의 거리감이 점점 커지고 있는 것은, 참으로 역설적이다.

사회운동가 출신의 누군가가 큰 정당에 들어가는 일을 비난하는 경우는 거의 찾아볼 수 없다. 여전히 사회운동에 몸담고 있는 활동가들에게 "그래, 운동이 중요하지."라는 반응보다는 "아직도 그렇게 살아?"라는 반응이 많아졌다. 야당이나 야당 소속 지방정부로부터 재정을 지원받는 일을 마다하는 사회운동 단체도 찾아보기 힘들다. 그렇지만 공식 담론으로서 운동론적 민주주의관을 수정하려고 하지는 않는다. 사회운동의 정치관은 그 실제와 담론 모두에서 본격적으로 따져져야 할 때가 오지 않았나 싶다.

/ 민주주의를 운동론으로 이끄는 것의 부정적 효과

과거 권위주의 체제하에서 성장했던 지배 엘리트들의 영향력이 민주화 이후에도 강하게 남아 있는 나라일수록, 저항의 표출과 항의의 양식으로 사회운동의 역할이 지속될 때가 많다. 그러나 아무리 어릴 적 관성이 남아 있다 해도 성인은 성인이듯, 과거 권위주의의 유산이 남아 있다 해도 민주주의는 민주주의이다. 민주주의에서라면 민주주의의 언어와 이론에 맞는 실천이 필요하고, 과거 권위주의 시대의 유산에 대해서도 민주주의의 방식으로 접근해야 한다.

1990년과 91년의 5월 정국, 1996년을 전후한 한총련 사태 등은 '권위주의 시대의 운동론으로 민주화 이후를 이끌 때 어떤 문제를 낳게 되는가?'를 집약적으로 드러낸 사례라 할 수 있다. 운동을 강조할수록 운동은 약해졌고, 더불어 사회 속 야당보다는 정치 속 야당의 역할은 더욱 커졌다. 운동론자들의 생각과는 달리, '제도 정치'를 강조해서 민주주의가 위축되고 '운동 정치'가 약해진 것이 아니라, 운동 정치를 강조할수록 운동의 역할은 더욱더 축소되고 결과적으로 '제도 정치의 헤게모니'를 강화시켰다고 보는 것이 그간의 현실에 더 가깝다. 민주주의는 민주주의론에 맞는 방식으로 실천해야 한다고 본다.

가끔 "이제 겨우 절차적/형식적 민주주의가 실현되었을 뿐 아직 진정한/실질적 민주주의가 아니다."라고 말하며, 지금의 현실을 관용할 수 없다고 주장하는 사람들이 있다. 문제를 그렇게 보면, 세상 어디에도 진정하고 실질적인 민주주의는 없다는 사실에 좌절하기 쉽다. 우리가 끊임없이 노력해야 하는 것은 민주적 절차와 형식을 심화시키는 데 있다. 그렇게 해서 결과적으로 민주적 가치를 실현하는 데 좀 더 유익한 기여를 하는 것, 그것이 민주주의이다. 그런 의미에서 형식적/절차적 민주주의가 완성된 나라 역시 있을 수 없다.

앞서 2장 말미에서도 말했지만, 민주주의는 이상적이고 완결된 어떤 것을 가리키는 말이 아니다. 민주주의는 인간 사회 어디든 존재하는 문제와 어려움을 개선하는 데 더 많은 사람을 협력하게 하는 끝없는 노력과 긴장, 딜레마 속에서만 그 빛을 발하는, '불완전한 인간들의 끝없는 정치적 노력'을 뜻할 뿐이다.

어떻게 보든, 제도 정치에 반하는 운동 정치라는 접근은 그렇게 긍정적으로 보이지 않는다. 그런 운동 정치란 누가 어떻게 하는 것을 말하는 것인지, 그들의 정치는 어떤 방법으로 민주적 정당성을 갖는 것인지 잘 모르겠다. 앞서도 말했지만 운동 정치를 주도했던 리더급 인사들은 개인적으로 정치권에 들어갔다. 공개적이고 집단적 참여는 아니었다는 데도 결코 그 규모가 작지 않다. 그런데도 늘 공식적으로는 운동 정치의 도덕적 우월성을 앞세워 정당이나 국회, 정부 중심의 민주주의관을 인정하지 않는 것은 이상한 일이다.

기실 민주주의란, 기존에 배제되었던 시민 집단들에게도 체제나 제도 운영에 참여할 수 있게 하고, 나아가 집권해 자신들이 보호하고자 하는 사람들에게 유익한 공공 정책의 공급자가 될 수 있는 기회를 제공하는 것이다. 정치 밖에서 운동만 할 것이라면 무엇 때문에 민주화를 했겠는가. 정치가 제공하는 가능성의 세계를 떳떳하고 당당하게 활용하길 권하고 싶다.

민주주의에서라면 정치는 시민의 것이어야 한다. 이를 '제도 정치'라는 용어로 폄하하면서, 실제 정치를 시민과 분리시키고 정치가를 기득권 집단 내지 특권 집단으로 규정하는 것은, 민주주의를 부정하는 것과 같을 때가 많다. 정치 속으로 들어가 정치를 바꾸는 것이 민주주의이지, 시민을 운동에만 묶어 두려 하면서 정치로부터 멀어지게 만드는 게 민주주의가 아니다.

정치 안에서 좋은 정당을 만들어 가난한 다수 시민들의 삶을 제대로 보호하는 일은 결코 안락하고 쉬운 일이 아니다. 누구나 쉽게 할 수 있는 일도 결코 아니다. 사회운동보다 훨씬 윤리적으로 고통스럽고 육체적으로도 장시간 고된 노동을 감당하지 않으면 안 되는 것이 정치다. 그래서 누군가 필자에게 최고의 민중적 과업을 꼽으라면, 주저 없이 정당을 좋게 만드는 정치인이 되는 일, 기존 정당에 가망이 없다면 더 좋은 정당을 만드는 '정치 운동가'가 되는 일이라고 말하겠다.

제대로 된 정당이 하나의 팀으로서 정부를 잘 운영하고 효과적인 공공 정책의 공급자가 되는 것, 그것이 가져다주는 선한 효과가 없다면 민주주의는 전진할 수가 없다.

시민 정치론 비판

/ 민주주의를 정치에서 구출해 시민사회로?

솔직히 고백하건대, 필자로서는 국민 내지 시민이 직접 나서야 한다고 주장하는 학자들을 이해하지 못할 때가 많다. 그 가운데 시민사회론자들과 토론하는 것이 가장 불편하다. 대개 그들은 필자가 정치의 역할을 강조하는 것을 정치학자이기 때문으로 생각하며, "민주주의란 정치가 아니라 정치 밖 시민 혹은 사회가 결정하는 체제"라고 단정한다. 그럴수록 정당이나 정치가들의 역할을 줄이고, 시민 내지 시민사회가 그 역할을 대신해야 한다고 생각하는 듯하다.

특권 집단으로서의 정당과, 공동체적이고 순수한 시민사회를 대비시키는 논리랄까? 시민에 대해, 공적 사안에 대해 충분한 지식을 갖고 있고well-informed, 적극적으로 참여할 의사를 갖고 있으며well-engaged, 공익에 부합하는 판단rational judgement을 하는 존재로 이해한다고 할까? 아무튼 썩고 부패한 정당정치를 대신해 도덕적으로 고결한 시민과 시민사회가 민주주의의 구원자 역할을 해야 한다고 생각하는 듯하다.

민주주의를 '정치'에서 구해 내 '사회'로 가져와야 한다고 생각하는 이들 가운데에는, '정치적 대표'의 원리를 '시민 참여'나 '시민 의회'로 대신할 수 있다고 여기는 사람들도 있다. 그러나 정치가 아니라 정치 밖 시민사회에서 '비권력적인' 소통과 상호작용을 하는 것, 혹은 사회 속에서 정치를 대상으로 항의와 요구를 더 열심히 하는 것을 민주주의라고 생각하는 것은 잘못이다. 사회적 요구와 항의는 권위주의 정권 때도 가능했고, 하다못해 군주정이나 귀족정에서도 있었던 일이다. 시민이든 백성이든 사회 속에서만 참여하고 요구만 할 뿐 정치는 여전히 기존 집단에 의해 운영된다면 이를 민주주의라고 하기는 어렵다. 시민들의 비권력적 참여와 소통으로 공익에 부합하는 최선의 결정을 이끌 수 있다는 생각은 현실적이지 않다.

더 큰 문제는 그런 생각이 신자유주의적인 정치관을 정당화한다는 점이다. 신자유주의란 정치나 정당, 정부의 역할을 줄이고, 그 역할과 기능을 민간에 맡겨야 한다는 것을 핵심 교리로 삼는다. 그들에게 정치나 정당, 정부란 자원 분배를 비효율적으로 이끄는 기득권의 세계이며, 반대로 민간이나 시민사회는 비권력적일 뿐만 아니라 자유롭고 공정한 자원 분배를 이끄는 혁신 경쟁이 이뤄지는 곳이다.

그러나 민간이나 시민사회는 경제력과 학력, 직업의 우열이 지배하는 곳이다. 공적 개입이나 민주정치가 필요한 것도 그 때문이다. 민주주의에서라면 정치는 평등의 원리로 조직될 수 있고, 나아가 경제력이나 행정력·학력·외모·직업 등이 만들어 내는 불평등한 권력 효과를 수의 힘을 통해 견제할 수 있기 때문이다. 신자유주의적 정치관과 민주적 정치관 사이에서, 이른바 시민사회론자들은 어느 쪽에 가깝다고 할 수 있을까? 그들이 신자유주의적 경제 정책에 반대할지는 몰라도, 적어도 정치관에 있어서는 신자유주의자들 못지않게 반정치적인 것은 분명하지 않나 싶다.

민주주의는 그 말이 생겨난 이래로 언제 어디서든 정치 중심적인 개념이었다. 혈통·계급·신분·재산상의 불평등과 상관없이 시민이라면 누구에게나 '정치에 접근할 평등한 권리'를 제공하는 것을 뜻했다. 달리 말하면 '정치적 평등political equality을 체제 운영의 원리로 삼아, 시민들 사이의 수많은 사회적 불평등을 완화해 가는 것이 민주주의'라고 할 수 있다. 그렇기에 민주주의자는 정치를 통해 변화의 가능성을 확대하는 사람이며, 정치를 중시하며 정치에서 '민주적 승부'를 보려는 사람이다.

시민 정치론을 앞세워 정치를 지나치게 시민과 사회적인 것들 사이의 소소한 일상으로 분해하거나 편재시키려는 태도는 좋아 보이지 않는다. 요컨대 '정치는 사회적'이라거나 '사회적인 것이 더 민주적'이라는 식이 되면, 정치의 역할은 살아남기 힘들다. 정치가 자원과 영향력의 재분배를 통해 기존의 사회적 조건을 변화시키는 '권력을 수단으로 한 인간 활동'이라는 사실을 부정할 수는 없다. 그런 정치와 권력을 선용하는 것이 중요하고, 그런 세계에 시민이 관심을 갖고 참여하는 것도 중요하며, 나아가 그런 생각을 자유롭게 다룰 수 있는 언어와 개념이 발달할 때 민주주의는 시민의 무기가 될 수 있다.

/ 시민과 시민사회를 이상화하는 것의 문제

혹자는 이렇게 반론할지 모르겠다. "당신은 지나치게 정치 중심적이다. 그런 민주주의론은 몹시 불편하다. 민주주의는 시민이 주인 되는 세상 아닌가? 직업 정치가나 관료들의 특권을 폐지하고, 시민 내지 시민사회가 더 많은 역할을 하는 것이 진정한 민주주의 아닌가? 정치의 중요성을 강조하려는 당신의 주장은 동의할 수 없을 뿐만 아니라 민주주의를 사회 속에서 실현하려는 이상에 반하는 것 같다." 분명 이런 생각에 동의할 사람이 많을 것이다. 그럴수록 일종의 '비정치적 민주주의론'에 큰 기대를 걸 것이다. 사실 이런 생각 역시 우리 사회의 시민운동가나 시민사회론자들 사이에서 흔히 접할 수 있는 일종의 '지배 이데올로기'이기도 하다. 참여와 시민에 대해 좀 더 생각해 보자.

참여만으로 민주주의가 이루어지는 것은 아니다. 젊은 세대에게 투표하라고 야단치고, 투표해야 의식 있는 '개념 시민'인 것처럼 말하는 것 역시 권위주의적일 수 있다. 민주주의는 투표에 참여해야 하는 체제가 아니라, '어디에 투표할 수 있는지에 대한 딜레마를 해결해 주는 체제'를 뜻한다. 투표는 북한도 하고 중국도 한다. 투표율도 정말 높다. 그러나 '다른 선택을 향유할 수 없는 높은 참여율'은 민주주의와 아무 관련이 없다.

시민이 대안을 나눠 갖고 정치에 참여할 수 없다면 민주주의가 아니다. 복수의 정치적 대안이 조직되어 있는 전제 위에서 시민이 다양한 방식으로 참여하는 체제가 민주주의이다. 민주주의는 사회가 아니라 정치의 체제를 가리키는 개념이자, 정치를 바꿔 사회를 개선해 갈 수 있는 체제, 혹은 어떤 정치를 할 것인가를 두고 정당들이 경쟁하는 체제이다.

시민은 어떠한가? 시민은 천사도 아니고, 그런 시민들의 사회 역시 아무런 차이나 갈등이 없는 순수한 공동체가 아니다. 시민들은 최종적으로 화를 내고 "이건 아니다!"라고 말할 수는 있으나, 그들이 정부를 운영하거나 통치의 책임을 질 수는 없다. 서로 다른 생각을 가진 시민들이 서로 다른 복수의 정당들도 달리 대표되고 달리 조직되는 것, 좋은 공공 정책을 두고 경합하는 것, 정부와 관료제를 운영하고 지휘할 기회를 번갈아 향유하는 것, 이 문제를 빼고 민주주의를 말할 수는 없다.

정당과 정부, 관료제를 우회해 뭔가 시민이 전화나 인터넷으로 정책 아이디어를 제공하고, 시민이 직접 정치를 지휘하는 낭만적 비전을 말하는 사람을 가끔 보는데, 이는 민주주의에 대한 착각이 아닐 수 없다. 인간의 정치에서 갈등과 투쟁, 권력과 강제를 뺄 수 있다면 모를까, 단순히 시민의 의사를 더 많이 모으고 더 많은 시민을 참여하게 한다고 민주주의를 잘할 수 있는 것은 아니다. 민주주의에서도 위계적 통치가 필요하고 권력 현상도 불가피하다는 것을 누가 부정할 수 있을까?

있는 그대로의 인간과 사회, 정치의 현실을 부정하고 이룰 수 있는 변화와 개선은 없다. 그럴 경우 오히려 바뀌지 않는 현실 앞에서 사람들을 끊임없이 절망하게 하고 냉소적으로 만들 뿐이다. 시민이 할 수 있는 일과 할 수 없는 일을 구분하지 못하는 민주주의론은 많은 경우 공허한 구호에 불과하다. 촛불 집회가 잘할 수 있는 일과 잘할 수 없는 일을 구분하지 못하는 민주주의론 역시 편협하다 못해 유해하다.

시민이 직접 참여해 직접 일을 해야 하고 그래야 세상이 좋아진다는 주장은 현실이 될 수 없으며, 무엇보다도 시민은 그럴 수 있는 존재가 아니다. 시민이 그럴 수 있다면 민주주의나 정치 같은 그 복잡한 일은 필요하지 않을 것이다. 하지만 시민은 그런 한가한 존재도, 그렇게 불합리한 생각에 빠져들 만큼 어리숙한 존재도 아니다. 좋은 자동차가 필요하다고 해서 직접 자동차 만드는 법을 배우는 것이 아니라, 자동차 회사들로 하여금 그 일을 대신할 방법을 찾듯이, 정치를 통해 자신들의 기대와 바람을 실현할 방법을 찾고자 하는 것이 오늘날 시민이 선택한 대의 민주주의이다.

모두가 자유롭고 평등하게 참여하고 숙의하고 잘 소통해서 다 같이 협력하는 그런 동질적인 시민들이란 없다. 설령 참여의 개방이 이루어졌다고 해도 '참여의 불평등성'을 막을 수는 없다. 참여에도 당연히 시간과 비용이 들고 자율적 결사체들이나 정치조직들이 참여의 비용을 대신해 주지 않는 한 여가와 재력, 학력이 높은 시민에 참여가 편중되는 것은 피할 수 없기 때문이다.

지금의 정당들이 아무리 부족하고 개선되어야 할 일이 많다 해도, 그들이 가장 강력한 시민 권력의 조직자이자 정당성을 갖춘 민중의 대표들이라는 사실을 부정할 수는 없다. 그렇기에 과도한 '기성 정치 규탄론'이나 '제도 정치 야유론'은 지금 정당들을 지지한 다수 시민들을 경멸하는 일이 될 수 있다. 어떻게 하면 그런 정당들로 하여금 지금보다 '시민적 일'을 잘하도록 할 수 있을까를 질문하고 고민하는 것이, '시민에게 돌려주자'라거나 '시민사회로 돌아가자'고 하는 것보다 훨씬 민주적이고 진보적이라고 생각한다.

/ 정치를 시민의 친구로 만드는 것이 민주주의

민주주의가 실질적인 의미를 가지려면, 정치는 가난한 보통의 사람들도 선용할 수 있는 '민중의 친구'가 되어야 한다. 그렇기에 정치, 나아가 현대 민주주의의 중심이라 할 정당과 선거, 대의제로부터 민중을 떼어놓으려고 하는 그 어떤 담론도 민주주의 발전에 기여하기 어렵다고 본다. 정치는 민주주의의 중심 가운데 중심이며, 정당이 정당다울 때 현대 민주주의는 좋아진다. 민주주의에서 정당이 제 역할을 하지 못하면 시민은 그저 무기력한 투표자나 행정 체계에 매달리는 민원인, 아버지 같은 정부에 의존하는 피부양인, 간헐적인 저항권 행사자 이상이 될 수가 없다.

서로 다른 정당으로 달리 조직되고 대표된 시민 집단들 사이에서 공적 결정을 둘러싼 논쟁을 이끌어 가는 것, 그런 정당들이 사회의 다양한 이익과 요구를 조직하고 때로 운동적 동원도 하면서 여러 사회집단들과 협력하고 연대하는 것, 그것이 민주주의라는 생각을 했으면 한다. 정당정치의 역할이 없이는 그 어떤 민주주의도, '평화롭고 자유롭고 평등하고 건강하고 안전한 사회의 전망'을 가질 수 없다.

제대로 된 정당을 만들고, 이를 중심으로 보수와 진보가 폭넓게 경쟁해서 사회를 더 넓게 통합하는 길이 민주주의자가 찾고자 하는 미래라면, 어떻게 해서든 그 길에서 성과를 냈으면 한다. 자꾸 "정당정치만 민주주의냐?"고 공박하는 것은 기운 빠지는 일이거니와, 아마도 그렇게 해서도 정치에 접근할 수 있는 사람들은 권력 자원을 많이 소유한 개인이나 엘리트일 수밖에 없다. 현실에서 정당을 우회해 통치권에 접근할 수 있는 사람들은 이들일 뿐, 가난한 보통의 시민들은 그럴 수 없다.

시민사회나 시민 정치를 강조하는 엘리트일수록 정당 속에서 성장하는 길을 기피한다. 그보다는 곧바로 관직이나 통치권을 맡아 정책을 주관하려 한다. 그렇게 해서 공직자가 된 이후에도 정당에 참여하고 기여하기보다는 스스로를 위한 정치를 하려 한다. 그래서 시민사회 중심의 민주주의를 고집하는 일은 역설적이게도

'국가 내지 통치자 중심의 민주주의', 혹은 '행정 중심의 시민사회'를 확대하는 데 기여하는 유사 엘리트주의일 뿐, 민주주의 발전에 유익한 결과를 낳지는 못할 것으로 보인다.

정당정치를 부정하는 시민 정치론, 운동 정치론, 직접 민주주의론을 앞세웠던 사람들이 실제 정치의 세계에 들어간 다음 과연 어떤 행적이나 궤적을 보였는가? 끊임없이 자신의 주장과 이론을 스스로 뒤집는 선택을 해왔다고 보는 필자로서는, 사회운동을 했던 때의 공적 신념과 민중적 가치를 이른바 '제도 정치'의 현장에서 구현하기 위해서라도, 민주주의와 정치를 이해하고 또 거기에 헌신할 수 있는 이론을 갖췄으면 하는 바람이 간절하다.

/ 주체적 민주주의론의 문제에 관하여

정치에 대한 부정적 태도를 정당화하는 논리 가운데 하나는 정당이나 선거, 대의제가 중심이 되는 민주주의를 서구적인 것으로 몰아붙이는 것이다. 나아가 민주주의의 한국적 요소를 앞세우는 경우도 많다. 때로 아시아적인 것을 강조하는 사람도 적지 않다. 아시아적 시민사회의 특징을 말하면서 서구와는 다른 민주주의론을 개척하려는 사람도 있다. 그들에게서 공통적으로 발견되는 것은 서구 이론에 대한 편견인데, 특히 미국의 경험이나 미국 학자들의 민주주의 이론을 인용하는 것을 지극히 불편해 한다.

과거 박정희 정권이 제창한 '한국적 민주주의론'이 현실에서도 민주주의를 축소했듯이, 서구나 미국 이론에 식민화되어서는 안 된다며 한국적 경험을 주체적으로 이론화해야 한다는 주장 역시 문제가 많다. 가끔 "한국은 서구와 다르다."며 서구 중심의 민주주의론을 적용해서는 안 된다고 주장하는 사람들도 있다. 지금 우리가 하고 있는 시장체제, 헌법은 물론 민주정치의 많은 제도와 기구, 용어, 개념 등 대부분이 서구에서 온 것인 상황에서, 서구와 다른 우리만의 민주주의는 대체 무엇을 말하며, 어느 방향으로 민주주의 발전을 도모하겠다는 것인지 모를 일이다. 북한식의 '주체적 민주주의'를 하겠다는 것이 아닌 한, 그런 전망은 가능하지도 바람직하지도 않다.

현대 민주주의는 하나의 세계적 현상으로 등장하고 발전했다. 민주화가 세계적 흐름과는 별개로 고립된 현상으로 시작되고 실현된 나라는 없다. 한국 역시 그런 차원에서 보면 '세 번째 물결의 민주화'third wave of democratization 유형에 해당된다고 말할 수 있다. 따라서 나라마다의 고유한 민주주의론을 만들려는 것은 근본적으로 한계가 있을 수밖에 없다.

엄밀히 말해 민주주의도 정당도, 그리고 사회운동도 대학도 기업도 서구로부터의 수입품이다. 따라서 앞선 민주주의 국가들의 경험을 살펴보는 일이 중요하고, 이를 다룬 여러 이론적 논의들도 중요하다. 자연과학과는 달리, 인간과 사회를 대상으로 실험할 수는 없기에 앞선 사례 속에서 배우고 참조하는 것이 필요하다. 게다가 미국은 영국과 함께 현대 민주주의의 최초 사례이자 이론적 산실이다. 막스 베버나 칼 마르크스 모두 민주주의의 현재와 미래를 가늠하고자 하면서 미국 사례를 중시했다. 어떻게 보든, 앞선 서구 민주주의의 경험과 이론을 경시하면서 한국적 민주주의론을 고수하는 태도는 문제가 아닐 수 없고, 미국의 경험이나 이론을 언급하는 것을 지적 식민화로 생각하는 것은 지나친 일이다.

주체성을 강조한 나머지 아시아 내지 한국의 근대 이전 역사에서 민주주의의 전통을 찾을 수 있다고 주장하는 학자들도 적지 않다. '자유 시민'이 존재한 적이 없는 아시아에서 민주주의는 당연히 서구어의 번역으로 시작되었음을 부정할 수 없다. 자유 시민 없는 민주주의란 난센스이다. 그들은 아마도 민주주의를 서구적인 것으로 보고 싶어 하지 않고, 우리를 포함한 비서구권 모두에게서 민주주의의 기원을 찾고 싶어 하고, 그래야 '서구 중심적'이지 않다고 생각하는 듯하다. 따라서 자유 시민의 등장과 그들의 요구로부터 민주주의를 설명하는 것이 아니라, '민중을 위한 것'이면 민주적으로 충분하다고 여기는 것 같다. 그러다 보니 군주정적인 민본民本도 민주주의의 동양적 전통으로 평가할 때가 많다. 그러나 그렇게 보는 것이 주체적이고 비서양적인 것일지는 몰라도, 그것이 수구적인 관점 이외에 어떤 민주적 가치를 갖는지는 잘 모르겠다.

기존의 정치학적 논의나 고민을 서구 중심적이라고 보면서 이를 우회해, 뭔가 특별한 아시아적 민주주의론을 만들려는 프로젝트가 과연 좋은 일일까? 지나친 서구 보편주의도 문제이지만, 그렇다고 아시아적 가치나 아시아적 경험을 과도하게 강조하는 것도 문제는 있다. 이런 입장을 가진 사람들 가운데 일본 좌파나 일본 운동권을 중시하는 경우도 있다. 필자의 눈에는 운동에 있어서나 민주주의에 있어서 일본은 결코 선진국이 아니다. 일본에서 배운다면, 관료제나 기업 그리고 지방의 힘일 수는 있겠으나 적어도 민주주의나 시민사회, 사회운동은 아니다. 민주주의의 발전이나 사회적 기반을 생각한다면 고전적 모델로서 영국과 미국, 그리고 전후 대표적인 성공 모델로 일컬어지는 독일 및 중부 유럽 위쪽의 경험과 사례를 일차적으로 고려하는 것이 유익하다.

/ 한국 민주주의가 나아갈 길

주체성을 지나치게 앞세우고 강조하는 일은 때로 무지의 산물일 때가 많다. 한국적 현실과 제약 조건을 고려하는 것과, 서구와는 다르다며 그들의 경험으로부터 배우려 하지 않는 것은 완전히 다른 일이다. 진보는 특수성보다는 보편성을 좀 더 중시하는 사람들의 특성이라고 생각하며, 그런 관점에서 우리 사회의 진보파라면 적어도 정치 문제에 있어서는 스웨덴 사민당과 독일 사민당의 경험을 하나의 준거로 삼기를 권하고 싶다. 이탈리아와 스페인, 그리스 진보 정당들의 경험에서도 배울 것이 없는 것은 아니지만, 스웨덴과 독일 사민당의 사례만큼 중요하다고 보지는 않는다.

모방과 참조보다는 우리에게 미치는 영향력의 크기 때문에 관심을 가져야 한다면, 당연히 미국과 일본 사회를 알아야 할 것이다. 그런데 친일, 친미에 대한 비판은 많고 미국과 일본의 영향력에 대한 우려는 커도, 실제로 이들 나라의 정치·경제·사회에 대해 우리가 얼마나 이해하고 있는지는 회의적이다. 국내에 있을 때는 미국으로부터의 자주성을 말하다가 미국에 가서는 추종적인 태도를 보이는 야당 정치인이나 진보파들을 가끔 본다. 평소에 미국 사회를 있는 그대로 이해하고 볼 줄 아는 능력을 키웠다면 그런 일은 없거나 훨씬 덜했을 것이다. 말보다는 실제로 주체적일 수 있는 능력을 쌓는 일이 중요하고 또 진보적인 일이기도 하다.

일본의 정치와 경제, 사회에 대한 깊은 이해도 필요하다. 일본이야말로 서유럽 복지국가 못지않은 성과를 보인 비서구 국가의 대표적인 모델이기도 하지만, 그에 비해 일본에 대한 우리 사회의 이해 수준은 지나칠 정도로 낮다. 진보 정당은 물론 노동운동도 약하고 정치나 사회는 보수적인 일본이 성취한 경제적 능력, 계층 간 평등과 높은 삶의 질의 수준은 놀라운 일이 아닐 수 없다. 스웨덴과 독일식의 '강한 노동운동―강한 진보 정당' 모델을 추구하는 사람들에게는 매우 좋은 비교 모델이다.

일본의 사례를 통해, 중부 유럽 및 북유럽의 사례를 더 중시할 충분한 이유는 있는지, 그럴 이유가 있다 하더라도 우리 현실이 갖는 제약 조건은 어떻게 넘어설 수 있는지 등을 고민하면서 생각을 좀 더 풍부하게 만들 수 있다. 어떻게 보든, 우리만의 민주주의나 주체적인 민주주의를 고집하는 것보다 이런 '비교와 선택적 모방의 방법'을 통해 훨씬 더 진취적이고 개방적인 민주주의론, 진보 정치론을 구축할 수 있다고, 필자는 믿는다.

우리 사회를 좀 더 인간적인 가치가 빛나는 좋은 공동체로 발전시키기 위해 우리가 실력을 키워야 할 것들도 많고 알아두어야 할 지식과 정보의 세계도 깊다. 정치발전이든 사회 발전이든 경제 발전이든, 거저 이뤄지는 법은 없다. 물론 개인이 그 일을 모두 감당할 수도 없다. 그래서 필요한 것이 정부이며, 그런 정부를 책임 있게 운영할 수 있는 통치 집단으로서 정당들의 지적 기반과 조직적 기반, 정책적 능력이 심화되지 않으면 더 나은 한국 사회는 기대하기 어렵다.

민주주의와
정당

나는 왜 제대로 된 정당을 만드는 것이야말로

가장 중요한 민주적 실천이라고 말하나?

오늘날 한국의 정당들이

좋은 정당으로 발전하기 위해서는

무엇이 필요할까?

반정치적 정치 개혁론을 넘어

필자는 '정치 개혁'이라는 용어의 사용을 절제해야 한다고 본다. 대개 정치 개혁이라는 이름의 언어나 논리에는, 정치의 세계를 구성하는 정치인이나 정당을 개혁자가 아니라 '피개혁자 내지 개혁의 대상'으로 삼는 부정적 접근이 지배적이다. 당연히 '정치인에게 맡겨서는 안 된다.'라는 외부자적 접근이 압도할 수밖에 없었다.

이런 '정치 개혁 담론'의 원형은 1961년 5·16 군사 쿠데타에서 만들어졌고, 1980년 5·17 군사 쿠데타에서도 재현되었다. 당시 그들은 권력을 추구하는 정치인들의 사리사욕 때문에 사회가 분열되었고 국가 안보가 위태로워졌으므로, 불가피하게 군이 '사회 안보'까지 책임져야 하는 상황이 되었다는 논리를 앞세워 자신들의 쿠데타를 정당화하려 했다. 요컨대 정치를 정치인에게 맡길 수 없다는 것, 정치를 자신들 같은 정치 외부자가 국가 전체 이익의 관점에서 개혁자로 나서야 한다는 것이 그 핵심이었다.

정치학에서는 이를 군의 신직업주의new professionalism라고 부른다. 다시 말해 외부 적에 대한 군사적 안보를 핵심으로 하는 전통적 직업주의를 넘어, 국가 내부의 안보까지 책임져야 한다는 소명 의식을 갖고, 기존의 정치와 사회를 개혁하려는 태도를 가리킨다. 실제로 군사 쿠데타 직후 최초의 조치는 '부패 정치 척결'을 내걸고 주요 민간 정치 엘리트들을 퇴출한 것이었다.

민주화 이후 그 같은 정치 개혁론은 주류 언론과 재벌, 관료, 나아가 시민 단체들에 의해 재생산되었다. 공통적으로 그들은 정치를 특권으로 보고 개혁의 대상으로 삼았으며, '직업 정치꾼'을 정치 밖의 중립적 인사들 내지 정책 전문가들로 '물갈이'해야 한다고 주장해 왔다. 정당 조직은 정치인들의 기득권을 지키려는 반개혁적 보루로 이해되었다. 그런 논리로 지구당 폐지 등 많은 조치들이 옹호되었다. 정치에 돈이 들어가지 못하게 해야 한다는 논리로 정치자금법도 개정했고, 제도적으로 허용된 국회의원의 지위와 권리, 세비도 줄이고 없애야 한다는 주장이 계속되었다. 권위주의 체제하에서 성장한 임명직 관료들은 선거에 나설 때마다 국가 정책이나 시정을 "정치인에게 맡길 수 없다."는 슬로건을 내걸었다. 교수, 법률가, 언론인, 의사 등 이른바 사회 엘리트들 또한 하나같이 "정치 개혁을 정치인에게 맡기는 것은 고양이에게 생선을 맡기는 격이다."라는 주장을 앞세워, 그 실체를 알 수 없는 '중립적 사회 인사들이 중심이 된' 정치 개혁 기구를 설치하도록 요구했다.

상황이 이렇게 되다 보니 민주화 이후 선거에서 시민의 권력을 위임받은 정당한 대표들이 그 권력을 선용할 기회를 갖기도 전에, 정치를 개혁하라는 외부자들의 요구에 시달리는 일이 허다했다. 정치인이 시민 권력을 위임받은 민주적 개혁자가 아닌, 개혁의 대상자나 특권 집단이 될 때, 민주주의는 무슨 의미를 갖게 될까?

정치를 개혁의 대상으로 삼는 논리의 다른 짝은 '국민에게 돌려주라'는 데 있다. 대표적으로 정당의 당직 및 공직 후보를 선출할 때 당원이 아닌 외부자에 참여를 개방하는 개혁은 그 같은 논리로 정당화되었다. '국민에 개방하고 국민이 참여하고 국민이 결정하게 하는 것', 아마 그간의 정치 개혁론의 처방적 기준을 집약해 표현하라면 이런 것이 아니었나 싶다. 결국, 기존의 정치 개혁론은 '사악한 정치인 내지 특권 추구 집단으로서의 정당'을 한편으로 하고, 이에 대비되는 '선한 시민과 불편부당하고 비권력적인 시민사회'를 다른 한편으로 하는 이분법적 가정을 강화시켰고, 결과적으로는 정치가 해야 할 민주적 기능과 역할을 축소시키는 동시에 '정치 밖 반反정치 세력'의 위세만 키워 주었다.

안타깝게도 정치가들은 스스로가 개혁의 대상이 되는 정치 개혁론에 정신적으로 너무나 쉽게 굴복해 왔다. 한마디로 말해 깨끗하고 개혁적인 이미지를 갖고자 할수록 너나없이 정치 개혁론을 들고 나왔다. 혹은 그런 식으로 여론 시장을 주도하는 사회 강자 집단들의 정치 개혁 담론에 어필하려 함으로써, 사실상의 '정치 자해론' 혹은 '자해적 정치 개혁'을 실천했다고도 할 수 있다. '국회 의원 특권 축소론'이 대표적인 사례이다.

민주화란 무엇인가? 민주화가 혁명은 아니다. 즉 민주화가, 권위주의 통치기에 강력한 기득권 집단으로 성장한 국가 관료제와 재벌 경제의 해체를 곧바로 의미하는 것은 아니다. 그보다는 시민의 의사를 정당한 방법으로 위임받은 정치인들과 정당에 의해 공공 정책의 이름으로 서서히 이루어져야 한다는 것을 의미한다. 또한 그것은 "민주주의에서라면 선거에서 선출된 시민의 대표들이 개혁자가 되어야 한다."는 것을 뜻한다.

다시 말해 민주주의란, 시민의 의사가 특정의 정견을 공유하는 정당을 통해 조직되고 대표되는 것, 그리고 경쟁을 통해 다수 시민의 지지를 얻은 정당이 정부가 되는 것이다. 그렇다면 민주정치를 발전시키는 최고의 길은, 특정의 정견을 공유하는 정당이 시민의 정치 참여를 조직하고, 다양한 정치적 활동가와 정책 전문가를 육성하고 훈련해, 미래의 정부를 책임 있게 운영할 팀플레이 능력을 갖추는 것이 아닐 수 없다.

민주주의를 싫어하는 사회의 강자 집단들은 이런 노력을 못하게 하려는 의도에서, 끊임없이 정치인과 정당을 야유하고 공격한다. 이런 '반정치주의'야말로 민주주의가 갖는 '다수 지배적 위력'을 무력화시키는 최고의 전략이기 때문이다. 정치의 민주적 기능이 약화되면, 필연적으로 학력과 재산이 훨씬 더 강한 권력 효과를 갖게 된다. '갑질 논란'이나 '흙수저론' 같은 냉소적 담론이 지배하게 된 현실은 이를 적나라하게 보여 준다. 따라서 '정치에 대한 이해 방법을 민주화'하는 일은 '민주화 이후의 민주주의'에서 최고의 과제가 아닐 수 없다.

정치 개혁이라는 담론이 반정치주의자들의 전략적 의도에 기여하는 측면이 크다면 그런 용어 대신, 긍정적이고 적극적인 정치의 의미를 담을 수 있도록 '민주적으로 강한 정치', '유능한 정당 만들기' 등의 표현이 많아졌으면 한다. 선거나 국회에 대해서 말하라면, '면책특권 없애기'나 '일도 안 하고 세비나 받는 일 없애기' 같은 접근이 아니라 '상임위를 정당마다 조직적으로 제대로 준비하고 제대로 하기', '입법 역시 실효적으로 작동할 수 있도록 제대로 하기', '정치자금을 노조 등 이익집단으로부터 정당하게 받고 그 대가로 책임 있게 정책 만들기' 등의 접근이 강해졌으면 한다. '줄이고 없애라!'는 정치 담론이 아니라, 있는 권한과 능력을 '제대로 쓰고 발휘하라!'는 방향으로 달라져야 변화도 가능하다.

정치가들 또한 스스로를 개혁의 대상으로 만드는 자해적 정치 개혁론 대신, "제대로 된 정당을 만들어 당원과 지지자들이 보람과 자부심을 갖게 하겠다!"는 방식의 정치 언어를 더 많이, 더 자주 사용했으면 좋겠다. 민주주의에서 시민이 정치인들에게 기대하는 것은, 정당을 제대로 운영하고 좋은 정치를 실천하라는 것일 뿐, 선거를 통해 위임받은 공적 권력을 허비 내지 방기하거나, 사회의 강자 집단들에게 조롱받는 것이 아니라는 게, 필자의 생각이다.

정치의 힘 대對 정치인의 특권

정치가 문제라고 해서 정치를 '축소하고 없애는 것'이 대안이 될 수는 없다. 많은 시민들이 정치 개혁에 거는 기대는 그런 것이 아닐 것이다. 복지와 재분배를 위해 세금을 더 낼 수 있다고 생각하는 시민이 다수가 되었듯이, 정치가 제 기능을 한다면 정치에 대한 공적 지원을 더 늘려 줄 수 있다는 것이 다수 시민의 진정한 의사라고, 필자는 믿는다.

혹자는 아무리 그래도 정치에서 없어져야 할 특권이 있고 개혁해야 할 문제들이 있지 않느냐고 반론할지 모르겠다. 물론 개선해야 할 문제가 있지만, 그것이 얼마나 중요하고 사활적인지를 묻는다면, 그렇지 않다고 답하겠다. 정치의 힘은 더 강해져야 하고 정당의 능력은 더 조직적이 되어야 한다고 생각하는 필자의 입장에서 볼 때, 지금 의원 개개인들에게 허용된 특권이나 혜택이 관용하기 어려운 정도는 아니다. 의원 세비를 다 모아도, 몇몇 재벌 총수의 취미 생활에 들어가는 금액에도 미치지 못한다. 해야 할 정치 활동 중에서 세비로도 충당하기 어려운 것들이 많으며, 그렇기에 세비를 고스란히 집에 가져갈 수 있는 정치인은 많지 않다. 세비나 특권을 굳이 개혁의 대상으로 삼아야 한다 해도 우선순위에서 그리 급한 것도 아니다. 그런데도 지금과 같은 '정치인 특권론'이 무작정 주장되고 힘을 발휘한다면, 정치가 해야 할 사회경제적 개혁은 권위를 잃을 수밖에 없고, 결과적으로 정치 밖 강자 집단들의 반정치적 주장만 정당화시켜 줄 뿐이다.

민주주의가 가진 최대의 미덕은 정치권력이 제 역할을 강하게 할수록 정치인 개개인의 권력은 줄어든다는 데 있다. 민주주의 국가 가운데 정치권력이 가장 강한 나라는 어디일까? 경제 권력과 행정 권력의 힘을 제어할 수 있었던 수정자본주의 국가들 혹은 혼합경제 국가들, 행정 관료제보다 정당이 강한 나라, 그런 정당들이 지휘하는 지방정부의 역할이 강한 나라들이다. 스웨덴을 위시해 중부 유럽 위쪽의 국가들이 대표적인데, 이들 나라에서는 정치의 힘이 강력한 반면, 정치인 개개인이 발휘할 수 있는 특권은 가장 약하다. 스웨덴은 인구가 한국의 6분의 1 정도지만 국회의원 수는 한국보다 많은 349명에 이른다. 한국의 의원 수를 스웨덴의 인구 비례에 맞춘다면 2천 명이 넘어야 할 것이다. 하지만 스웨덴 의원들 개개인이 누릴 수 있는 특권은 우리보다 훨씬 적다. 이처럼 정치의 역할을 좀 더 강하게 만들어서 정치인 개개인의 특권을 자연스럽게 줄여야지, 정치인 개개인이 비정규직보다 월급을 얼마나 더 많이 받는지, 의원 활동을 하는 데 어떤 혜택을 받는지 등등, 인간의 시기심이라는 약점을 이용해 이들의 특권을 과장하고 도덕적 규탄론을 동원하는 일은 절제되어야 한다.

인간은 천사가 아니고, 천사에게 정치를 맡길 수도 없다. 남들보다 앞서고 싶어 하는 인간의 열정과 야심을 없앨 수는 없으며, 그런 인간적 요소를 모두 제거하고자 한다면 인간의 자유 또한 없앨 수밖에 없다. 악마조차 민주주의를 할 수 있는 방법을 찾는 것이 훨씬 더 중요하다는 것, 현대 민주주의는 바로 이런 정치관 위에 서있다. 그렇기에 정당과 정부, 나아가 정치로 하여금 '사회경제적 개혁자'로서 제 역할을 하도록 하는 것이 먼저이며, 이를 위해 필요하다면 제도적으로 허용된 특권도 선용할 수 있어야 한다. 그렇게 해서 정치인 개개인이 갖는 특권이 더는 필요하지 않은 집합적 조건을 서서히 성숙시켜 가면서 그에 비례해 기존의 개인적 특권을 서서히 줄여 가는 것, 이것이 '민주적 개혁의 방법'이다.

정치란 인간이 갖고 있는 싸움과 갈등, 적대의 요소를 비폭력적으로 표출하고 해결하고 통합하는 기능을 한다. 정치적 결정은 늘 갈등적 상황에서 내려질 수밖에 없고, 해결하기 어려운 윤리적 딜레마에 봉착할 때도 많다. 전문적인 조사와 연구, 통계자료로부터 도움을 받을 수는 있지만, 그것으로 정치적 결정을 대신할 수는 없다. 최종적으로 정치적 결정을 인도하는 것은 특정의 사회적 가치와 비전 내지 삶의 경험이고, 그것을 집단화한 것을 우리는 정당이라고 부른다.

마키아벨리Niccoló Machiavelli는 "자신의 부대를 믿고 패배할 줄 아는 사람만이 지도자"라고 말한 적이 있다. 자신의 정당을 세계관을 공유하는 유능한 조직이자 한 팀으로 만드는 데 기여한 정치가가 대통령이 되고 정부를 이끌 수 있을 때 민주주의는 한 단계 더 도약할 수 있다.

조율된 정당 조직

기존의 정치 개혁론이 가진 문제를 좀 더 생각해 보자. 정치 개혁과 관련해, 그간 우리 사회에서는 '제도 중심의 접근'이 지배적이었다. 한국처럼 제도를 많이 바꿔 정치 개혁을 한 민주주의 국가는 찾아보기 힘든데, 그 결과 정치가 좋아지기보다는 그 반대로 나타났다.

제도가 바뀌면 그에 맞게 예산과 인력이 배정된다. 그러므로 작동하지 않는 수많은 제도 변화는 예산 낭비와 관료제의 팽창을 가져올 수밖에 없다. 사회적 기업, 협동조합, 민관 협치, 마을 만들기 등 수많은 정책 프로그램 및 제도 변화가 가져온 결과 역시 '관치의 확장 내지 행정의 민영화'라고 할 만한 것이었다.

여론 정치가 심화된 반면, 정치의 사회적 기반은 더 공허해진 것도 문제다. 정당과 사회 사이의 멀어진 거리와 격차를 채운 것은 언론과 여론조사, 뉴미디어였다. 정당 조직은 기능할 수 없는 상태가 되어 이제는 의원 개인들의 집합소 혹은 선거 관리 기구처럼 되었다. 그 결과 국가 관료제를 공익적 방향으로 이끌 수 있는 '정당 정부'나 '예비 내각'의 기능은 계속 약화되었고, 정부는 청와대가 중심이 되는 '선출된 군주정'에 가까운 형태로 운영되어 왔다.

민주정치를 비유적으로 생각해 보자. 관중들에게 만족감을 줄 수 있는 좋은 축구 리그를 만들고자 한다면, 경기의 규칙을 바꾸는 데 골몰할 일이 아니라 서로 다른 개성을 가진 축구팀을 육성해야 할 것이다. 그런 축구팀을 위해서는 감독의 역할이 중요하고, 체계적인 훈련 프로그램을 뒷받침할 스태프 조직, 안정된 팀 문화를 이끌 수많은 요소들과 긴 시간이 필요할 것이다. 그런데 이런 노력 대신 모든 것을 관중의 뜻에 따라 결정하는 새롭고 혁신적인 제도를 도입한다면서, 감독을 선임하는 데 관중을 선거인단으로 참여시키고, 심지어 다른 축구팀 지지자들도 참여할 수 있게 하고, 여론조사를 반영하며, 선수를 영입할 때도 같은 방식으로 하면서, 스태프 조직과 열성 지지자 조직은 이제 낡은 방식이라며 해체한다면 어떤 일이 벌어질까? 각 축구팀의 개성이 만들어지고 지켜질 수 있을까? 경기력은 향상될까? 팀의 정체성이 조직력과 무관해질 수밖에 없고, 그럴 경우 같은 팀 내에서나 상대 팀과의 사이에서 사소한 것들에 대해서만 비난을 주고받는 상황을 피할 수 있을까? 축구팀으로서의 개성과 색깔이 단단한 조직력으로 이어질 때, 이런 축구팀들로 구성된 전체 축구 리그의 내용도 풍요로워질 수 있듯이, 민주정치도 그렇다.

정당을 오케스트라에도 비교해 볼 수 있다. 감동적인 화음을 만들어 내는 좋은 오케스트라 연주는 지휘자가 청중을 등지고 자신의 팀을 향해 서있을 때 가능하다. 각각의 악기는 그 자체로는 불협화음이다. 이를 조율하는 것은 지휘자이고, 그 아래 악기 파트들과 악장들의 역할이 뒷받침되어야 한다. 무대 뒤 보이지 않는 스태프들의 역할도 중요하다. 정당도 마찬가지다. 정치가가 여론을 향해 서서 인기를 모으려고만 하는 동안, 자신의 정당은 공허해지고 끊임없는 당내 불협화음으로 시민들을 괴롭게 만든다면 어찌될까? 자신의 정당이 하나의 조직이자 팀으로 좋은 소리를 만들어 낼 수 있도록, 제대로 된 정치가라면 여론을 등 뒤에 둘 줄도 알아야 한다. 자신의 정당이 하나의 팀으로서 제대로 기능하게 만든 정치가가 대통령이 되고, 그런 팀이 책임 있고 유능한 정부를 이끌 수 있을 때, 민주주의라는 '시민의 집'이 제 모양을 갖추게 될 것이다.

포퓰리즘, 데마고그, 그리고 정당

보수적인 의견을 가진 사람들 가운데 포퓰리즘과 데마고그를 있어서는 안 될 정치 현상처럼 비난하는 이들이 많다. 몇 해 전 '안철수 현상'이 등장했을 때도 그랬다. 필자 역시 그런 현상에 문제가 없는 것은 아니라고 보지만, 그렇다고 포퓰리즘이나 데마고그를 있어서는 안 될 일이라고까지 생각하지는 않는다.

대중 혹은 민중을 뜻하는 라틴어 '포풀루스'populus에서 유래된 포퓰리즘은 '보통 사람들의 요구와 바람을 대변하려는 정치 동원 양식'이라고 정의할 수 있다. 어떤 민주주의 국가든 정도의 차이는 있지만 포퓰리즘 현상은 존재하며, 특히 기존 정치가 다수의 대중적 열망과 욕구를 잘 대표하지 못할 경우 더욱 활발하게 표출된다. 이를 통해 경직된 사회구조와 편협한 정치체제가 자극을 받고 변화하는 좋은 효과를 낳기도 한다.

일반 시민을 뜻하는 그리스어 데모스demos에서 유래한 데마고그 역시 '거짓 약속으로 대중을 선동하는 사람'처럼 사용되기도 하지만 꼭 그런 것만은 아니다. 본래는 '시민의 기대와 신뢰를 불러일으키는 매력적인 정치가 내지 정치 연설가'를 의미했으며, 데마고그로 불렸던 최초의 정치가는 아테네 민주주의의 전성기를 이끌었던 페리클레스였다.

민주주의가 제도나 절차와 같은 비인격적 요소로만 작동해야 한다면 그것은 인간의 현실이 될 수 없다. 인간이란 추상적 이념이나 이상에도 영향을 받지만, 그보다는 뭔가 합리적으로 설명하기 어려운 매력을 갖는 인물에 끌리고, 그 때문에 그를 신뢰하고, 나아가서는 그가 제시한 이상과 이념을 공유하게 되는 일이 더 일반적이다. 기존 정치에서 희망을 찾지 못하는 사람들이 새로운 인물의 등장을 열망하고 그에게서 위로를 얻고 기대를 갖게 되는 것은, 민주주의가 제대로 작동하지 않을 때 필연적으로 등장하는 대중적 현상 가운데 하나이다.

물론 포퓰리즘이나 데마고그의 현상이 민중적 요소를 갖고, 잘못된 사회구조에 대한 불만을 넘어 구원자를 바라는 대중의 심리를 반영한다 하더라도, 그것만으로 좋은 민주주의가 실현될 수는 없다. 포퓰리즘과 데마고그의 현상이 일상화되었던 로마 공화정이나 아테네 민주정에서와는 달리, 현대 민주주의는 그런 대중적 열정을 정당과 정당 지도자라는 틀로 수용해 실천해 왔으며, 그 때문에 최소한 정당 간 평화적 권력 투쟁과 정변 없는 정권 교체가 가능했다.

정당이 아니라 포퓰리즘이나 데마고그 그 자체로 체제를 운영할 수 있다고 생각하는 순간, 민주주의가 아니게 된다. 지도자의 권위에 의존하는 대중운동으로 체제를 운영하려 했던 독일의 나치즘은 그것의 극단적인 사례라 할 수 있다. 포퓰리즘과 데마고그 현상은 민주주의의 문제를 보여 주는 지표가 되지만, 그것으로 상황이 개선되는 것은 아니다. 민주주의에서라면 광범한 대중 동원의 경험은 일회성 충격으로 끝나지 않고 체제 안의 일상적 변수로서 제도화되어야 한다. 그런 대중의 요구가 복수의 정당 가운데 하나로 조직될 수 있을 때 민주주의는 발전한다. 따라서 영국의 경우 민주주의가 '정당이 정부가 되는 것'party government으로 정의되는 것은 의미가 크다. 독일의 경우도 마찬가지다. 나치즘의 유산을 극복하기 위해 전후 새로운 헌법을 만들면서 그 중심 목표를 '정당들이 중심이 되는 민주주의'Parteiendemokratie로 설정했다. 그 뒤 모든 민주주의 국가들은 "다수의 지지를 받는 정당이 정부가 된다."는 원칙 위에서 정치체제를 운영하게 되었다.

체제를 바꾸려면, 체제 밖에서 충격을 주는 것으로 끝낼 일이 아니라 체제 내부 구조 안으로 들어가 변화를 이끌 수 있어야 한다. 누군가 기존 정치에 대한 불만을 대표하려 한다면, 막연한 대중적 정서와 기대를 불러일으킬 것이 아니라 대안적 정당을 조직할 수 있어야 한다. 어떤 정책과 비전으로 집권하고자 하는지 과감히 말하고 대중의 평가와 지지를 조직하기 위해 노력해야 한다. 그렇게 해서 지금처럼 답답하고 협소한 정치의 틀을 깨뜨리고 대중의 열정을 더 넓고 강렬하게 투입해 민주정치를 활성화시킬 수 있어야 한다.

정당의 리더십과 정체성, 그리고 지역

민주주의는 정치를 시민이나 시민사회에 맡기는 것이 아니라, 시민이 참여해 뽑은 시민의 대표에게 맡기고 그들에게 책임성을 부과하는 체제를 가리킨다. 민주주의는 시민이 직접 정치를 할 수 있도록 정치나 정당, 정부의 역할을 줄이고 민간에 더 많이 맡기는 것이 아니라, 정당정치라는 '정치적 대표 체계'의 질을 높여 시민사회의 다양한 갈등과 요구를 좀 더 넓게 대표하고, 이를 통해 경제 권력이나 행정 권력의 불평등한 자원 분배 효과를 제어할 수 있는 강한 조직적 기능을 발휘하도록 하는 것이다. 이들이 제대로 조직되고 운영되어야 민주정치는 가난한 보통 시민의 사회경제적 지위를 개선할 수 있는 호민관의 역할을 할 수 있다. 이하에서는 제대로 된 좋은 정당을 만들고자 하는 긴 프로젝트를 생각하며 리더십과 정체성, 선거, 지역 등 몇 가지 중요 문제에 대한 의견을 말해보고 싶다.

책임 있는 지도부의 역할은 중요하다. 정치는 의지와 뜻을 세워

일하는 세계이다. 그런 의미에서 어떻게 좋은 정당을 만들 수 있을까 하는 문제야말로 정치가 스스로 의지와 뜻을 세워 개척해 가야 할 과업이라 할 수 있다. 그런 의지를 가진 정치가들이 역할을 할 수 있도록 당내 지도부 체계는 가능한 한 단순하고 응집적이어야 한다. 당 대표를 여러 선출직 최고 위원 가운데 한 명으로 만들거나, 원내 대표를 포함해 당의 또 다른 선출직들에 의해 휘둘리지 않게 해야 할 것이다. 안정된 지도부라는 기초 위에서 다양한 대표 체계와 기능 체계가 작동할 수 있어야지, 이들이 모두 당대표를 견제할 거부권 행사자veto power가 되게 하는 것은 곤란하다. 당은 신뢰를 제도화하는 조직이어야지, 서로 신뢰하지 않음을 제도화할 수는 없다. 물론 무책임한 지도부, 당이 아닌 자신을 위해 정치를 하는 리더가 출현할 수도 있다. 그러나 정당이란 그런 위험에도 불구하고 하는 것이다. 폭군의 출현 가능성을 감수하면서도 통치의 역할을 강조하는 것이 정치다. 따라서 그럴 경우 폭군을 축출하고, 무책임한 지도부, 자신을 위해 당을 희생시키는 리더를 교체하는 것이 중요하지, 그럴 가능성 자체를 없애기 위해 정치를 없애고 정당이 기능할 수 있는 조건을 없애서는 안 될 것이다.

리더십은 민주정치의 중심 요소이다. 리더십leadership은 엘리트주의elitism와 다르다. 엘리트주의는 대중을 필요로 하지 않지만, 다수를 이끄는lead 것을 가리키는 리더십은 대중이 없다면 존재할 수도, 작동할 수도 없는 지도적 활동을 말한다. 엘리트주의의 경향이 커지면 대중의 역할은 수동적이 되거나 줄어든다. 반면 좋은 리더십이 없다면 대중은 모래알에 불과한 무기력한 존재가 된다. 리더십을 이야기할 때 종종 '팔로우십'followship이라는 표현이 등장하곤 한다. 그들은 리더십의 다른 얼굴은 팔로우십이라며, 리더를 믿고 따르는 대중의 역할을 강조한다. 정치학에서 그런 이론이나 개념은 없다. 굳이 팔로우십에 대해 말한다면, 그것은 대중의 주권보다는 지도자의 주권을 더 중시한다는 뜻이 된다. 리더십이라는 개념 틀 안에서는 대중이나 민중이 '갑'인 반면, 팔로우십에서는 그 반대로 지도자가 '갑'이 된다는 것이다. 현실에서 이와 유사한 현상이 있다면 스타십 내지 팬덤 정치다. 팔로우십을 강조할수록 팬클럽 정치를 당연시하고, 리더십이 보여야 할 대중적 책임성과 헌신성은 가볍게 여기기 쉽다. 그렇게 해서 민주정치가 잘될 수 있을까? 리더십에 대한 민주주의 이론의 중요성을 다시 강조하고 싶다.

정당의 정체성 없이 민주정치는 어렵다. 정당은 정체성과 확장성을 두 축으로 지지의 동원을 극대화하는 인간 조직이다. 그런데 한국의 정당은 한결같이 경쟁성 내지 확장성만을 고려해 당의 정체성을 스스로 모호하게 만들어 왔다. 한국의 정당 체계는 좌측 영역은 무시한 채 우편향적 공간에 밀집해 있는데, 이는 두 가지 효과를 낳았다. 하나는 정치가 발휘해야 할 이념적·계층적 대표와 사회 통합 기능이 계속해서 위축되어 왔다는 점이고, 다른 하나는 이로 말미암아 스스로 어떤 정당인지를 말하지 않고, 상대의 잘못 덕분에 존재할 수 있는 기생체가 되었다는 점이다. 상대 정당이 얼마나 왜 나쁜지를 입증하는 것으로 경쟁하는 정당정치는 사회를 분열시키는 것 이상의 역할을 할 수 없다. 민주주의는 공익의 내용을 둘러싸고 시민 집단이 서로 다른 정당으로 조직되어 경쟁하는 체제이다. 그런 민주주의에서 부분part을 가리키는 정당들parties이 어떤 정체성을 가질 것인가는 중요하게 생각하지 않은 채, 승리만을 위해 상대를 공격하는 것으로 일관한다면 어떻게 될까? 그런 조건에서 더 나은 사회를 위한 집합적 에너지가 만들어질 수 있을까? 어떤 정치를 해서 어떤 사회 공동체를 만들 것인가를 두고 경쟁하는 정당정치가 되어야 하고, 이 문제에서 진보와 보수는 다른 내용, 다른 비전을 보여 줄 수 있어야 한다. 그래야 싸울 때 싸우더라도 차이가 분명하기에 조정도 타협도 가능하다. 집권당과 대통령을 견제하고 비판하는 가장 강력한 방법은, 그들보다 더 잘할 수 있음을 보여 주는 것이다. 그러지 않고, 감정적으로 야유하고 인격적으로 비난하는 데 시간과 열정을 소비한다면 유익한 효과는 거의 없는 반면, 해야 할 일과 준비를 경시하게 만들고, 자신의 지지자들을 사납게 만드는 부정적인 효과만 낳을 뿐이다.

정당의 미래는 지역에 있다. 의원 개인이 중시되는 원내 정당화 경향은 지금 한국 정치에서 최고조에 와있고, 이미 그 부작용이 심각하다는 데 상당한 합의도 있다. 우리보다 앞선 민주주의 국가들의 한결같은 경험은, 당의 대중정당적 기반이 약해지는 경향에 맞서 다음의 두 요소를 강화했음을 보여 준다. 하나는 예비 내각이고 다른 하나는 지역이다. 예비 내각이 정당 정부라는 상층 기반을 닦는 것이라면, 지역은 당의 하부 기반을 튼튼히 하는 것이다. 지역이 중요하다는 것은, 단순히 그래야 한다는 규범적 의미만이 아니라, 실질적 정당의 힘이고 이미 서구에서는 강력한 현실이다. 지방

자치 선거는 전국 선거 못지않게 중요할 뿐만 아니라, 어느 정당이든 당내 투표 권력은 점차 이들 지역의 힘에 의해 움직일 수밖에 없다. 민주당계 정당도 이제 재선 단체장을 넘어, 3선의 자치단체장과 지방 의원의 출현을 바라보게 되었는데, 이들은 이미 수적으로나 분포의 범위에 있어서나 가장 큰 세력으로 성장했다. 진보 정당도 성장을 계속한다면 이런 방향으로의 진전이 불가피할 것이다. 지역의 역량과 열정은, 지금처럼 의원 지역구에 한정되는 것이 아니라 광역시도당을 중심으로 조직될 수 있어야 한다. 예산과 인력 모두 그런 방향으로 분배될 수 있어야 한다. 향후 지방선거를 포함해 지역구 의원의 공천 역시 이 단위에서 결정될 수 있도록 변화가 시작되어야 한다. 그래야 의원이 되고 대통령이 되려는 개인 정치가들이 '스스로를 위한 명사 정치'의 늪에 빠지지 않도록 제어할 수 있고, 당의 대중적·지역적·조직적 기반을 다질 수 있다. 지역이야말로 미래 정당의 블루오션이다.

정당은 교육기관이자 훈련장이다. 민주주의에서 정당의 기능은 미래 정부를 운영할 정치 엘리트들을 육성하는 훈련장이 되어야 한다. 불행하게도 지금의 정당들은 이런 기준으로부터 너무나 거리가 멀다. 의원실 중심의 원내 정당은 사실, 2세기 전 영국의 명사 정당과 크게 다를 바 없다. 현대판 명사 정치를 주도하는 정치 엘리트들은 자신들을 위해 정치를 하는 의원들이다. 의원실은 과거 대기업 '회장 비서실' 못지않게 '개인 왕국의 집사들'로 채워져 있다. 이런 식이면 곤란하다.

의원들은 원내 대표를 통해 당과 연결될 수 있어야 하고, 상임위 및 정책 분야별로 조율된 노력을 해야 한다. 정당의 조직적 역할로부터 자유로운 개인 의원이 많아진다는 것은, 기실 정당 없는 정치를 하고 있다는 뜻이 된다. 자신이 속해 있는 정당의 당사가 어딘지도 모르는 야당 의원이 적지 않다는 사실은 놀라운 일이다. 개인적 의정 활동에만 전념할 뿐, 당 조직 내 주요 현안과 논란을 자신과 무관한 일로 여기는 의원들이 많아지는 것 역시 민주정치를 위해서는 불행한 일이다.

정당의 공직 후보, 정책 전문가, 정무 활동가, 홍보 활동가 모두 정당이 책임 있게 길러내야 하며, 당내에서 그들의 헌신에 따라 정상적으로 올라갈 수 있는 '합리적 경력 사다리'가 있어야 한다. 정당은 미래에 정부를 이끌 조직으로 발전해야 하고, 그렇기에 본질적으로 권력기관이다. 권력기관은 책임성의 윤리를 가져야 하는 인간 조직인데, 그 조직이 지금처럼 무질서하고 무책임하게 정치적 사익을 추구해도 되는 방식으로 운영되는 것을 방치한다면 민주주의는 그 가치를 잃을 것이다. 정당을 제대로 만들고 운영하는 것이야말로 최고의 책임 정치가 아닐 수 없다.

정당 친화적인 정치 시민

시민들의 입장에서도 생각할 점이 있다. 우선 정치 밖 사회 속에서만 시민의 역할을 하는 것으로는 충분하지 않다. 자신의 관점과 가까운 정당에 참여하고 그런 정당을 발전시키는 것에도 관심을 가졌으면 한다. 그것이 더 정치적이면서도 사회적인 가치를 갖는다고 본다. 그렇지 않으면 정치나 정부, 정당의 역할은 소수 엘리트들의 전유물이 될 뿐이다. 시민은 가끔 화를 내고 촛불을 드는 소극적 역할 이상을 하기 힘들다. 촛불 집회를 비정치적인 '순수한 시민 참여'로 묶어 두려는 것은 민주주의의 발전을 위해서도 좋지 않다.

대표나 조직, 집단의 채널을 우회하거나 회피해 시민 일반(시민사회라 부르든, 주민이라 부르든, 풀뿌리라 부르든)의 참여를 무매개적으로 불러들이는 것을 민주주의로 착각해서는 안 될 것이다. 현실의 민주주의 체제가 그런 요소들을 포함하고 있는 것은 사실이지만, 원리적으로 보면 민주주의는 '정치의 방법'으로 사회 속에 존재하는 개개인이 자신의 삶을 돌볼 수 있는 기회를 확대·강화하는 데 그 핵심이 있다. 이 사실을 누구도 부정할 수는 없다. 민주주의의 원리가 반드시 작동해야 하는 곳은 정치, 정부, 국가이다. 자율적 결사체나 공동체, 가족, 개인 삶 등은 반드시 민주화되어야 하는 것이 아닐 뿐더러, 이들에게 민주주의에 대한 책임을 부과할 수도 없다. 그런데도 정치의 역할이 중심이 되는 민주주의, 이를 실질적으로 책임지는 정당과 정부 중심의 대의 민주주의를 뭔가 잘못된 것, 엘리트적이고 비민주적인 것처럼 정의하는 것은 합당하지 않다.

민주주의를 어떤 방향으로 가꿔 가야 좀 더 자유롭고, 공정하고, 건강하고, 평등하고, 안전하고, 평화로운 사회를 만들 수 있을까? 누군가 이렇게 묻는다면 필자는 단호하게 정당정치가 제 역할을 하는 민주주의여야 그럴 수 있다고 답하겠다. 정당들이 사회적으로 책임 있고, 조직적으로 단단하고, 정책적으로 유능하지 않고서는 민주주의가 인간적인 공동체를 발전시킬 정치의 수단이 될 수 없다. 우리가 필요해서 민주주의를 하게 되었고 이를 위해 기꺼이 정치라는 도구를 선용하고자 한다면, 촛불 집회 등을 통해 나타난 시민적 열정을 한국의 정당정치를 발전시키는 에너지로 전환시키는 문제에 깊은 관심을 기울여야 할 것이다.

1987년 민주화 이후 30년 동안의 한국 민주주의가 대통령을 직접 뽑는 단계에 머물렀다면 이제 앞으로 30년은 제대로 된 정당과 민주적 가치를 실현할 수 있는 정부를 만드는 일에 전념해야 할 것이다.

민주주의를 좀 더 공부하고 싶은
독자를 위하여

공부하는 민주주의자

민주주의는 텃밭을 가꾸는 것과 다르지 않다. 잘 가꾸면 마음의 휴식과 평안은 물론 풍부한 먹거리를 제공해 주지만, 잘 가꾸려는 노력이 없으면 남 보기 부끄러운 잡초 밭이 될 수 있다.

민주주의 체제라고 할지라도 생각을 달리하는 정치 세력들과 그들을 지지하는 동료 시민 사이에 서로를 모욕하고 배제하는 정치 전쟁이 언제든지 벌어질 수 있다. 민주주의는 언제든 퇴락할 수 있고 나빠질 수 있다. 그러나 이와 반대로, 이견을 가진 상대를 정치적 경쟁자로 존중하면서, 사회가 직면한 여러 어려움에 대한 좀 더 나은 대안을 모색할 수도 있다. 이를 위해 풍부한 공적 토론이 전개되는 민주주의가 될 수도 있다.

다수의 시민들이 '민주주의가 밥 먹여 주냐!'며, 민주주의에 대한 기대를 접고 냉소와 무관심으로 일관하게 될 수도 있다. 반대로 다수의 시민들이 공적 사안에 관심을 갖고, 참여를 민주주의의 핵심 가치이자 시민적 덕성으로 생각하고 실천하는 사회가 될 수도 있다. 정치가의 길에 나서는 일을 더럽고 무가치한 일로 경멸할 수도 있고, 기성 정치 세력들과 정치가들이 기득 집단으로 매도되는 민주주의가 될 수도 있다.

반면 정치가를, 시민을 대신해 공적 과업에 헌신하고 복무하는 사람으로 받아들이면서, 시민과 정치가 사이에 신뢰와 존경, 명예를 주고받는 민주주의가 될 수도 있다. 어떤 민주주의를 바라고 만들 것인가는 우리에게 달려 있다. 우리는 어떤 민주주의를 갖고자 하는가.

이 질문에 대한 좋은 답을 찾고자 하는 민주주의자라면 끊임없이 공부해야 한다고 본다. 민주주의자의 특징 가운데 하나는 공부하는 사람이라고 필자는 생각한다. 억압이나 강제보다 설득의 힘을 신뢰하는 민주주의자라면 더 나은 논리를 만들기 위해 독서하고 사색하는 일을 게을리 할 수 없을 것이다.

앞선 나라들의 풍부한 사례에서 배우려고 노력해야 변화와 개선의 전망을 실증적으로 설명할 기반을 가질 수 있다. 진보적 민주주의자라면 더더욱 그렇다. 현실에 만족하는 보수파라면 전통의 힘과 현 체제의 장점을 말하는 것으로 충분하지만, 지금의 현실을 개선하고 변화시키고자 하는 진보파는 아직 오지 않은 미래의 현실을 오로지 인식의 힘과 말의 힘을 통해 구성해 내야 그 역할이 빛날 것이기 때문이다.

지금까지 민주주의에 대해 필자가 말했던 내용이 가치가 있었다면, 틀림없이 독자 여러분은 이 책을 덮으며 민주주의를 좀 더 공부하고 싶다는 생각을 했으리라 본다. 그런 독자들을 위해 몇 권의 책을 소개하고자 한다.

다섯 권의 책

민주주의에 대한 최고의 책을 꼽으라면 필자는 주저 없이 『민주주의와 그 비판자들』(문학과지성사, 1999)을 들겠다. 앞서 본론에서도 여러 번 언급된 로버트 달의 작품이다. 그는 이 책으로 정치학 분야의 노벨상이라 불릴 만큼 권위가 있는 '요한 쉬테 상'을 받았다.

애초 로버트 달은 '대중적으로 읽힐 수 있는 민주주의론'을 목표로 이 책을 썼다. 민주주의자와 민주주의 비판자 사이의 가상 대화 등, 대중 친화적으로 쓰기 위해 형식에서 다양한 시도를 했다. 하지만 그렇다고 내용이 쉽다고는 말하지 못하겠다. 민주주의 관련된 기존의 수많은 연구 성과를 포괄하고 그 기반 위에서 이야기를 전개하려 했으므로 이 책의 내용은 몹시 수준이 높다. 그럼에도 불구하고 민주주의에 대해 깊은 관심을 가진 독자라면 꼭 도전해보라고 권하고 싶다. 민주주의를 어떻게 옹호할 수 있을까에 대한 문제에 있어, 로버트 달의 이 책보다 더 좋은 책을 본 적이 없다.

민주주의의 귀결은 중우정일 수밖에 없다는 플라톤의 논변에 대한 가장 멋진 대응 논리를 찾고 싶다면, 이 책을 꼭 읽어야 할 것이다. 자유로운 인간들의 비권력적 결사체를 꿈꾸는 무정부주의에 대한 가장 뛰어난 반론도 이 책에서 볼 수 있다. 플라톤의 '철학자 왕' 내지 수호자주의에 대한 비판은 이 책 본론에서 살펴보았으므로, 무정부주의에 대한 로버트 달의 반론만 간단히 소개하면 다음과 같이 요약할 수 있다.

'인간은 불완전하다. 국가나 정부를 포함해 모든 인위적 규제나 강제를 없앤다고 해도 타인에 대해 강제나 폭력을 행사할 인간 집단은 등장할 수밖에 없다. 민주주의자는 모든 강제의 폐지가 아니라 강제의 최소화를 지향하는 사람들이다. 혹은 공적 강제에 책임성을 부과하고자 하는 사람들이다. 제약 없는 절대적 자유는 없다. 자유와 자율성이란, 인간 사회의 불가피한 한계 내에서 최대화해야 할 어떤 속성으로 이해되어야 한다. 그리고 그런 자유 내지 자율성을 최대화할 가능성은 국가 없는 자연 상태에서보다 민주적 국가에서 더 크다. 그렇기에 우리의 선택은 현실 가능한 최선의 국가로서 민주적 국가를 발전시키는 것일 수밖에 없다.'

물론 이는 요약일 뿐, 실제 로버트 달의 논변은 독자 여러분들 스스로 찾아서 읽어야 할 것이다. 그의 책에서 배울 수 있는 특별함 가운데 다른 하나는 이른바 제도론이다. 그는 민주주의를 하는 모든 나라에 맞는 최선의 제도적 대안이 왜 존재할 수 없는지를, 실증적으로만이 아닌 이론적으로 잘 설명해 준다. 분명 민주주의는 다수 지배를 그 중심 원리로 삼는다. 그런데 이를 제도적으로 실현할 수 있는 최선의 방법이 무엇인지는 그 누구도 논증할 수 없고, 실제로도 특정 제도 대안으로 민주주의 국가들의 선택이 수렴될 가능성은 없다는 것이다. 그것이 사실이라면, 지금까지도 그랬고 앞으로도 마찬가지로 민주주의는 다양한 제도 형식으로 실천될 수밖에 없을 것이다. 제도와 시스템을 앞세우며 최선의 제도, 최선의 헌법이 있는 것처럼 말하는 사람들에게도 이 책을 권하고 싶다.

두 번째로 권하고 싶은 책은 영국 캠브리지 대학에서 오랫 동안 정치사상을 가르쳐 온 존 던John Dunn의 『민주주의의 수수께끼』(후마니타스, 2015)이다. 앞서도 말했듯, 민주주의를 뜻하는 최초의 말, '데모크라티아'라는 말은 과두정 지지자들에 의해 만들어졌다. 능력을 갖춘 소수가 통치를 맡아야 한다고 본 과두정주의자들의 견지에서 볼 때, 보통의 일반 시민들의 참여에 근간을 둔 민주주의는 일종의 난센스가 아닐 수 없었고, 이를 조롱조로 표현한 용어가 민주주의라는 말의 기원이라는 것이다.

이 정도에서 놀라서는 안 된다. 왜냐면 민주주의와 관련해서는 더 큰 수수께끼와 이해하기 어려운 일들이 즐비하기 때문이다. 2천5백 년 전 고대 그리스의 도시 국가들에서 거의 2백 년 가깝게 민주주의를 실천했음에도 불구하고, 왜 민주주의를 옹호하는 기록은 남아 있지 않은가? 지금 우리가 보는 플라톤, 아리스토텔레스, 투키디데스 등 이 시기에 기록을 남긴 사람들은 모두 민주주의의 비판자들이었다. 왜 고대 민주주의자들은 기록을 남기지 않았을까?

이런 수수께끼도 들 수 있다. 오늘날 우리가 민주주의라고 말하는 정치체제는 고대 아테네 민주주의자들의 관점에서 본다면, 말도 안 되는 체제이다. 달라도 너무 다르기 때문이다. 그때는 직업 정치가는 물론 관료제도 없었고 정당도 없었다. 그런데도 왜 민주주의라는 말을 같이 쓰게 되었을까? 어떻게 민주주의라는 말로 오늘날과 같은 정치체제를 실천하고 옹호하게 되었을까?

덧붙여 이런 수수께끼도 이야기할 수 있다. 고대 민주주의로부터 2천 년이 지나 인류가 다시 민주주의를 하게 된 것, 달리 말해 현대 민주주의의 형성 과정과 관련되어 있는데, 문제의 수수께끼는 이렇다. 왜 현대 민주주의가 정치체제로 만들어지는 과정에서 어느 철학자도 민주주의를 지지하거나 이론적 기획자 역할을 하지 않았을까?

존 로크, 몽테스키외, 장 자크 루소, 제임스 매디슨 등 우리가 현대 민주주의의 사상적 정초자로 알고 있는 철학자들 누구도 민주주의를 인류가 할 수 있다고 생각하지 않았다. 『미국의 민주주의』를 썼던 토크빌조차 민주주의에 대해 근본적인 회의를 갖고 있었다. 로베스피에르를 포함해 프랑스혁명의 주역들도 모두 공화주의자나 자유주의자라고 할 수는 있겠지만, 민주주의자라고 말하기는 어렵다. 분명 이들 지식인과 철학자들이 현대 민주주의에 미친 영향은 지대했지만, 당시 그들이 민주주의에 대한 비판자 내지 회의론자였다는 사실은 흥미로운 수수께끼가 아닐 수 없다.

수수께끼는 이 밖에도 많다. 예컨대 오늘날 우리가 당연하게 여기는 제도들 가운데 많은 부분이 이른바 보수파 정치인들에 의해 도입되고 정당화되기도 했다. 영국과 프랑스에서 보통선거권이 확대된 데에는 왕정복고를 기대했던 사람들의 노력도 컸다. 가난한 보통 사람들에게 투표권을 주면 군주정으로 복귀할 수 있으리라 잘못 예상한 사람도 있었고, 확산되고 있는 사회 갈등을 선거권 개혁을 통해서라도 완화할 필요가 있다고 생각한 사려 깊은 보수파도 있었다. 그야말로 우리가 민주주의라고 생각하고 있는 것들 가운데 많은 부분이, 이른바 민주주의와는 아무런 상관없는 사상과 의도에서 비롯된 바도 크다.

현대 민주주의는 그야말로 수수께끼 같은 일들로 가득하다. 아마도 이런 문제들을 흥미롭게 여긴다면 존 던의 책을 직접 읽어야 할 텐데, 이 책에서 얻을 수 있는 것은 해답이 아니다. 그보다는 민주주의의 본질이 무엇인가에 대한 생각을 깊이 하는 데 도움을 준다. 민주주의는 이를 지지하고 옹호하고, 또 내걸고 싸웠던 사람들만의 일관된 논리와 체계 위에서 형성, 발전해 온 것이 아니다. 그보다는 당면한 여러 사회적 갈등과 혼란을 해결하고자 했던 사람들에 의한, 때론 창의적이고 때론 오해를 동반한, 단편적 대응들의 긴 과정을 거쳐 형성되어 온 사상적 혼합물이자 제도적 복합체라는 사실, 바로 이 점이 중요하다.

마찬가지로 민주주의는 이론적으로 논증할 수 있는 최선의 정치체제가 아니다. 민주주의는 사회 구성원 가운데 더 많은 사람들의 참여를 지지하는 일관된 관념을 정당화의 기초로 삼고는 있지만, 이론적으로 해결할 수 없는 수많은 난점을 동반하고 있기 때문이다. 따라서 현실에서 민주주의의 역사는 인류가 당대에 직면한 수많은 문제들을 해결하고자 했던 노력의 결과이며, 앞으로도 민주주의의 역사적 운명은 그럴 것이라는 점을 우리는 받아들이지 않을 수 없다.

완전한 답이 있어서 민주주의를 하는 것이 아니라 그럴 수 없고, 오히려 그렇기 때문에 민주주의가 가치를 갖는다는 점을 이해해야 한다. 그 빈 여백은 오늘 이곳에 사는 우리가 개척하고 채워가야 할 '정치의 공간'으로 남아 있다는 것이다.

세 번째로 소개하고 싶은 책은 이탈리아 출신의 법철학자이지만, 결코 그렇게만 한정지을 수 없는 대사상가 노르베르토 보비오 Norberto Bobbio의 『자유주의와 민주주의』(문학과지성사, 1992)이다. 자유주의 없이 현대 민주주의는 이해도, 설명도 될 수 없다. 그런데 이 자유주의를 한국의 현실에서는 설명하기가 너무 어렵다. 진보파 가운데 자유주의를 반공주의의 유사어로 이해하는 사람이 적지 않다. 근대 유럽의 상업 부르주아지처럼 자유주의를 뒷받침하는 사회 세력이 존재하는 것도 아니다. 재벌로 대표되는 한국의 부르주아지는 오히려 국가에 의존해 정책적 혜택을 최대한 얻고자 했다는 점에서 자유주의에 반하는 측면이 크다. 학생운동이 자유주의적이었다고 말할 수도 없다.

그렇다면 비자유주의적 민주주의의 전망은 어떠한가? 민주주의를 말하면서 자유주의를 이해해야 할 이유가 꼭 있는가? 혹시 이런 의문을 갖는다면, 먼저 노르베르토 보비오의 이론과 싸워서 승리할 수 있어야 할 것이다. 우선 보비오의 이야기를 들어 보자.

자유주의는 '개인의 도덕적 자율성'을 무엇보다도 중시하는 철학이자 사상이다. 여기까지는 쉽다. 그런데 이런 관점이 받아들여지기까지 얼마나 많은 피를 흘렸는지를 생각하기란 쉽지 않을 것이다. 그것은 '인류 역사에서 처음으로 지배자의 관점이 아닌, 혹은 그런 관점에서 벗어나' 공적 권위가 정당화되는 조건을 따질 수 있었기 때문이다.

당대의 통치자들이나 지배자들이 과연 이런 관점을 수용할 수 있었을까? 우리가 오늘날 민주주의 국가라면 당연한 헌법적 명령으로 생각하는 '언론, 출판, 집회, 결사의 자유'를 생각해 보라. 그것은 '인간은 누구나 자유롭고 평등하게 태어났다.'는 자유주의의 '도덕적 절대 명제' 위에서 가능했다. 자유주의가 곧바로 민주주의인 것은 절대 아니지만, 자유주의 혹은 자유주의적 기본권에 기초를 둔 입헌주의 없이 민주주의가 설 수는 없다.

그렇다면 민주주의는 자유주의와 어떻게 다르고, 어떻게 갈등하면서도 상호 보완적일 수 있을까? 노르베르토 보비오의 짧은 이 책은 이 문제에 관련해 핵심을 말해 준다. 그 내용을 짧게 소개하면 이렇다. 우선 개인에 대한 태도를 생각해 보자. 자유주의적인 개인이 '그 어떤 외적 강제력으로부터 침해될 수 없는 자유의 공간을 향유하는 시민'을 말한다면, 민주주의적인 개인은 '구성원들 사이의 공동의 합의를 도출하기 위해 자신과 같은 사람들을 함께하는 방향으로 이끄는 시민'을 의미한다.

정부는 어떨까? 자유주의적 관점에서 정부란 '개인의 권리를 보장하기 위해 인위적으로 만들었지만 본질적으로 개인 권리를 침해할 잠재력을 가진 권력'이다. 반면에 민주주의적 관점에서는 '누구에게나 자유롭고 평등한 시민권을 보호하기 위해 다수 시민의 지지에 의해 정당화된 공적 권력'이다. 자유주의자의 관점에서 정부는 필요하기는 하지만 늘 의심의 눈초리를 거둘 수 없는 존재인 반면, 민주주의자의 관점에서 정부는 적극적 시민 권력의 요체라 할 수 있다. 따라서 자유주의자는 정부를 '제한'하기를 바라지만, 민주주의자는 정부를 '재구성'하기를 바란다.

자유에 대한 생각은 어떻게 다를까? 자유주의자는 '정부로부터의 자유'를 중시한다. 달리 말하면 '공적 권력으로부터 보호된 개인 권리, 사적인 독립성과 자율성을 추구'한다는 점에서 일종의 '소극적 자유'의 지지자들이라고 할 수 있다. 이와는 달리 민주주의자의 관점에서 자유는 '정부를 통한 자유'를 중시한다. 다시 말해 '공적 삶에 참여할 적극적 자유'의 지지자들이라고 하겠다.

그렇다면 자유주의는 민주주의와 충돌하는 세계관에 불과한가? 자유주의자는 민주주의자가 될 수 없는가? 그렇지 않다. 자유주의와 민주주의의 관계를 이해하려면 '두 개의 자유주의'를 생각해야 한다. 단순화해서 말한다면 이렇다. 하나의 자유주의는, '정부 혹은 국가의 존재는 개개인의 자율성을 증진하는 목적'을 가지므로 필요하다면 재분배와 복지 기능을 확대할 수 있다고 본다. 또 다른 자유주의는, 국가나 정부란 '어떤 경우에도 필요악'일 뿐이므로 가능한 한 기능을 최소화하고 시장경제와 법치의 역할을 늘려야 한다고 본다. 전자의 자유주의를 절대 국가에 반대한다는 점에서 '제한 정부론'이라고 한다면 후자의 자유주의는 사회복지국가에 반대한다는 점에서 '최소 정부론'이라고 할 수 있다. 달리 말해 전자의 제한 정부론은 정부나 국가도 언제든 나빠질 수 있으므로 책임성의 범위 안에 묶어 두면서도, 개개인의 자율적 의지를 증진하기 위해 좀 더 평등하고 공정한 사회를 위한 정부 기능은 확대할 수 있다고 본다. 그렇기에 민주주의와 중첩될 수 있는 공간은 매우 크다. 반면 후자의 최소 정부론은 사회를 보호하려는 정부의 복지 및 재분배 기능이 개인의 자유로운 선택을 위협한다고 보면서, 정치나 입법의 기능이 커지는 것을 반대하므로 민주주의와 충돌하는 지점이 넓고 크다.

어떤 자유주의여야 하는가? 규제 완화, 민영화, 시장 자율화, 정부 축소와 긴축재정 등을 앞세운 신자유주의를 둘러싼 논란에서도 보듯이, 정부의 역할을 둘러싼 갈등은 앞으로도 계속될 것이다. '자기 삶의 저자author로서의 개인'과 '특정 종류의 공동체 내지 특정 기능의 정부를 지지하는 개인' 사이의 조합을 어떻게 추구할 것인가의 문제는 민주주의의 영원한 숙제가 아닐 수 없다. 보비오의 책을 통해 우리는 ① 개인 권리 중심의 자유주의에 기초를 두면서도, ② 평등과 사회정의를 진작하기 위한 입법 및 적극적 정부의 역할을 지지하고, ③ 국가 관료제(행정 권력)와 자본주의(경제 권력)가 만들어 내는 부자유 혹은 불평등 효과를 어떻게 관리하느냐에 따라 민주주의의 미래랄까, 자유주의와 민주주의가 중첩하는 범위와 영역은 얼마든지 넓고 깊게 개척될 수 있음을 깊이 이해하게 되리라, 필자는 믿는다.

네 번째로 소개할 책은 영국의 사회학자 콜린 크라우치Colin Crouch가 쓴 『포스트 민주주의』(미지북스, 2008)이다. 무엇보다도 이 책은, 자본주의라는 경제 체제 위에서 민주주의가 어떻게 작동할 수 있는가의 문제를 이해하는 데 도움을 준다. 그는 제2차 세계대전 이후 약 25년 동안 유럽 사회가 경험한 '민주적 전환'democratic moment을 하나의 기준으로 삼는다. 이때는 가장 중요한 생산자 집단인 노동과 자본이 어느 정도 힘의 균형 위에서 일종의 계급 타협을 이끌어 갔다. 정당정치 역시 뚜렷한 이념적·계층적 차이 위에서 사회 보호 기능을 확대했다. 한마디로 말해 노사 관계와 정당 체계라는 두 축이 잘 기능했던 시기의 민주주의라 할 수 있다.

그렇다면 포스트 민주주의란 무엇인가? 그것은 앞서 살펴본 전후 민주주의의 전성기를 지난 이후의 민주주의를 말한다. 주기적인 선거와 정권 교체가 이루어지는 등 형식과 절차에 있어서는 민주주의가 분명한데, 그것의 내용은 과거와 크게 달라졌다는 뜻이다. 한마디로 말해 민주주의를 통해 얻고자 하는 목적과 배치되는 사회경제적 결과에 직면하게 되었을 뿐만 아니라, 정치의 영역에서 이루어지는 일 또한 과거와 크게 달라졌다는 것이다. 선거는 유권자들의 무관심과 냉소 가운데 치러지는 정치 계급들 사이의 쇼 비즈니스에 불과한 것이 되었다. 정당 간의 정책이나 이념적 차별성은 모호해졌고, 후보자 개인의 이미지가 그 자리를 대신했다. 사실상 마케팅과 광고 기법이 중시되는, 일종의 '통제된 스펙터클'에 불과한 선거가 된 것이다.

정부는 어떤가? 기업들의 로비를 수용해 공공 부문을 팔아 치우거나 민간에 위탁하는 일에 열심이었다. 교육, 의료, 보건 등 시민의 기본적인 권리로 인식되던 공공서비스가 사적 사업의 영역으로 넘어가기도 했다. 물론 이런 과정은 모두 합법적인 절차를 통해 이루어졌다. 법과 절차는 지켜지지만 그것의 실제 내용은 사회 구성원의 이익을 폭넓게 대변하기보다는 기업 엘리트나 특수 이익집단의 요구가 더 잘 관철되었다는 말이다. 물론 이는 정당들 사이의 계층적·이념적 정체성이 약화되는 현상을 동반했다. 정당들은 갈등하지만 실제 그들이 지향하는 경제정책은 같은 내용으로 수렴되었기 때문이다. 아마도 혹자는 이런 변화를 신자유주의 내지 신자유주의적 세계화 때문이라고 말할지 모르겠다. 분명 콜린 크라우치도 신자유주의가 공공 정책에 미치는 영향을 말하고 있고, 그런 의미에서 이 책은 신자유주의 시대에 민주주의가 어떻게 나빠졌는지를 말하는 측면이 있다. 그러나 그보다 더 주목해야 할 인과적 초점은 노동운동과 정당정치의 후퇴가 가져온 결과이다.

전후 25년 동안 민주주의의 전성기를 이끌었던 노동운동과 정당정치는 사회경제적 변화에 창의적으로 대응하지 못했다. 정당을 책임 있게 운영해야 할 정치가들은 '정치 계급'political class이라고 불릴 정도로 타락했다. 그들의 관심은 선거에서 승리해 자신들을 위한 권력 자원을 소유하는 것에 있었다. 당 활동가와 일반 당원들은 소외되었다. 어떤 정당이 승리하든 기업 엘리트의 정치적 영향력은 커진 반면, 노동운동의 분열과 약화로 이어지는 경제정책이 손쉽게 채택되었다. 포스트 민주주의의 여러 문제들은 신자유주의 때문만이 아니라, 노동과 정당의 쇠퇴 때문인 측면이 컸다는 것이다. 그렇기에 콜린 크라우치는 포스트 민주주의가 심화되는 것을 막고자 한다면, 정치의 적극적인 역할이 살아나야 한다고 강조한다.

그가 주문하는 것은 크게 두 가지로 나눠 볼 수 있다. 첫째, 정부 정책은 기업의 압도적 지배력을 축소시키는 방향으로 전환해야 한다. 공공사업에 대한 통제권이 기업에 넘어가면 정부는 능력과 자신감을 상실하고 부패하는 결과를 피할 수 없다. 둘째는, 정당이다. 정당은 사회적 요구에 민감해져야 한다. 정당의 대중운동적 기반이 활성화되지 않으면 정당도 조직적으로 타락할 수 있다. 시민과 사회운동 역시 정당에 적극적으로 참여하고 비판적으로 개입해야 한다. 정당을 버리고 사회운동을 택할 수는 없다. 사회운동에 의한 정치 행동은 개별 법안과 정책, 개별 이슈에 따라 파편화될 수밖에 없다. 그렇게 되면 부자와 권력 있는 자에게 훨씬 크고 체계적인 이점을 가져다줄 것이기 때문이다. 한마디로 말해, 정당을 버리고 사회운동을 택하는 것은 포스트 민주주의의 승리를 더욱 심화시킬 뿐이라는 것이다. 사회로부터의 대중적 요구와 참여를 결집하지 못하는 정당은 기업 권력의 영향력에서 벗어나지 못하며, 반대로 강한 정당을 만드는 목적을 도외시한 사회운동 역시 기업 권력의 영향력을 제어할 수 없다. 다시금 강한 정당을 만들고 당의 대중적 기반을 활성화하는 것, 시민들도 정당에 적극적인 태도를 가지라는 것, 이것이 포스트 민주주의 시대에도 핵심이라는 사실을 이 책은 강조하고 있다.

마지막으로 소개할 책은 최장집의 『민주화 이후의 민주주의』(후마니타스, 2010)이다. 이 책의 가장 큰 미덕을 꼽으라면, 민주주의를 일종의 사회구성체로 다룬다는 점이다. 달리 말해 단순히 정치의 영역을 구성하는 제도와 체계로서만이 아니라, 국가와 시장 그리고 시민사회 속에서 구현되는 민주주의의 모습에 주목하고 있다는 것이다. 이 점에서 이 책은 앞서 살펴본 콜린 크라우치와 유사한 점이 많다. 다만 콜린 크라우치가 기업 권력 내지 경제 권력에 주목하는 점이 컸다면, 최장집은 정당정치의 약화가 가져온 결과로서 '강한 국가의 귀환'에 좀 더 주목하고 있다.

저자가 보기에 한국의 신자유주의적 개혁은 기업 권력의 영향력에서 오기보다는, 'IMF 위기'로 대표되는 외부의 충격으로부터 왔고, 이 과정과 결과를 주도한 것은 국가 관료제였다. 한마디로 말해 '약한 정당과 배제된 노동에 기초를 둔 민주화 이후의 민주주의'는 재벌과 주류 언론으로 대표되는 경제 권력의 강화는 물론, 국가 관료제로 대표되는 행정 권력의 강화를 낳았고, 이것의 사회적 결과가 중앙으로의 초집중화와 지방의 소외, 불평등한 엘리트 구조의 동심원적 심화, 빈곤과 사회 해체 등으로 나타났다고 보는 것이다.

이 책의 또 다른 미덕을 꼽으라면, 민주화 이전에 형성된 여러 구조적 제약 조건이 민주화 이후에 미치는 영향에 주목하는 데 있다. 그렇기에 이 책은 해방 이후 국가 형성기의 여러 역사적 조건들에 대한 분석에서 시작해, 권위주의 국가 주도의 산업화가 낳은 구조적 특징을 분석하고 그 기초 위에서 민주화로의 전환과 그 이후가 어떤 내용으로 전개되었는지를 다룬다. 이를 통해 독자들은 자연스럽게 한국 민주주의가 추구해야 할 구조 개혁의 내용이 무엇인지를 이해할 수 있을 것이다.

저자는 민주화 이전에 만들어진 여러 제약 조건 때문에 민주화 이후의 민주주의가 기대만큼 이루어지지 못했다고 평가하지 않는다. 그보다는 그런 제약 조건을 개선하는 데 무능력했던 민주정치에 더 많은 인과적 비중을 둔다. 요컨대 그런 구조적 제약 조건을 변화시키고 개선하는 것이 민주정치가 존재하는 이유이며, 그렇기에 정치가 해야 하고 할 수 있는 가능성의 공간을 더 넓게 설정해야 한다는 것이다. 또한 그렇기에 노동을 포함한 다양한 결사체가 활동할 수 있는 시민사회를 만들고, 냉전 반공주의의 이념적 제약을 완화할 수 있도록 (신자유주의가 아니라 그것의 안티테제로서) 자유주의의 가치를 적극적으로 수용하며, 강한 국가 중심성을 다원화할 수 있는 좋은 정당을 만들어야 한다는 것을, 강조하고 또 강조하고 있는 것이 이 책이다. 한마디로 말해 한국 민주주의가 열어놓고 있는 '정치의 공간'을 보여 주고 있다고 하겠다.

책을 마치며

한동안 필자는, "30년 전 민주화를 이루었고, 야당으로의 정권 교체도 경험했지만 왜 우리 사회는 더 불평등해지고 개인은 더 불안해지게 되었을까?"를 자문해 보는 시간을 가졌다. 사람들이 민주주의가 가져올 변화의 가능성을 생각하기보다 냉소와 개탄, 야유의 언어를 통해 사나워지는 것도 마음이 쓰였다. 민주주의를 이끌어야 할 정치가 협력과 연대의 전망을 여는 개념이 되지 못하고, 싸움과 갈등을 부추기는 인간 활동으로 공격받게 된 것에 대해서도 많이 생각했다. 민주화 이후 30년, 우리가 보낸 시간은 무엇이었을까? 앞으로 올 또 다른 30년 동안 우리는 어떤 변화를 일궈가야 할까?

비판적 사회과학을 하는 사람들은 구조 내지 구조적 한계에 대해 예민한 감각을 갖는다. 구조에 대한 분석은 공간의 특성으로 비유될 때가 많고, 대개는 변화보다는 변화하지 않음을 이해하는 데 도움을 준다. 어떤 보이지 않는 구조의 힘, 바로 그런 요소들 때문에 변화가 제약되거나 억제되는 측면을 이해하고자 할 때 공간이나 공간의 구조에 대한 분석은 장점이 있다. 전 지구적 신자유주의 때문에 문제라거나, 강한 냉전 반공주의 때문에 변화가 어렵다거나, 그런 것이 '기울어진 운동장'을 만들었기에 애초부터 변화는 불가능한 게임이라거나 하는 등의 해석이 그간 한국 사회를 지배해 온 것도 그 때문일 것이다.

하지만 변화를 바라고 또 만들어 가고자 하는 문제는 본질적으로 시간의 지평 위에서 이해되어야 한다. 그래야 어떻게든 앞으로 나아갈 수 있는 지점들을 좀 더 잘 포착할 수 있다. 무변화를 강제하는 구조의 힘에 압도되면 개탄과 냉소가 뒤따르기 쉽다. 그로부터 벗어나고자 한다면 변화의 시간을 지배할 수 있어야 한다. 일거에 모든 구조를 와르르 무너뜨릴 수는 없겠지만 가능성과 희망을 가질 만한 방향성을 찾아 나날이 꾸준히 노력할 수는 있다. 필자가 볼 때 민주주의는 이런 접근과 훨씬 친화성이 높다. 그런 점에서 이 책은 '구조론'이 아닌 '변화론'으로 문제에 접근하려는 시도였다고 할 수 있다.

이 책은 그간 필자가 해 온 '민주주의 강의'의 산물이다. 물론 대학 강단에서의 학술적인 강의는 아니었고, 대개는 다양한 시민 집단들이 조직한 모임에 초청되어 강의했던 자료에 기초를 두고 있다. 강의를 들었던 청중들로는 정당 활동가는 물론, 국회의원과 자치단체장, 지방의원, 노동조합원, 사회복지사, 시민운동가, 종교 단체, 지역의 통반장 등도 있었다. 지역과 마을의 소모임, 구청이 주관하는 평생교육원에서도 강의를 했다. 대학이라는 공간 내지 학문의 영역 밖에서 민주주의에 대해 강의하고 대화할 수 있었다는 사실을, 필자 스스로는, 쑥스럽지만 대견하게 생각한다.

여러 조사 기관이나 언론에 의해 '만들어진 여론'과는 달리, 필자는 이들 구체적으로 특정화된 집단들과 만나면서 민주주의를 더욱더 신뢰할 수 있었다. 뭉뚱그려지고 추상화된 여론이나 '조사, 작성된 민심'과는 달리, 그들이 표출하는 생각과 주장은 생생하다. 때로 즉자적이고 단순한 생각을, 때로 순진한 상상을 있는 그대로 말하거나, 도덕적 기준을 앞세워 단견을 제시할 때도 있지만, 전체적으로 보면 합리적이고 책임감 있는 의견을 보여 주기 때문이다. 왜 이들 구체적인 시민 집단의 의견이 다원적으로 표출되고 응집되고 대표되는 과정이, 지금 우리 민주주의에서는 빈약할까? 본론에서 필자가 끊임없이 '여론 동원 정치' 혹은 '여론에 아첨하는 정치'를 비판한 것도, 이들과의 대화 덕분에 얻게 된 문제의식인 면이 크다. 필자의 눈에 여론조사나 이른바 민심을 앞세우는 주류 언론과 지식인들의 담론은 결과적으로 '중우정'의 언어를 조장하는 반면, 민주주의를 신뢰하는 진짜 시민의 의사는 각자의 현장에서 좀 더 실체적인 요구와 열정을 표현하고 있는 다원적 집단들 속에 있는 것 같다. 언론은 물론, 무엇보다 정당들이 먼저 그런 시민 집단의 실체적 의사 위에 굳건히 서길 바란다. 여론조사나 모호한 민심론을 무책임하게 앞세우는 정치는 절제되었으면 한다. 그래야 우리 민주주의가 좀 더 생기 있는 감각과 체온을 갖고 생물처럼 발전할 수 있을 것이다.

우선 나의 선생님께 감사한다. 대학원 이후 정확히 지난 30년 동안 필자로 하여금 지금과 같은 생각을 가능하게 해준 힘은 선생님이셨다. 동료 선후배들과 정치발전소 친구들에게는 각별한 마음으로 우정의 인사를 보낸다. 원고에 대해 조언해 준 조현연 박사와 김혜진 박사의 도움도 컸다. 강의를 듣고 다양한 질문과 반응을 보여 준 수강자들에게도 정말 감사한다. 원고를 읽고 의견을 보내 준 김갑철, 김경미, 김형근, 남경완, 문순창, 박미정, 박선민, 박수민, 성현빈, 양성은, 유재정, 이민섭, 정인선, 정태영, 정혜욱, 조성연, 진선문, 최해선, 한민금 등 정치발전소 회원들에게 특별한 인사를 전한다. 이들 모두는 '나의 또 다른 선생'이었다.

찾아보기 / 인명